Jean Laplanche

VIE ET MORT EN PSYCHANALYSE

Ψ金剛出版

Vie et mort en psychanalyse

Jean Laplanche

精神分析における生と死

目次

凡例

●本書は Jean Laplanche, *Vie et mort en psychanalyse*, Paris, Flammarion, 1970. の全訳である。

●本文および注における記号類の使用は次の通りである。

〔 〕＝訳者による補足や注記。ただし、小見出しを補足する場合には省略した。

〈 〉＝訳者による強調語句。

［ ］＝原文のまま。引用文中に挿入した注釈を区別するために多く用いられている。

（ ）＝原則として原文のまま。ただし、例や挿入句を区別するために訳者が用いた箇所も一部ある。

傍点＝原文においてイタリック体で強調されている箇所。

●二分二重ダッシュ（＝）は、原語に対して複数の訳語を示すために用いる。

●小見出しは、原則として訳者による。

●全編にわたり、原文にはない改行を訳者の判断で加えている。

●原注・訳注ともに▼1、▼2の形で一括し、特に訳注は（訳注）と示したうえで注本文は頁末においてある。

●書誌情報や綴りの間違いは、重大なものでないかぎり、特に断らずに修正した。

●ドイツ語や英語で著された文献の仏訳が参照されている場合、原著の書誌情報を記し、仏訳の情報は割愛した。

●フロイトの著作については、次のドイツ語版と邦訳を参照している（ラプランシュ自身が仏訳を参照している場合も同様である）。引用部分については、参照のうえ、文脈に応じて変更を施した。

Sigmund Freud, *Gesammelte Werke, Bände I-XVII*, Imago Publishing Co., London, 1940-52 ; *Band XVIII*, Frankfurt am Main, S. Fischer, 1968 (GW).

『フロイト全集』全二二巻、岩波書店、二〇〇六―二〇一二年（『全集』）

●フロイトの著作を引用する際は、「GW-V, S.123（『全集』六、二八四頁）」のような略語を用い、巻数と頁数を示している。

序論

問いと方法

　これから展開する六つの章は、フロイトの思考に関する考察を形づくる素材あるいは段階である。彼の著作に歴史的および構造的にアプローチすることにより、精神分析の対象の問題群を明確にしよう。

　精神分析の発見について、ある種の歴史的なアプローチが必要であると主張するのは、起源や影響の探究——それはある思考の本質を部分的に明らかにするかもしれない——に取りかかるためでもなければ、著作の執筆順に対して、参照軸とは別の価値を与えるためでもない。私たちが考える精神分析的思考の歴史、あるいは「年代記」は、まさしく精神分析それ自体の座標に準拠している。つまりそれは、表向きで公式的な歴史（フロイト自身も何度か書こうとした）[1]から、潜在的で部分的に無意識的な歴史に、そして、反復的な主題に迫ろうとする座標なのだ。また、この歴史は、矛盾を媒介とした、反転や危機による展開を含んでおり、弁証法的なアプローチと切り離すことができない。しかし、その矛盾の位置は、それを標定しようとする試みによって直ちに明確になるものではない。たとえもし、解釈する段階において、フロイトの思考の諸矛盾をすべて同じように扱うのがおそらく適切なことではなく、また「同じメカニズム」や同じ「審級」に起因するものとみなせないとしても、そのような諸矛盾に対して、最初はすべて同じように「平等に注意を漂わせる」べきなのだ。

　たしかに、検証すれば、いくつかの矛盾は、いくぶん「外在的」な偶発物で、論争や性急な言い回しの産物なのかもしれない。しかし、この場合でさえも、そのような矛盾を見ないようにすることは、損失を招くだろ

1———（訳注）「精神分析運動の歴史のために」（GW-X, S.44-113.（『全集』一三、四三—一一四））、『自らを語る』（GW-XIV, S.33-96.（『全集』一八、六五—一三三頁））などに、その試みが見られる。

う。というのも、『夢解釈』以来知られるように、顕在内容や二次加工における不条理は、より深い水準における批判や困難の指標かもしれないからである。だがやはり、フロイトの著作の始まりから終わりまでを貫いている、とりわけ大きな諸矛盾こそ、弁証法的に解釈しなくてはならない。それらは、「言われていないこと〔non-dit〕」に向けられた思考の矛盾かもしれないし、対象そのものの矛盾かもしれない。たとえば、「自我」という概念に内在している大きな矛盾はそのようなものである。自我は全体的なものでもありながら、同時に特定の審級でもあり、愛の対象や備給の対象でありながら、主体の場所を僭称している。

思考の矛盾と対象の矛盾は、結局のところ、互いに切り離すことはできない。しかし他方で、矛盾の力が発動する場合は限られてもいる。つまり、矛盾が生じるきっかけとなる概念や問題が、自らが置かれている構造的な均衡や、自らが巻き込まれている命題や対立システムへと関連づけられるときだけである。構造的な視点を無視した観念の歴史は、単に不毛な自家撞着に陥るか、あるいは思考が次々と示す諸側面を、それらの最小の共通分母にまで縮小してしまうことだろう――大半の精神分析の「概説書」は、このような凡庸さに奉仕している。私たちが後で検討することになる例をひとつだけ挙げておこう。「快原理」の意味を、時にぎこちないフロイトの数々の定式化から見出すためには、定式化がなされた時々に起きた構造的な混乱を考慮することが必要不可欠である。[2]

個々の問題の歴史よりも、フロイトの仕事の全体的な手直しの歴史の大枠を、ここでは示さなくてはならない。それは、ある構造的均衡、または構造的不均衡が、別の思考の状態へと移行する歴史である。このような研究が決定的な局面を迎えるのは、フロイトの仕事における大きな改変（名高い「転回」[3]）が、彼の学説のある部分の配置転換――それらは別の場所で新しい機能を与えられるべきである――と、どのように相関しているのかを示す際に、である。そして最後に私たちは、何がこれらの再編成を最終的に推し進めているのかを問わなくてはならない。それは構造とその均衡からくる要請なのだろうか。「備給」の働き、すなわち、フロイトが学説の特定の要素にエネルギーの重点を置くことによって、その要素がある場所では隠れているが、別の場所で現れることになったのだろうか。直観、「フロイトの発見」、ある根本的な欲望といった、いずれの言葉でまとめるかはともかくとして、いくつかの基本的な不変数が存在しているのだろうか。

だが、根本的な要請、つまり華々しい激変のなかで見出される「不変性」を想定することは、フロイトの思考に対する根本的な批判を正当化してしまうことになるだろう。もし、本質的なものがすべて初期（かの一八九五年の「心理学草案」）からあったとするなら、フロイトの著作におけるいわゆる再編成は、万華鏡の反射、あるいは配置転換――これは科学的思考の展開や充実よりも、レヴィ＝ストロースが「野生の思考」と名づけたもの[4]が見せるさまざまな姿を想起させる――に帰着させられることになるのではないか。

この問いに対しては、二つの水準で答えることができるが、ここではその輪郭だけを示しておくことにする。

（一）学説が、その展開において、また精神分析的経験の寄与に応じて、実証的な意味で充実していくのを示すのは難しくはない。しかし、このような明白な事実は、新たな考察をうながす。つまり、ある思考がたどる発展のモデルを明るみに出すべきなのだ。ある側面において、この思考は自らに固有な必然性に従って進化する哲学的思考として現れるが、他方では、科学的思考として、とりわけ豊かな観察の領野によってもたらされる新たな事実を集積する。ここで問題となるのは、理論的な思考と経験が錯綜する全く独自の様式であり、それは次のような乗り越えられない事実ゆえに、他のいかなる様式とも異なる。その事実とは、学説の「内的な」要請と、

2――本書の第六章を参照のこと。
3――（訳注）一九二〇年に、第二局所論と死の欲動の概念が導入されたことを指している。
4――（訳注）レヴィ＝ストロースは、科学的思考に対立する思考様式を「野生の思考」と名づけた。前者が技師の計画的作業のように、目的に従って細部を全体の計画に沿って組み立てるのに対し、野生の思考は、ブリコラージュ（器用仕事）のように、あり合わせの材料を臨機応変に流用して、そこに新たな構造と秩序を生み出す。前者が概念を用いて作業するのに対し、野生の思考は記号を用いる。

治療のなかでの観察において明らかになるものの「内的な」衝迫は、ただひとつの根へ接ぎ木され、深部において同じ「臍」で交わるということである。

（二）内容の水準における唯一の回答は、フロイトの問題群のなかから、主要かつ一定のあるラインを取り出し、その後に、フロイトによる定式化からは距離を置きつつも、彼の問題群の解釈を試み、その問題群を最も根源的な諸要素に立ち戻らせることである。ここでは次のようなテーゼが前提とされている。すなわち、私たちはフロイトの用語をあるときはそのまま取り入れ、あるときはそれを転覆させることによって、フロイト理論のある構造を、それを次々と具体的に表現してきた形象を越えて、再構成することができるのだ。

フロイトを解釈する

私たちのアプローチが、フロイトの思考に真の「切断〔coupure〕」の契機があることを否定しようとしているのは、言うまでもない。私たちは、流行語にもなったこの用語[5]について議論することは止めて、次のことを示そうと思う。つまり、フロイトにおける理論の変容によって表現されているのは、ある要請の永続性と、発見の日々の反復である。とはいえ、それらを表している概念化が、いつもすぐに適切な科学的形式を見つけられたわけではない。

フロイトを解釈し、フロイトにおける無意識の力線を再発見することは、つまるところ、対象そのものから要請されるアプローチである。しかし、私たちがこの種の探究を「精神分析的」で「解釈的」と呼ぶとしても、それはアーネスト・ジョーンズがフロイトの伝記のなかで考えたような意味においてではない――もちろんジョーンズが、フロイトに提案されていた方針に基づいた方法を取っていることは確かなのだ。一九一三年のフロイトのテクスト（「精神分析への関心」）は、哲学的著作への精神分析的アプローチをどのように構想しうるかについて、いくつかの指摘を行っている。[6] 純粋に理性的な「批判」と、思考をもっぱら「主観的な」条件へと還元することとの葛藤のなかで、フロイトは、巧妙な妥協を提示している。すなわち、精神分析は哲学理論の弱点を指摘するだけなのであって、指摘されたそれらの弱点を明確にするのは、哲学内部からの批判に委ねられている、と。

だがフロイトの言葉によって、思考に関する精神分析的研究の究極のあり方が示されたとは思われない。というのも、実際に、精神分析は次々に発見をしながら個体の領域を超え、個人の無意識のなかにより一般的な組み合わせの形象——解ではないにせよ——を見つけるからだ。いずれにせよ、私たちのこの仕事が精神分析的であろうとするのは、心理－伝記的な方法によってではない。私たちの研究は、第一に、そして本質的に、フロイトのテクストの字義通りの、批判的で、解釈的な研究である。

字義通りで、解釈的な、私たちのフロイトへのアプローチの方法は、精神分析治療において耳を傾け、解釈する際に捉えたことを、必要な変更を施して移し替えるための、必然的に手探りで不完全な試みである。[7] それゆえに、〈自由連想〉と〈平等に漂う注意〉という相補的な二つの規則は、「分析的な」読解——それは愚かしいかもしれないが「一語一語」、「一文一文」、そして「一テクスト一テクスト」を常に同じレベルにおいて扱う——のなかにその等価物を見出さなくてはならない。その際に、私たちの解釈は、精神分析によって明らかになった無

5——（訳注）ガストン・バシュラールやルイ・アルチュセールによって展開された「認識論的切断（coupure épistémologique）」を指している。彼らは、新しい科学的認識を成立させるためには、その認識の成立の妨げとなっているイデオロギーとの断絶が必要であることを強調した。

6——（訳注）GW-VIII, S.405-407.（『全集』一三、二一八—二二〇頁）

7——Jean Laplanche, « Interpréter [avec] Freud », *L'Arc*, 34, 1968, pp.37-46.（宮本忠雄ほか＝訳『フロイトと今日の精神分析』、青土社、一九六七年、八三—一〇八頁）を参照のこと。

意識のメカニズムに関する知識を拠り所にすべきだろう。それは、隠喩と換喩という名の軸をもつ別の座標軸に基づき、部分的にあらたに再定式化された、移動、圧縮、象徴化などのメカニズムである。▼8

批判的な読解は、しかしながら、それぞれの著作のスタイル、書かれた状況、想定した読者が異なっているために、その著作を建造物の単なる一礎石として他の礎石と並べることはできない。精神分析的思考は一種のエントロピーの力に絶えず晒されて、その不均一さを最も均一な水準にまで摩耗させてきたことが確かめられるのだが、このような精神分析的思考の「運命」は、フロイトが自らの理論の概要を示した論考のなかにすでに見られる。したがって、彼の思考を解説するために、主要な総説的テクストにばかり立脚すると、彼の思考の独自性を不当に扱うことになるだろう。

私たちは、批判的な意図と、先に指摘した分析の規則との間に起こりうる対立を認めないわけではない。分析の規則は、臨床の場にいる者——分析家であろうと被分析者であろうと——に、ある意味「現象学的還元」と同様の、判断の保留を強いることになる。つまり、「素材」の間のあらゆる選択を斥けるのである。しかし私たちは、この対立する二つの態度を結びつけたり、あるいは交互に実践するとしても、心的装置の理論や、精神分析実践の避けがたいもろもろの局面に対して、不誠実ではないと考える。「二次加工」という自我の現象が浸透しかねないところでは、体系化によって無意識の浸透がすべて遮断させられている一部の議論を一時的に遠ざけることも、方法として正しいことがある。そして、場合によっては、分析が進展したときに、より巧みに装備してそれらの議論に立ち戻るのである。もっとも、対象としてのフロイトとともに、私たちはそこまで遠くに行く必要はない。最も体系化されたテクストも、数々の試論や草案、思考の経験と接触を保っていて、無意識的生活による浸透を受けていることが容易に見出せる。

私たちは、自らの解釈を（分析的な意味での）解釈として提示し、その輪郭を明確にすることを試みる。同時に、その解釈が、自らを解釈しようとする著作から生まれた傾向として認められることを示そうと思う。それによって、別の二つの態度との関連において、私たちの試みを規定したい。それらはともに、「解釈的」であり、互いに対立するものである。その態度のひとつは、フロイトが書いていることすべてを、〈ずれ〉とは明示されずになされる〈ずれ〉によって、その解釈者の立場の観点から理解することである。もう一方の態度は――間違いなくより誠実なものではあるが――、それでもフロイトの思考の独創性を十分には正当に扱っていない。フロイトの思考は起源的な湧き起こりにおいても統一性を保っている。しかしその態度は、良い麦を篩い分け、解釈者自身のパンのなかに取りこもうとするが、それは、フロイトの学説の最も古典的で公式的なものや、最も凡庸な水準のものに準拠することになりかねない。

精神分析における生と死

葛藤という古くからの概念をめぐる議論は、いっそう複雑な問題群のネットワークを描くことが明らかになってきた。つまり、生命活動の次元と死が、精神分析の領野の境界とその内側において――どのような形に従っているのか問われるべきだが――働いているということである。

生と死という二つの語は、しばしば鮮明に理論のなかでは姿を現すが、実践においては身を隠してしまう。一八九五年の「心理学草案」における「生の窮迫」[9]、そしてフリースへの「転移」の時期における「周期」と両

8――Jean Laplanche « Dérivation des entités psychanalytiques », *Hommage à Jean Hippolite*, Paris, PUF, 1971, pp.195-215. を参照のこと。（訳注）本書第三章九四頁・注4を参照のこと。

9――（訳注）「生の窮迫」については、本書第六章二二九頁・注42を参照のこと。

性性の学説の盲目的な支持[10]に始まり、晩年の仕事でセクシュアリティを包摂することになるあの生の欲動に至るまで、生物学や生物学主義はフロイトの著作に数多く出現している。密接につながっている近接領域があり、欲動生活やセクシュアリティに関する諸発見がその領域へ遡及的に新たな視点をもたらしうるのだろうか。それはまさに「学際的な」視点であり、フロイトがはっきりと[11]、続いてジョーンズが[12]、生物学への精神分析の貢献を定義するために提案したものである。ただし貢献は、利用されていないと言わなくてはならない。反対に、生命科学の精神分析への関与を、フロイトはとりわけ欲動理論に関して、しばしば決定的なものとして引き合いに出してきた。しかし、そのような訴えがしばしば生物学主義の思弁的、あるいは詩的な悪魔[13]に向けられていた事実については、十分に考察されねばならないだろう。

こうした留保があるとはいえ、生がプシュケーの境界に物質的な意味で存在するものとして考えられているとすれば、フロイトのテクストのなかに死が登場するのは、かなり謎めいたことである。死は最初に、否定的なもののあらゆる様態と同様に、無意識の領野から徹底的に除外された。その後、一九二〇年には、死は、二つの根本的な力のひとつとして、体系の中心に姿を現した。そしておそらく心的なもの、生命体、さらには物質のなかにある唯一の根源的な力としてさえ浮かび上がってきた。葛藤の中心、基本的な不和として、それ以降はフロイトの最高度に理論的な定式の前面に位置するようになった死は、それにもかかわらず、臨床においてはたいていの場合、無口な登場人物でありつづけた。臨床においてフロイトは、ほぼ当然のごとく、新しい概念化がうながしているように見える展開に対して、一貫して厳格な留保を保ったのである。すなわち、死の不安や根源的な死の欲望の働きは、分析的な精神病理学のなかで、とりわけ去勢コンプレクスに割り当てられる還元不可能な「岩盤」の場所には決して位置づけられないであろう。

それでは、死が自らの場所を見出すのは――ここでの死とは有限性としての人間の死であり、生命体の緊張がただゼロに還元されることではない――精神分析においては、説明的な次元よりも倫理的な次元なのだろうか。

『快原理の彼岸』のわずか五年前に刊行された、あるテクスト[14]――たったひとつのテクスト――の、少なくとも最後の何行かを読めば、そうしたことがありうると思えるかもしれない。このテクストは、私たちの生を――私たちの存在を――死という光のもとで明るみに出すよう私たちをうながす、ストア派からモンテーニュ、ハイデガーに至る、英雄的で古典的な流れにつながるように思わせる。このテクスト、「戦争と死についての時評」は、結論として「生に耐えること、それこそが生きている者すべての第一の義務でありつづける」ことを想起させようとする。また古い格言「汝が平和を欲するなら、戦いの準備をせよ」を「〈si vis vitam para mortem〉〈汝が生を欲するなら、死の準備をせよ〉」と言いかえることを私たちに勧めている。フロイトはこの文言を、自らの主題の誘惑に屈してしまったせいか、「汝が生に耐えようとするなら、死の準備をせよ」と訳している。すなわち、汝の死に向けた準備を、というわけである。

しかしこれは、何ら正当化されずに出された結論であり、その直前には、全く違った議論がなされていた。

10――(訳注)フリースが主著『鼻と女性性器との関係、その生物学的意義』のなかで唱えた理論を指している。彼は女性の月経が二八日周期でやってくる事実に着想を得て、あらゆる生命活動は二八日の周期(女性的要素)と二三日周期(男性的要素)によって決定されると主張した。また、人間は誰しも両性性的な素質を備えていて、各個人の性はその人における女性的要素と男性的要素のどちらが強いかによって決定されると考えた。フロイトは、フリースの生物学的な両性性理論を心的な両性性として捉え直し、自らの理論形成のなかに全面的に取り入れた。

11――GW-VIII, S.407-411.(『全集』一三、二二〇―二二四頁)のC章をとりわけ参照せよ。

12――Ernest Jones, *The Life and Work of Sigmund Freud, Volume Three*, London, The Hogarth Press, 1953, pp.324-337.

13――(訳注)フロイトは、生物学に大胆に依拠することによって欲動理論を展開する際に、自らの歩みを「思弁的」(『快原理の彼岸』)、「空想的」(「転移神経症概説」)と名づけた。ラプランシュはそれをさらに「詩的(poétique)」とも形容している。

14――GW-X, S.324-355.(『全集』一四、一三三―一六六頁)

私たちの無意識は、原始時代の人間と全く同様に、自分の死を思い描くことに対しては受け入れようとせず、敵に対しては殺してやりたいと思い、愛しい人に対しては葛藤（両価性）に陥る。[15]

無意識において死とは、常に他者の死であり、私たちが引き起こした破壊や喪失である。私たちが自分自身の死についていくらかでも予感することができるのは、親しい人の死を望みつつも恐れ、両価的に同一化するとき、つまり、主として喪に服しているときだけである。それゆえ、英雄的文言の誘惑に対し、より控えめに表現するなら、「汝が生を望むなら、死の準備をせよ」という格言は、「汝が生を望むなら、他者の死の準備をせよ」と訳すことができたであろう。もし死に関するある倫理をフロイトの態度から引き出すべきだとしたら、それは、あらゆる熱狂に対して――それが運命愛〔amor fati〕への熱狂だとしても――抱く警戒心のなかに、あるいは他者の死に自分の死が還元不可能な形で混じり合っていることを隠さない明晰さに関してであろう。フロイトの「追悼論文」[16]や、手紙に記されている「弔辞」に見られる誠実さの印は、終わることのない自己分析の継続を表している。

治療はもっぱら真理の暴露として定義される。にもかかわらず、治療では、何かが生の真理――あるいは真理の試練――としての死を参照していても、それを限界要素、つまり解釈不可能で公理的なものとみなすしかない。〔自由連想で〕あらゆる「目標表象」が宙づりにされるのは、何よりも、『快原理の彼岸』において〔表象されえないはずの死が〕「生の最終目標」として示されていることに関わる。もしかしたら治療のなかで、死を表象する何か別の様式を見出すことがあるかもしれない。その場合、それらの様式は必ずしも「表象」の側ではなく、むしろ言説それ自体に内在するもののなかで探究すべきである。[17]

生と死は、おそらく異なった形に従って、屈折させられ、表象されているのだが、生も死も精神分析の実践の直接的な参照点にはならない。それを確認することで、私たちは次のことに注意をうながされる。人間の生を有限性に結びつける存在の構想——悲観的なものであれ楽観的なものであれ——の観点から、不用意に精神分析的行為を検討することは、そもそもの始めから、無意識や無意識のなかで繰り広げられる動きの発見が要求する問題提起を考慮しないことになるだろう。ただし、私たちは、「心理学草案」の次元を精神分析と関連づけて考慮することを最終的に拒絶するわけではない。そうではなく、その種の議論のためには、その基盤に前提となる確かな研究が必要なのである。その研究とは、フロイトが生と死という生物学的な極性を精神分析に導入する際に、断固として取っていた理論的な態度を引き継ぐものである。またフロイトの素描を解釈することによって拡張し、生命活動の次元が心的装置の平面に移し替えられるときに迎える運命をたどろうとするものである。

生命が人間の水準で象徴化される際に〈別のものになること〔devenir-autre〕〉を、私たちは三つの動きのなかに追っていく。すなわち、セクシュアリティの問題群、自我の問題群、死の欲動の問題群を順に検討することになるだろう。

15——Ibid., S.354.（同書、一六五頁）

16——（訳注）フロイトの代表的な追悼文として、タウスク（GW-XII, S.316-318.（『全集』一六、一五一—一五四頁））、ブロイアー（GW-XIV, S. 562-563.（『全集』一九、二四九—二五一頁））、アブラハム（GW-XIV, S.564.（『全集』一九、二六一—二六二頁））、フェレンツィ（GW-XVI, S.267-269.（『全集』二一、二九七—三〇一頁））に対するものを挙げることができる。

17——（訳注）本書の結論（本書二三八—二三九頁）で、ラプランシュはリビドー経済の観点からこの点を再論している。それによれば、「死の欲動」は、「表象」の成立過程（沈殿と備給の過程）の対極に位置し、純粋な移行（「繋辞」による移行）の運動としての「ロゴス」に対応する。

第一章

生命活動の次元と人間のセクシュアリティの発生

精神分析におけるセクシュアリティを論じるにあたって、私たちは、フロイトの根幹を成し、大胆な革新をなしとげたテクスト『性理論三篇』を参照したい。

フロイトがこのテクストに与えている重要性は、彼が次々に行った改訂のなかで明らかになる。一九〇五年、一九一〇年、一九一五年、一九二〇年、一九二四―二五年の各版では、文章や用語の再検討がことこまかになされ、当初の構想を維持しつつも、一連の発見に大きなスペースを割き加筆されている。また、多くの脚注がどの版にもあるが、「欲動の最終理論」[1]の完成と同時期にあたる一九二四年になされた最後の改訂では、とりわけ多くの脚注が付されている。そういった堆積と書き直しのなかに、セクシュアリティの理論が発展し豊かになっていった経緯を、最もよく見定めることができる。

最後の転回、最後のヴァージョン――「ヴァージョン〔version〕」に含まれている、作品をひっくり返すこと、すなわち転回という側面の意味において――を今まさにほのめかしたが、一九二〇年から始まったこの最後のヴァージョンでは、脚注を除いてテクストそのものにはほとんど手が加えられていない。それゆえ、もし『性理論三篇』全体が一九二〇年以後に書き直されたとしたらどのようでありえたかについて、おおよその見当をつけるなら、一九三八年の「精神分析概説」のような著作、[2]とりわけその第三章こそ参照すべきである。しかし、「精神分析概説」のような後期のテクストにおいてさえ、フロイトがひとつの総括を提示するのにどれほどの困難を覚えたかがよくわかるだろう。それはあたかも、彼が最後にもたらしたエロスと死の欲動を、セクシュアリティに関する当初の構想のなかに統合させる術がほとんどなかったかのようである。

1――（訳注）一九二三年の「幼児期の性器的編成」（GW-XIII, S. 293-298.（『全集』一八、二三三―二三八頁））で到達した欲動理論を指している。

2――（訳注）GW-XVII, S. 67-138.（『全集』二二、一七五―二五〇頁）

実際、『性理論三篇』では、欲動一般に関する抽象的な理論は示されていないが、性欲動という、代表的な欲動についての記述がある。したがって、私たちはフロイトが欲動について語りえたすべてに対して、（折衷的統合まがいのようなもので）忠実でありつづけると主張するわけではないが、ひとつの命題を掲げることで、彼の着想の中心路線になおも留まれるだろう。その命題とは、本書のこの先の展開に沿ってずっと見出されるもの、すなわち「およそ欲動なるものすべてのモデルを表し、そしておそらくこの用語の本来の意味における唯一の欲動を表しているのは、セクシュアリティである」という命題である。たしかに、一九二〇年以降、フロイトは二種類の欲動を包括する理論を提示し、擁護した。そして、セクシュアリティをその二つのうちの一方に、すなわち彼がエロスと名づけた生物学的で宇宙論的でさえある力に帰属させた。それゆえ、私たちの命題は、フロイトの思考とは明瞭に矛盾しているように見えるだろう。しかし、それはまさにさまざまな困難がフロイトの著作そのもののうちで生じていることでもある。

私たちは、最初の段階では、『性理論三篇』の対象となっているものとしてのセクシュアリティに留まりたいと思う。そこで本当に問題となっているものを捉えるためには、同書の構想そのものに注目する以上に有益なことはない。その構想は、見かけ上は単純であり、性的逸脱、子どものセクシュアリティ、思春期の形態変化という三つのパートから成り立っている。しかしながら、詳細な目次を作ろうとすると、実際にはきわめて複雑な構成を目の当たりにすることになる。もちろん、その複雑さの一部は、一連の改訂のたびに行われた加筆に起因しているが、それに加えて、タイプの異なる構成が重なり合ってもいるのである。すなわち、「発見的（ヒューリスティック）」とでも名づけられるかもしれない構想（精神分析的発見それ自体が発生する過程そのものをたどるもの）と、論戦的な構想（セクシュアリティに関する通念を破壊するもの）と、発生学的な構想（人間個人におけるセクシュアリティの出現をたどるもの）が重なり合っている。私たちがこれから見てゆきたいのは、それらのさまざまな構想がどのようにして分節化されうるか、またとりわけ、思考の運動、すなわち「発見的」な構想が——真に深い思考においてみなそうであるように——どのように「事物それ自体」の運動を追ったのか、ということである。それは、ヘーゲルが明らかにした真理である。[3]

欲動と本能

私たちの探究の導きの糸となるのは、欲動（*Trieb*）の観念と、それが本能という別の語とともに形成する一対のペアである。専門用語、とりわけある言語から別の言語への移し替えによって、私たちが指針を得ることもあれば、道に迷うことがあるのも事実だが、このケースにおいては、翻訳の問題が混乱をもたらしてきた。そして、しばらくこの混乱はなくなりそうにもない。それゆえ、次の指摘が、翻訳者の仕事の丹念さの問題だけに帰されないことを私たちは願いたい。

Trieb は、フランス語でしばしば instinct〔本能〕と訳され、英語圏の精神分析家も同じように「instinct〔本能〕」としていた。[4] ところで、私たちはフロイトにおいて、また一般にドイツ語において、ひとつではなく二つの語、

3——（訳注）カントの超越論的哲学においては、私たちの認識の条件の外部（物自体）は、存在はするが認識できないとされる。ヘーゲルはカントのこのような主観―客観図式を批判し、「認識できない」物自体という概念は言葉のレトリックにすぎないと喝破した。さらに、意識のなかにおける対象の分析を知と真理という二重の相のもとに考察し、知が弁証法的な運動によって真理（事物それ自体）に到達できると考えた。ラプランシュが、la chose même と言う場合、厳密にカント的な意味では用いていないため、ここでは「事物それ自体」と訳した。

4——少なくとも一部の著者はそうだった。というのも、最も経験豊かな著者たちのうち何人かは、フロイトの用語「Trieb」を、より適切な語「drive」に対応させたからである。

より今日的な言葉で言うなら、二つの「シニフィアン」に出会う。つまり、問題となっている二つのシニフィアンは、常用語ではほとんど同じ意味をもっており、またその語源も類似している。Trieb は treiben、すなわち〈押す〉に由来し、Instinkt は instinguere というラテン語の語源をもつ。その意味は、同じく〈刺激する〉、〈押す〉である。言語、特にドイツ語においては、こうした過程が実に頻繁に生じるが、フロイトのような著者は、この種の二重語に遭遇した際に然るべき熱意をもって語彙の隠れたニュアンスを取り扱う。そして、その客観的な二重性を利用し、意味の違いをいくらかそこに滑り込ませようとする。その違いは、時にはほとんど気づかない程度であり、時にはまぎれもない対立が生じるほどまで強調される。

Trieb（欲動）と Instinkt（本能）はまさにそのようなケースであり、フロイトは二つの語をともに使用した。しかし、彼の語彙のなかに Instinkt という語がすでにあり、セクシュアリティとしてあらためて描かれるものとは全く別のものを指し示すために使われていたことは、不幸なことに、これまであまり着目されてこなかった。フロイトの言語において「本能」とは、あらかじめ形成された行動のことである。そのシェーマは、遺伝的に固定されており、ある種の対象のタイプに比較的適合した様式に従ってその行動は反復される。それゆえ私たちは、語源よりも重要で、さらにはドイツ文化における意味論上の共鳴よりも重要なものとして、フロイトの科学的な思考においてこの二つの語がそれぞれにもった意味作用の間になんらかの関係を発見する。それは複雑な関係であり、類似、差異、そして同時に一方から他方への派生から成る。その派生とは、単に概念的なものだけでなく、私たちがフロイトと手を携えて、現実的な派生に関連づけることができるものである。すなわち、人間における欲動は、本能から派生しているということである。[5]

まずは、欲動と本能の類似についてだが、この類似は、概念を分析する際の共通基盤に立脚している。欲動を分析して、いくつかの要素に分けてみると、それらは一般的に、本能にも当てはまる。その分析は、『性理論三篇』がたびたび改訂されるなかで漸近法的に素描されたが、より体系的な説明を見つけるためには、その後のテクスト「欲動と欲動の運命」[6]を参照せねばならない。そこにおいて欲動は、四つの要素に従って、あるいは、フロイトが表現するように、四つの「欲動概念に関連する用語」に従って分解される。すなわち、「衝迫」(Drang)、「目標」(Ziel)、「対象」(Objekt)、そして「源泉」(Quelle)である。

欲動の四要素

フロイトは最初にこう述べている。衝迫は、欲動の運動的要因である。すなわち、「力の総和、欲動が表している作業要求の量である。圧迫してくるという性格は、あらゆる欲動の一般的な特性であり、その本質そのものである」[7]。この数行には典型的に、その後もずっとフロイトにとって重要でありつづけた力学の参照、より正確に言えば、力動論的なものの参照が見られる。精神分析において経済論的と名づけられる視点は、まさしく「作業要求」[8]の視点である。有機体において、変更という作業があるのは、根底にひとつの要求、力があるからであり、自然科学と同様に、力は作業量を測定することによってしか定義できない。欲動を衝迫によって定義するこ

5——Jean Laplanche, « Dérivation des entités psychanalytiques », *Hommage à Jean Hippolite*, Paris, PUF, 1971, pp.195-215. を参照のこと。
(訳注)本書第三章九九頁注4を参照のこと。

6——GW-X, S.210-232.(『全集』一四、一六七—一九三頁)

7——(訳注)Ibid., S.214.(同書、一七二頁)

8——(訳注)欲動の四要素について触れる前にフロイトは、欲動が心的なものと身体的なものとの境界概念であることを踏まえたうえで次のように述べている。「欲動は身体内部から発して心の内に到達した刺激の心的な代表であり、心的なものと身体的なものとの結びつきによって、心的なものに課されている作業要求の量である」(Ibid., S.214.(同書、一七二頁))。

と、つまりTriebをDrangによって定義することは、認識論的な視点から見れば、ほとんど同語反復である。つまるところ、一方は他方の抽象的で実体化された要素でしかない。したがって、その後の展開を先取りするために、私たちは次のような仮説を提示したい。すなわち、本能から欲動へと向かう派生において、不変でありつづけるのは、そうした抽象的な要素、経済論的な要因だけである。

次に目標であるが、フロイトは『性理論三篇』のなかで、目標とは「欲動が衝き動かす先にある行為」と述べている。▼9 それゆえ、あらかじめ形成された本能の場合において、それは、なんらかの充足へと至る、動力の組み立てであり、一連の行為である。ここでいう充足とはどのようなものだろうか。「欲動と欲動の運命」をここで参照するなら、充足とは常に同じもので、結局は至極単調なものであることがわかる。すなわち、唯一の「最終」目的は常に満足である。その満足を、最も一般的な形で定義すると、それはまさしくDrang、私たちがたった今、話題にした衝迫がもたらした緊張を和らげることである。そうなると、次のような問いが立てられる。すなわち、一方で目標が（緊張の開放といった具合に）、全く一般的で、衝迫のように抽象的であるのに対し、他方で、ある行動が、ある特定の本能の目標であって、とても特殊で特定されているなら、その目標とその行動の間にある関係はどのようなものか、という問いである。本能の目標とは、たとえば、食べること、見ること（フロイトは「視る欲動」を問題にしている）、愛し合うこと、などである。問題は、目標の特殊化である。いかにして、目標はある特定のものになり、最終目標である緩和だけではなくなるのだろうか。

フロイトのいろいろなテクストに依拠してこの分析を続けるなら、欲動の目標は絶えず次の二つの要因――すなわち、あるときは対象、そしてあるときは源泉――へと関連づけられることがわかる。対象に関して言うなら、実際、フロイトと後世の精神分析家たちはみな、徐々に「対象関係」の観念へ向かっていった。対象関係の観念は、ある欲動的行動の活動タイプ――つまりその特殊な様態――を一方とし、その特権的な対象を他方として、その双方をいわば総合する視点となっている。たとえば、口唇性という欲動の第一の例を取り上げるなら、口唇性は、体内化といった特定の関係様態と同時に、特定のタイプの対象、すなわちまさに呑み込まれ体内化されうる対象も意味する。ここにおいて、目標という観念をつまびらかにする最初の可能性が現れ、そして、対象による目標の特殊化や、対象と目標との関係がはっきりとする。そのことは、本質的に間主体的な視座に通じている。欲動の目標のもうひとつの特殊化とは、源泉によるものである。そこにおいては一見したところ（実際には理論がより複雑であることが後にはっきりとするだろう）、はるかに生物学主義的〔biologisant〕で生気論的な方向づけが優先されているように思われる。

それでは、対象と源泉という二つの概念についてより詳細に検討しよう。欲動の対象とは何か。いくつかの誤解を直ちに除外するために、まずはこの対象が、必ずしも生命のない対象や物ではないことを思い出しておこう。フロイトの言うObjektは、その本質からして、主体的な存在と対立しない。ここで目指されているのは、恋愛関係の「客体化」ではない。一七世紀の古典主義の言葉づかいにおいて、すでにこの語は、情念が狙うものを表すために使われていた――「燃えさかる炎」の対象、「怨恨」の対象など――が、私たちの言う「対象」を理解せねばならないのも、全くもってその広い意味においてである。しかしながら、愛の対象についての世俗的な考え（「あなたは私を物〔un objet〕のように扱うわね」などとよく言われる）に対する警戒は、微妙なニュアンスを伴っている。それに気づくためには、『性理論三篇』におけるその「定義」の運動を追いかけるだけでよい。導入部では暫定的に、「性対象」は「性的な魅力を発している人物」と定義されている。[10] しかし、性的逸脱の分析が進むと、この視点は逆転する。

9――（訳注）GW-V, S.34.（『全集』六、一七二頁）
10――Ibid., S.34.（同書、一七二頁）

私たちの注意を引いたのはすなわち、性欲動と性対象の結びつきをこれまであまりにも緊密なものに考えすぎてきた、ということである。異常とみなされるケースの経験が私たちに教えるのは、これらのケースでは、性欲動と性対象の間がはんだ付けのようになっているということである。そこは、正常形成では画一的な状態になっているため、欲動が対象を伴っているように見えてしまい、私たちはこのはんだ付けの部分を見逃してしまうおそれがある。こうして私たちは、思考する際、欲動と対象との結びつきを緩めるようにと教えられるのである。性欲動は、はじめはおそらくその対象とは無関係なものである。したがって、性欲動の発生も多分、対象からの刺激によるものではないだろう。[11]

このような私たちの留保にもかかわらず、対象という用語はまずは手段として現れる。つまり、「それにおいて〔en quoi〕、そしてそれによって〔par quoi〕目標が達成されるもの」[12]である。満足と満足をもたらす行動のほうが、その行動の終着点となる「それにおいて〔en quoi〕」よりも優位にある。その結果、私たちは、精神分析的な考察において周知の、対象の「偶然性」という語で要約される問題へと導かれることになる。対象が、目標実現の方途が見出される「それにおいて〔en quoi〕」であるかぎりにおいて、結局のところ、対象の特殊性や個別性は問題にならない。満足をもたらす行動が作動するきっかけとなるいくらかの特徴があれば十分であり、対象それ自体は相対的に無関係で偶然的でありつづけるのである。

精神分析における対象の別の側面として、対象が認識論における意味での対象、すなわち「客体的な〔objectif〕」対象では必ずしもないということがある。現代の精神分析理論においては不幸にも、あまりに頻繁に一体となってしまっている二つの意味をはっきりと区別しなくてはならない。二つの意味とは、認識の意味における客体性〔objectivité〕という観念と、対象を欲動の対象として、つまり知覚の対象でも科学的対象でもないものとして捉える対象性〔objectalité〕の観念である。要するに、欲動の対象は、全く正当なこととして、幻想的対象でありうるし、ひょっとしたら何よりもまずそうであるかもしれない、と主張できる。

結局、こうした一連の問題をはっきりさせるために、対象は「全体的な」人物とは限らないということ、つまり、今日的に言うところの部分的な対象でもありうるということを強調しておきたい。これは、とりわけメラニー・クラインによって導入された用語であるが、すでにフロイトの思考の中核に、それもかなり初期から見出される。部分対象とは、乳房やペニス、その他多くの体の部位、そして身体上の体験と関連するその他多くの要素（排泄や子どもなど）である。それらには共通して、現実上、または幻想上分離されている、あるいは分離しうるという基本的な特徴が備わっている。

こうした欲動という観念の分解を終えるにあたって、最も長く立ち止まらねばならないのは、源泉という用語である。『性理論三篇』における源泉の定義――この点については、後に検討しよう――は比較的豊かで多義的なものだが、これまで並行して参照してきたテクスト「欲動と欲動の運命」では、それとは反対に一義的である。それによると、Quelle〔源泉〕は、未知の、だが権利上は認識可能な身体的な過程であり、一種の生物学的未知数Xである。そして、それが心的に表現されると、まさしく欲動になる。私たちは「ある器官もしくは身体の一部で生じる身体的な過程であり、その過程における刺激が心的生活のなかでは欲動として代表されたもの」[13]が欲動の源泉と理解している。

ここで、「代表される〔représenté〕」という語を取り上げてみたい。それは、フロイトのメタサイコロジーの基本用語だが、本章では注釈する余裕がない。ただ、身体的なものと心的なものとの関係を表すためにフロイトが

11――Ibid., S.46-47.（同書、一八八―一八九頁）
12――GW-X, S.215.（『全集』一四、一七三頁）
13――Ibid., S.215.（同書、一七三頁）

最もよく使用したモデルには、必ずしも命令的ではない任務をもった一種の「委任〔délégation〕」のメタファーが使われていることに留意しておこう。つまり、局所的で生物学的な興奮は、心的生活における自らの委任、自らの「代表」を欲動に見出すのである。私たちは、問題となっている身体的な過程が厳密に化学的なものか、それとも、その他の力（たとえば、力学的な力）の放出に対応する性質のものかどうかわからない。フロイトが結論づけているように、欲動の源泉に関する研究は「心理学の領域を越えてしまい、結局のところ問題は生物学によって解決されるべきであろう」[▼14]。私たちは、このようにして、目下の考察にとっての中心問題、すなわち生命科学との関係の問題にあらためて出会うのである。

　私たちはすぐに源泉の問いに立ち戻るつもりだが、これは本能と欲動とを分節する点としてとりわけ興味深いように思われる。さしあたっては、この分節化について考える前に、四つの「要素」の視点から見た際、本能と欲動の間に存在するかもしれない類似を力説しておこう。あるいは、結局は同じことなのだが、衝迫、対象、目標、源泉の定義に見られる一般性、つまり欲動と同じように本能にも同様にそれらを適用できるという意味での一般性を強調しておこう。私たちの考えでは、それこそまさに「欲動と欲動の運命」の賭けであり、心の準備のできていない読者にとっては罠となる。この試論は、欲動一般、すなわち、性欲動だけでなく、「自我欲動」や「自己保存欲動」も包括する「欲動の諸グループ」すべてを扱おうとしたものである。私たちは、このしばらく先で、果たして「欲動」という名称をそれらの欲動に当てはめるのが妥当であるかを検証しなくてはならないだろう。Triebすべてを一般的に論じようとすると、必然的に抽象的な方法を採ることになる。欲動一般を論じることは、欲動を生物学化することであり、いわゆる本能的な行動にも同様に妥当な分析を示すことである。

　そして私たちが、証拠として唯一引き合いに出すのは、動物心理学や動物行動学の領野で近年なされた分析における、それらの概念の妥当性である。結局のところ、動物心理学者、とりわけローレンツ派による近年の研究[▼15]は、いつもフロイトを参照しているわけではないにせよ、フロイトの概念に近いものを、実に広範囲にわたって使用している。とりわけ彼らが使用するのは、「衝迫」の観念である。というのも、フロイトが経済的要因を説明するために最もよく引き合いに出した水力学モデルが、彼らの手によってはっきり継承されているからである。対象が偶発的であると同時に、ある観点から見れば特殊的であるという考えは、特殊行為の作動装置という観念のなかにも見出される。この作動装置は知覚の布置のように構想されている。それは、はっきり決まったいくつかの特徴を含んでいるがゆえに、ある特定のメカニズムを解放する（リリースする）ことができる。よく知られているように、それらの作動装置の一部を正確に決めることができるのは、知覚のルアー[16]を使用し、そのさまざまな特徴を変化させることによってである。結局のところ、目標の観念は動物心理学の分析においても、固定された行動という形でやはり存在している。固定された行動、つまり一連の連続反応は、最終的には緊張の持続的な放出に到達する。だが、そのサイクルは、ある作動装置が示されず、特定のメカニズムが現れない場合、その前の段階で停止することもある。

14——Ibid., S.215-216.（同書、一七三頁）

15——（訳注）ローレンツとティンバーゲンは、動物の生得的な行動の背後には、それを発現させる潜在的エネルギーが常に蓄えられた状態にあり、リリーサー（触発因）によって、行動が発現すると考えた。これは生得的触発機構と呼ばれ、水力学モデルで説明されている。

16——（訳注）ティンバーゲンは、トカゲウオ目トカゲウオ科のイトヨは、繁殖期に卵で腹のふくれたメスが近づくと、オスがジグザグ状にダンスをして求愛し、排卵と受精を行うが、その際、行動の連鎖を触発するのが相手の色や形であることを報告している（渡辺宗孝ほか＝訳『動物のことば』、みすず書房、一九五五年）。また、ラカンは「〈私〉の機能を形成するものとしての鏡の段階」において、ゲシュタルト心理学者のケーラーを引用し、鳩の生殖腺の成熟に同種個体のまなざしが必要であることを述べている。

セクシュアリティ観の解体

ここまでフロイトの定義がもつ一般的な価値を強調してきたが、その一般性には、定義が抽象的に映ってしまうことによる否定的な側面があると同時に、それらの観点が動物心理学などの、実に具体的な科学の観点と一致することによる肯定的な側面がある。ここからは『性理論三篇』に戻り、「一般に普及した」セクシュアリティ観の簡潔な記述が示されている最初の頁を見ていきたい。『性理論三篇』は次のように始まる。

生物学では、人間や動物に性の欲求があるという事実を「性欲動」というものを想定することによって表現する。これは食べ物の摂取の欲動である空腹のアナロジーに従うものである。この「空腹」に対応する言葉が、私たちが普通に話す言葉のなかでは欠落している。であるから、学問的にはそのような言葉として「リビドー」を用いる。

この性欲動の性質や特徴については、通俗的にきわめてはっきりした表象が作り上げられている。それによると、性欲動とは子どもの頃には存在せず、思春期の訪れとともに成熟の過程と密接な関わりを保ちながら発現する。一方の性が他方の性に対してふるう抵抗しがたい魅力という現象として現れるものであると、そして性欲動の目標は、性交か、あるいは少なくとも性交へ至るその途上にある行為ということになる。▼17

この「一般に普及した」見解は、同時に生物学主義的〔biologisante〕であり、その場合のセクシュアリティ、つまり性欲動は、本能モデルに基づいて考えられている。それは、（欲動－本能という用語の組み合わせをフロイトよりも体系的に用いようとするなら）自然な欲求――そのパラダイムは空腹である――に対する反応のモデルである。セクシュアリティの場合、この欲求は成熟の過程、すなわち、思春期という生理学的な時期が決定的な役割を演じる、本質的に内的な起源をもつ過程に基づいて出現するということになるだろう。それゆえそれは、その「源泉」によって厳密に決定された行動、固定的ではっきり決まった「対象」をもつ行動となる。というのも、セクシュアリティが目指す唯一無二のものは、太古の昔からあらかじめ決まっているように、異性だからである。そして、その「目標」もまた固定されており、「性交か、あるいは少なくとも性交へ至るその途上にある行為」である。したがって、フロイトがそこで要約した後に批判している「一般に普及した見解」が、生命科学という意味で科学的に映るイメージと合致することを、私たちは強調しなくてはならないだろう。そのイメージは結局、少なくとも人間のセクシュアリティ以外の領域では全く正確なのかもしれないのである。

ここで『性理論三篇』の構想に立ち戻るなら、今やこの構想がその変遷のなかで、著作の対象それ自体に即してどう形成されているのかが、より理解できるだろう。すなわち、この構想全体が、セクシュアリティに関する「一般に普及した」（かつ生物学主義的な）イメージのなんらかの（もしかしたらヘーゲルの言うAufhebung〔止揚〕という意味での）「解体」と関連づけて理解できるのである。私たちは、つい先ほど三篇の構成を思い出していた。第一篇「性的逸脱」には、「失われた本能」という副題を与えることもできるだろう。第二篇「〔子どもの〕セクシュアリティ」には、**人間のセクシュアリティの発生**と注釈をつけてみたい。最後に、第三篇「思春期の形態変化」に対しては、ある意味では再発見された本能、と言えないだろうか。おそらくそう言えるだろうが、ただしその本能は、別の水準において再発見されるものである。私たちは、再発見というよりも、**模倣された本能**といった定式を暫定的に提示してみたいと思う。

17——GW-V, S.33.（『全集』六、一七一―一七二頁）

私たちは第一篇を駆け足で見ていくが、その目的はただ、現在の探究において主要な対象となる第二篇を位置づけるためである。第一篇では、物議を醸すような、ほとんど称揚するかのような仕方で性的逸脱を陳列している。その目的は、倒錯についての記述を通じて、ある特殊な目標と対象についての通念を解体することにある。そもそも科学的な厳密さや、網羅的な説明などの特徴で注目されるわけではない考察である。『性理論三篇』に、倒錯に関する精神分析理論の始まりを探すべきではない（いずれにしても、その到達点ではない）。フロイトにとって肝要なことは、どの程度まで倒錯の領野が広がっているか、ほとんど普遍的と言えるほどであるかを示すことであり、また倒錯の存在が、人間のセクシュアリティについて、決まった目標や対象を指定するあらゆる考えをどのように解体するかを示すことである。第一篇の議論に基づくなら、いわゆる正常な大人において、セクシュアリティは本能という外見を呈するが、それは歴史的な発展の一時的な結果にすぎない、と言える。歴史的な発展のなかで、ターニングポイントを迎えるごとに異なる道をたどることがあり、その結果、この上なく奇妙な逸脱が生じうるのである。

セクシュアリティの起源——依託、自体愛、性源域

第二篇において注目したいのは、セクシュアリティを幼児的起源との関連で再定義することで、問題の核心を明らかにしているように見える一節である。それは「子どもにおけるセクシュアリティのあらわれ」と題された節の結論部分である。

［口唇的なセクシュアリティのモデルとして取り上げた］おしゃぶりを通じて、私たちは子どものセクシュ

アリティの特徴を三つ確認することができた。子どものセクシュアリティは、生命にとって重要な身体機能に依託しながら発達する。それはまだ性的対象を知らず、自体愛的である。そしてその性目標は、性源域の活動によって決定されている。[18]

これら三つの特徴が、幼児期の性愛的な現れの大部分で再び見出され、そして子ども時代のセクシュアリティを大きく超えて、人間のセクシュアリティ全体に決定的に刻み込まれることになる点は、今後、留意しておきたい。この定義では、三つのオリジナルで複雑な観念が利用されている。すなわち、依託〔*étayage*〕の観念、自体愛〔*auto-érotisme*〕の観念、性源域〔*zone érogène*〕の観念である。

私たちがまず検討したいのは、密接に連動している依託と自体愛である。実際に二つの連繋作用によって、フロイトはセクシュアリティの発生そのものを説明しようとしている。

フランス語圏の読者はもしかしたら、依託が、フロイトの概念装置における基礎用語であると聞いて驚くかもしれない。現行のフロイトの翻訳においては、優れた英訳である『スタンダード・エディション』でも、フランス語訳でも、フロイトのこの概念の唯一の名残りは、散在的でほとんど根拠なく用いられているギリシア語由来の形容詞「アナクリティック〔依託的な〕」にしかない。しかし、フロイトの用語体系についての検討作業[19]や、フロイトの著作を再翻訳した企ての結果、私たちは、この語の使用を体系化せずに、すでに用いていた翻訳家にならって、[20] étayage〔依託〕という用語とその派生語を選択するようになった。依託とは、まさに別のもの

18——Ibid., S.83.（同書、二三四頁）

19——Jean Laplanche & Jean-Bertrand Pontalis, *Vocabulaire de la psychanalyse*, Paris, PUF, 1967.（村上仁＝監訳『精神分析用語辞典』、みすず書房、一九七七年）

に支えられること、依りかかることを意味する語である。私たちがこの用語を採用したのは、フロイトにおいてAnlehnungというドイツ語がもつ厳密な概念的価値を明るみに出す必要があったからにほかならない。それは、これまで誰も十分には行ってこなかったことである。

私たちはそうして、厳密さよりも巧妙さを配慮した翻訳のせいで、あるいは、専門的すぎてあまりにも表現性に乏しいアナクリティックという疑似科学的な語を使用したせいで、長い間不明瞭だった概念を浮き彫りにし、そのさまざまな響きを回復することを試みた。さらに、「アナクリティック」という形容詞は、精神分析のある伝統によってもずっと歪められてきたことがわかる。その伝統の起源は、実のところ〔本来の流れから〕すでに派生した地点というべきところに遡る。実際、「アナクリティック」というこの用語を翻訳者が導入したのは、『性理論三篇』よりもずっと後の「ナルシシズム」に関するテクスト（一九一四年）[21]と関連づけてのことである。フロイトはそこで、「対象選択」の二つの型、人間主体が愛の対象を選ぶ二つの仕方を対置させている。対象選択の「ナルシス的」な型では、人は自分と似た愛の対象を選択し、「依託的〔アナクリティック〕」対象選択（ドイツ語のテクストではAnlehnungstypus）では（それにしてもやや性急な解釈ではあるが）、セクシュアリティが自己保存機能の対象に支えられている。こうして依託という用語は、そのような伝統において、対象に支えられることとして理解され、最終的には母親に支えられることと理解された。このようにして、母親への関係についての理論全体が、セクシュアリティの発生を説明するための観念をいかに歪めることになったかが垣間みられる。実際、もっと細かく検討するなら、もともとこの観念には——仮にそのような「支えられる」という事態が確認できたにせよ——主体が対象に（子どもが母親に）支えられるという意味は全くなかった。

フロイトが描いたのは、欲動が支えられる現象であり、誕生しつつあるセクシュアリティが、類似すると同時に大いに異なる別の過程に依りかかっているという事実である。性欲動は、非性的で生命に関わる機能に、すなわち（全く別の注釈を要する表現でフロイトが定式化するように）「生命にとって不可欠な身体機能」に依りかかっている。次のように言えば、私たちがフロイトの思考からほとんど離れずに、それを明確にしていることがわかるだろう。すなわち、この「生命にとって不可欠な身体機能」の方向を定めているものを本能として理解するなら、依託として記述されるのは、子どものセクシュアリティが、そもそも本能に支えられているということである。フロイトによって最初に分析された個別ケースにおいては、空腹と摂食機能が問題となっている。フロイトの著作においては、用語の一貫性が完全に体系化されているわけではないが、それにもかかわらず、今度は私たちのほうがそれらに「支え」を得られるほど十分な根拠をもって、機能、欲求、本能といった語を拾い上げ、性の領域と対比させながら生命活動の領域、あるいは自己保存の領域を一般的に描き出すことができる。

欲動が機能へと依託することに関して扱われているのは、抽象的な発生でも、形而上学同然の推論でもなく、そのプロトタイプである口唇性を例として、きわめて精密に描写される過程である。私たちにとって知れたことだが、口唇性のうちでは二つの〈時〉[22]、すなわち乳房を吸う〈時〉と、それとは大分異なる「おしゃぶり」によって特徴づけられる〈時〉が明らかにできる。摂食のために乳房を吸う第一の〈時〉において、私たちが目にするのは、ひとつの機能、先に提起した区別を用いるなら、完全に本能的な行動である。私たちが先に見たように、その行動の本能的性格はあまりに完全であるために、「一般に普及した見解」においては、空腹や摂食行動があらゆる本能のモデルとされている。本能的な行動とその「衝迫」。私たちはこの場合のほうが、この「未知数X」のエネルギーの背後に隠れているものをもっと容易に明らかにできるだろう。私たちは、精神生理学者たちにならっ

20——ルヴェルション・ジューヴ女史による『性理論三篇』の最初の翻訳（一九二三年）以来の翻訳。

21——（訳注）GW-X, S.137-170.（『全集』一三、一一五—一五一頁）

22——（訳注）ラプランシュがtemps（時間）という用語を使うときは、直線的な時間ではなく、事後性の意味も含んだ精神分析固有の時を指している。訳出の際には、tempsを〈時〉と訳した。

て、主観的には空腹の印象に対応する緊張状態を、体液や組織の不均衡へと関連づけることができる。それゆえ、「衝迫」とは緊張の蓄積なのである。「源泉」も、言うなれば、もっぱら食欲が感じられる点を、より局在化し、より特化した形で備えた消化システムである。そして、特定の「対象」がもたらす寄与がある……それが乳房だと言っていいのだろうか。否、満足をもたらすのは乳房ではなく、栄養であり、ミルクである。そして最後に、組み立てられた過程、あるいは「目標」がある。それは、観察者たちが乳首の探索、吸乳、緊張の弛緩、鎮静化などに分けて非常に正確に描写しようと専心した、吸う過程である。

さて、決定的な点は、栄養から満足を得るこの摂食機能と同時に、性的過程が現れはじめるということである。摂食と同時進行的に、乳首や温かいミルクの流れによって、唇や舌が興奮する。この興奮は当初、機能に合わせて形作られているため、両者の区別を把握することは、始めのうちはほとんどできない。対象は、機能の水準で与えられるようだが、それが依然としてミルクであるのか、すでに乳房であるのか、判別できるだろうか。源泉も同様に、摂食行為によって規定されている。というのも、唇もまた消化システムの一部を成しているからである。そして目標もまた、摂食の目標に近い。つまるところ、対象と目標と源泉は、「それは口から入る〔ça entre par la bouche〕」出来事を描写する、ごく簡潔なひとつの命題のうちで緊密に絡み合っている。「それ〔ça〕」が対象であり、「入る〔entre〕」が目標である。性的な目標であれ、摂食的な目標であれ、その過程はいずれにせよ「入ること」である。そして「口から〔par la bouche〕」であるから、つまり、源泉の水準で同様の二重性が見出される。口は性的な器官であると同時に、摂食機能の器官でもあるのだ。

このように、依託はまず、誕生しつつあるセクシュアリティが、生命の保存と結びついた機能のうちに見出す支えからなる。締め括りとしては、フロイトが子どもの口唇エロティズムの活動について語った別の一節を引用するのが最も良いだろう。

このような快についての最初の経験を、子どもは今も再現させようとするのだが、そういった経験がどのような機会になされたかということもまた、簡単に知ることができる。母親の乳房（もしくはその代わりのもの）を吸うことは、子どもの活動の最初のもので、しかも生命を維持するために最も重要なものであるが、子どもはこの活動を通じて、このおしゃぶりの快に慣れ親しんだものに違いない。その子の口唇は、性源域のような振る舞いをしたということができよう。温かいミルクの流れる刺激がきっと、快感の原因だったのだろう。性源域の満足は、最初はおそらく、食べ物の欲求の満足とひとつになっていたのだろう。性的活動はさしあたり、生命維持機能のひとつに依託し、後になってはじめて、その機能から独立する。赤ちゃんが、満ち足りて母の胸から口を離し、赤らめた頬に至福の笑みを浮かべて眠りに落ちてゆくのを一度見れば、赤ちゃんのこうした仕草が、長じてからの性的満足のときの表情にも決定的に残っているということを思わない者はいないだろう。さて、この性的満足を反復したがる欲求は、食べ物を摂取する欲求から切り離される。[23]

それゆえ、まさに授乳行為の最中に、依託が察知されるかもしれない。それは、すでにオルガスムの様相を呈している最終的な満足のうちにある。さらに特筆すべきことに、その次の瞬間、二つが分離するのが目撃される。というのも、当初は全面的に機能に基づいていたセクシュアリティの全体が、同時に、生命機能からセクシュアリティを切り離す動きのただなかにあるからである。実際のところ、口唇性のセクシュアリティのプロトタイプは、乳房を吸うことではないし、さらに、吸うこと一般ではない。それは、フロイトがリントナー[24]の仕事にならっ

23――GW-V, S.82.（『全集』六、二三二頁）

24――（訳注）S・リントナーはブダペストの小児科医。「子どもに見られる指や唇などの吸引（しゃぶる行為）」などの論考があり、フロイトはリントナーの見解をしばしば参照している。

て das Ludeln oder Lutschen[25]（フランス語でいう suçotement〔おしゃぶり〕）と名づけたものである。それ以後、対象は打ち捨てられ、目標や源泉も、食生活と消化系に対して自律性を獲得する。おしゃぶりによって、私たちは、すでに言及した第二の「特徴」に至る。それは、ひとつの「契機」でもあり、それに先立つ依託と密接に結びついている。すなわち、自体愛である。

フロイトは自体愛という用語を当時の性科学者たち、とりわけハヴロック・エリスから借用していたが、彼はそれに全く新しい射程を付け加え、自体愛が本質的には対象の不在（Objektlosigkeit）によって定義づけられるとした。「それは他人へと向けられない性的な活動である」。さて、このような定義のために、私たちはただちに次のことを強調せねばならない。すなわち、自体愛という概念が、フロイトの思考においてきわめて重要な役割を果たしてゆくとしても、それは同時に、「対象」と対象の原初的不在に関わる精神分析的な思考の大いなる逸脱、ひょっとすると、フロイトの思考そのもののある種の逸脱に通じることになるのである。このような見通しのもとでは、魔法の杖の一振りで、あたかも無から〔ex nihilo〕、絶対的な「無対象〔anobjectal〕」とみなされる原初状態から、対象を出現させねばならなくなる。つまり、人間個体をその世界――数々の物と数々の他の個体――へと「開か」ねばならない。その出発点となるのは、生物学的観念論の状態の一種とでも呼びたくなるものだが、これは哲学的独我論よりもはるかに想像しがたいものである。

対象なき状態から対象を出現させることなどありえないと思う精神分析家も何人かいる。彼らはそれゆえ、セクシュアリティの名にふさわしいセクシュアリティには、最初から対象があるとためらわず主張する――そうした反応は、意図としては称賛に値するかもしれないが、別の誤りへと導くにすぎない。バリントのような精神分析家は、魅力的な点も多々あるたくさんの議論を通じて、子どもにおける「一次対象愛」の存在を示そうと努めている。[26]

そのため、それ以後の対象をめぐる精神分析の議論はみな、人間個体において対象は全面的に不在であるか、あるいは性対象は最初から存在しているのか、といった二者択一に閉じ込められることになる。私たちがこうした誤った袋小路から解放されるためにはどのような道があるのだろうか。出口は、フロイトの思考が特別な明晰さを見せる瞬間に書かれる文章に幾度か示されている。私たちが「特別な明晰さ」と言うのは、いくつかの発見を、発見者自身が忘れ、うやむやにし、抑圧することがありうるのを思い起させるためである。フロイト自身のなかに、特に私たちが関心を寄せる点に関して、その確かな例がある。

以下に示すのは、第三篇の後半にある重要な一節で、第二篇の命題をまとめている。

最も早い時期の性的満足は、栄養摂取とまだなお結びつけられていたのだが［これは依託の〈時〉である］、このとき性欲動は、自分の身体以外のところに、すなわち、母親の乳房のうちにひとつの性対象を有していた。この対象はそれよりも後にならないと失われない。それはおそらくちょうど、その子が自分に満足を惜しみなく与えてくれる乳房という器官をもっている、その人物の全体表象を作り上げることができるようになった頃である。その後になると通常、性の欲動は自体愛的となる［自体愛はそれゆえ最初の〈時〉ではない］。潜伏期を乗り越えた後にようやく、この原初の関係が再び作り上げられるのである。子どもが母親の乳房を吸うことは、あらゆる愛情関係の原型になっているが、これには根拠がないわけではない。対象の発見とは本来、再発見なのである。[27]

25——（訳注）GW-V, S.80：» Das Ludeln oder Lutschen «（『全集』六、二三〇頁、「おしゃぶりすること、あるいは、舐めること」）を参照のこと。

26——Micheal Balint, *Primary Love and Psycho-Analytic Technique*, London, The Hogarth Press, 1952.（森茂起ほか＝訳『一次愛と精神分析技法』、みすず書房、一九九九年、とりわけ「自我の初期発達段階、一次対象愛」（八八―一一三頁））

27——GW-V, S.123.（『全集』六、二八四頁）

このようなテクストには、自体愛とは、対象が一次的かつ全面的に不在の状態であると謳っている壮大な作り話とは大分異なった響きがある。そのような状態から出発するのであれば、対象が発見されなくてはならない。しかしそれどころか、自体愛とは、第二の〈時〉、対象喪失の〈時〉である。乳房の喪失が問題となっているので、「部分」対象の喪失といえよう。また、フロイトがここで示している貴重な気づきによると、おそらく部分対象は、全体対象、すなわち人物としての母親が輪郭を見せはじめた〈時〉に失われる。しかしとりわけ、このようなテクストを真剣に受け止めるなら、それで意味されているのは、対象は最初から存在している一方で、セクシュアリティにとっては現実の対象が最初から存在しない、ということである。ミルクという現実的対象は、機能の対象であり、その機能は満足の世界へと、いわばあらかじめ定められていると理解しよう。失われたのは、そのような現実的な対象である。

しかし、自体愛的な方向転換と結びついた対象、乳房のほうは――幻想的乳房となって――性欲動の対象になる。それゆえ、性対象は機能の対象と同一ではなく、機能の対象から移動させられている。それは全く本質的な隣接関係にあり、気づかないうちに一方から他方へと、ミルクからその象徴としての乳房へと横滑りしてゆくのである。フロイトは「対象の発見とは本来、再発見なのである」という、もはや有名になった定式で結論づけたが、私たちは次のような注釈を入れることができる。再発見すべき対象は失われた対象ではなく、移動させられた代替である。失われた対象は、自己保存対象、すなわち空腹を満たす対象である。そして、私たちがセクシュアリティのなかで再発見しようとする対象は、最初の対象に対して移動させられた対象である。以上より、対象を再発見することは、結局のところ明らかに不可能なのである。というのも、失われた対象は、再発見すべき対象とは同じではないからである。失われた対象は、本質的な「ルアー」となる原動力であり、性的な探求の出発点にあるものである。

性的な目標もまた、摂食機能の目標に対して実に特別な位置にある。それは、同じものであると同時に異なるものである。摂食の目標は摂取であったが、精神分析には、体内化〔incorporation〕という言葉がある。この二つの語は、よく似通っているように見えるかもしれないが、実のところ、両者の間にはずれがある。体内化の場合、目標は幻想のシナリオに変容している。そのシナリオは、機能から様式や表現法を借りてきているが、「カニバリズム」という語で一括されるあらゆる含みが、取り込みに付け加えられている。それは、自己のうちに保存することや、解体、同化などの意味である。他方で、体内化は取り込みを一連のありうるべき関係全体へと一般化する。体内化が消化器とは別の身体システムで起きることも考えられるので、問題はもはや食物の取り込みだけではない。精神分析的には、別の身体開口部の水準、皮膚の水準、さらには、たとえば目の水準における体内化もある。まなざしによる体内化といったものを論じることによって、ある種の症状を解釈できるかもしれない。このように、機能の目標から性的な目標へと向かう、やはりある種の移動と定義できる変化がある。この場合の移動とは、類似的、隠喩的なラインをたどるものであり、もはや隣接性による連想の連鎖をたどるものではない。▼28

依託における目標の運命という論点から離れる前に、このような行為や幻想的シナリオ（口唇性の場合であれば体内化）に加えて、私たちは異なるタイプの目標を発見することを指摘せねばならない。それは、おそらくこのシナリオと結びついてはいるが、はるかに局在化され、ずっと「弁証法的」ではない目標、「その場における快」の目標、すなわちおしゃぶりの享楽の目標である。体内化の幻想的な目標と、唇の興奮という、はるかに局所的で、はるかに窮屈なその目標との間には、再検討せねばならない大事な関係がきっとあるだろう。

28――（訳注）フロイトが無意識的過程として措定した「移動」と「圧縮」を、ラプランシュはそれぞれラカンにならって「隣接性」「換喩」と「類比」「隠喩」に対応させた。

最後に、源泉を論じなくてはならない。私たちが探究しているものが、起源、つまりまさにセクシュアリティの源泉である以上、ひょっとするとそれは中心的な問いかもしれないと先ほど述べた。このことが、私たちにおいても、フロイトにおいても、単なる言葉遊びではないことは強調しておきたい。というのも、『性理論三篇』のなかで私たちは、源泉の二つの意味に出会っているからである。そこには、追究すべき一方から他方への移行がある。そもそも源泉は、この語の最も具象的で限局された語義、つまり性源域として理解されている。またしても口唇性の場合で言うなら、口唇領域はミルクが通過する際に興奮する。それゆえ、あたかも生物学的な組み立てがあり、それによって、セクシュアリティが、いくつかの既定の範囲から「生じる」かのようである。それはちょうど、ある生理学的な組み立てによって、摂食欲求が特定の部位の緊張から生まれるのと同様である。要するに、私たちはここで、源泉を純粋に生理学的な過程の意味で理解している。

しかし、私たちはこの語の別の意味に出会う。その意味は、少なくとも同じくらい興味深いが、より一般的である。私たちは、興奮の特権的な場としての性源域から、はるかに広がった一連の過程へと徐々に移行する。『性理論三篇』のなかですでに目につき、その後、フロイトの考察が臨床経験を伴って拡張されるにつれてさらに目立つようになるのは、性的興奮の出発点となりうる能力が、口唇的、肛門的、尿道的、性器的セクシュアリティの場として順々に記述されていった一連の領域の特権では全くない、ということである。実際に、性的興奮の出発点となりうるのは、皮膚粘膜で覆われているごく限局された領域だけでなく、皮膚領域すべてである。後々の考察でフロイトは、性源的である（性的興奮を生み出す）のは、皮膚領域だけでなく、内臓器官をも含むあらゆる器官であると断言した。フロイトはそこで、とりわけ心気症症状の解釈に依拠している。[29] さらに拡張してゆけば、性源域となりうるのは、あらゆる機能であり、果ては人間のあらゆる活動にまで至る。このとき私たちが依拠しているのは、セクシュアリティの「間接的源泉」を扱った『性理論三篇』の一節である。ここで、セクシュアリティの「源泉」が、単に、ひとつの器官や分化した少数の細胞に限局できる生化学的な過程であるどころか、身体全体の機械的な興奮のような一般的な過程でありうると気づく。たとえば、ゆりかごで揺られている子どもや、鉄道旅行中のようにリズミカルな揺れから発生しうる性的な興奮のことを考えてみよう。あるいは、筋肉活動、とりわけスポーツ活動と結びついた性的な興奮について考えてみよう。さらに視野を広げて、フロイトは、激しい知的作業はそれ自体、性的興奮の出発点に位置しているかもしれないと強調するに至っている。それは、ごくありふれた臨床的観察から確かめられる事実である。同じようなことは、情動——とりわけ「苦痛な〔pénible〕」情動——のような一般的な過程についても言えるだろう。たとえば、突如現れた不安状態は性的興奮をしばしば引き起こすことになる。私たちはまた、マゾヒズムについて議論する次の段階で、セクシュアリティの「間接的源泉」としての苦痛な情動に立ち戻ることになるだろう。

以下の引用は、この点についてのフロイトの結論である。

> これらの内的過程の強度がある特定量の閾値を越えさえすればただちに、性的興奮は、一連の内的過程［機械的な興奮、筋肉活動、知的作業など］の副次的作用［Nebenwirkung〈副次的作用〉という この語に留意しておこう。この語は、支える動きと、分離して逸脱する動きという、依託の二重の動きを定義する］として生じる。私たちがセクシュアリティの部分欲動と名づけたものは、こういった性的興奮の内的源泉に直接由来するものか、このような源泉の力と性源域の力とが共に働き合うことで構成されるものである。[30]

それゆえ、フロイトが優先したのは、生理学的な狭い意味での源泉ではなく、いわゆる「間接的な」意味での

29——GW-X, S.149-150.（『全集』一三、一二九頁）
30——GW-V, S.104-105.（『全集』六、二六三頁）

源泉であることがわかる。それは「内的な源泉」という意味であり、つまり、一定の量的閾値を超えた有機体内の出来事一切の性的な反響を表しているだけである。源泉のこのような再定義の興味深いところは、あらゆる機能、あらゆる生命過程がセクシュアリティを「分泌」し、そしてあらゆる〈動揺〉がセクシュアリティに関与している点である。セクシュアリティ全体が、軽い逸脱のなか、そして機能に端を発する偏り〔clinamen〕のなかにある。セクシュアリティはこの偏りのなかにあるが、それはこの偏りが自体愛の内在化へと至るかぎりにおいてである。

この視座に立つなら、欲動の源泉とは結局のところ、本能全体と言えるだろう。私たちが先ほど定義したような「源泉」、「衝迫」、「目標」、「対象」をそれ自体で備えた本能全体である。それら四つの要素をきちんと備えた本能は、今度は、本能をまね、ずらし、変質させる過程、すなわち欲動の源泉となる。この点において、性源域、すなわちこの特権的な身体領域は、正確に言うと、本能の身体的源泉を論じる際と同じ意味の源泉ではない。むしろ、私たちが今言及した副次的作用に向けられた点として定義される。

倒錯の問題圏

さて、私たちは、あまりに短かった行程の終わりに来ている。『性理論三篇』の第三篇は、本能が再発見される〈時〉であると言及するだけに留め、別の機会に論じるために残しておこう。あらゆる再発見においてそうであるように――私たちが先ほど対象の再発見に関して示したことだが――、それは、最初あったのとは別のものとして再発見されるのだ。というのも、発見とは、常に別のものの再発見だからである。それはもちろんエディプスの〈時〉の再発見である。それゆえ、現在のところは、この第三の段階には留意せず、最初の二篇の意味と方向性と一貫性を成しているものを強調しておきたい。今一度、この二篇が私たちにもたらすものをじっくり考えてみよう。そして、そのために倒錯という観念を利用しよう。というのも、第一篇で大人の性的逸脱を通じて問題にされているのも、第二篇で子どもの「多形倒錯」という観念を通じて問題にされているのも、倒錯だからである。それゆえ、この倒錯という用語と、倒錯の概念そのものの内部で働いている、いわば運動と言えるものを考慮しよう。

倒錯という観念は通例、本能の逸脱と定義されている。それは特定の経路と目標を前提として、そこから離れ、逸脱した経路をたどることを含意している（「逸脱〔déviants〕」という語は、生物学において、そして今日では「人間科学」においても使われる）。それゆえ、精神医学書をどれでもよいから参照してみると、著者たちが、すべての「本能」の領域にわたって、また彼らが承認する本能の数と分類に準拠しながら、きわめて多様な倒錯を認めていることがわかる。つまり、性的な倒錯のみならず、おそらくはとりわけ、道徳感覚の倒錯、社会本能の倒錯、栄養摂取本能の倒錯などもある。『性理論三篇』では逆に、フロイトは倒錯の観念をただ性的倒錯の上だけに打ち立てている。規範との関連で定義された逸脱が問題になっているのだから、フロイト自身が性的本能という観念に賛同しているのだろうか。そして結局のところ、「性本能」の定義はほとんど、「一般に普及した見解」の改訂版、改良版を提示しているにすぎないのだろうか。いや、そうではない。フロイトの弁証法はもっと根本的である。私たちはたった今、〈概念の内部で働く〉運動を指し示したが、この論述の運動は、同時に思考の運動であり、また結局のところは物そのものの運動でもある。つまり、例外（というのは倒錯のことだが）が最終的には規則を圧倒するのである。例外というからには、確定した本能が存在し、あらかじめ存在する性的な機能なるものがあり、満足に関するはっきり決まった規範がある、ということを想定しているはずである。ところが、ここでの例外は、最終的に生物学的規範という観念を掘り崩し、解体するのである。セクシュアリティ全体が、少なくとも子どものセクシュアリティ全体が、最終的には倒錯となる。

それでは何が倒錯化されるのだろうか。というのも、なんらかの「性本能」を参照することは、少なくとも幼い子どもにおいてはもはや考えられないからである。倒錯化されるのは常に本能なのだが、本能は、まさしく生命機能であるかぎり、セクシュアリティによって倒錯化される。このようにして、本章の冒頭で私たちが議論した二つの観念、すなわち欲動の観念と本能の観念があらためて結合し分離することになる。本来の意味での欲動、すなわち、フロイトの発見に忠実な唯一の意味での欲動とは、セクシュアリティである。さて、小さな人間においては、セクシュアリティの全体が、本能を逸脱させ、本能の目標を比喩化し、本能の対象を移動して内在化し、本能の源泉を場合によってはきわめて狭い領域に、すなわち性源域に凝縮する運動のなかにある。

性源域についてはこれまでほとんど議論する余裕がなかったが、非常に興味深い論点があることを示唆しておきたい。性源域は、身体的な覆いのうちに見つかる断絶、あるいは逆戻りの地点とも言うべきものである。というのも、それらは何よりもまず、口や肛門といった、括約筋に取り囲まれた開口部だからである。また、同時に、交換が行われる領域でもある。というのも、主だった生物学的交換は、そこを経由してなされるからである（私たちはあらためて摂食のことを考えているが、同じようにその他の交換についても考えられるだろう）。交換がなされる領域とは、世話を受ける領域、すなわち母親の注意深い特別な世話を受ける領域でもある。それゆえ、これらの領域は、成人側からの最初の性源性の働きかけを引きつけるのである。さらに重要なことを挙げるなら、この最初の「パートナー」の主体性が発揮されると、これらの領域に両親の幻想、何よりも母親の幻想が集約される。したがって、ほとんど比喩なしに、これらの領域は、内なる異物、厳密に言えば、性的興奮を子どものうちに導入する点であると言えるかもしれない。私たちが次の探究で対象とするのは、この内なる異物と、人間におけるその生成である。

第二章

心的葛藤における
セクシュアリティと生命活動の次元

本章でも、私たちはセクシュアリティについて論じることになるが、まずは前章の読解の試みについて、いくつかの見解を述べることから始めよう。かなり駆け足の試みだったため、フロイト理論におけるセクシュアリティの発生が、生命活動の次元に端を発していることをたどるのには十分ではなかったかもしれない。最初に、全くもって不完全なスケッチにすぎなかったことを断っておきたい。私たちは、セクシュアリティの問題に備わるひとつの側面を展開したにすぎないのである。発生という言葉そのものが、創発という観念を喚起させる。それは事前〔l'avant〕があるゆえに事後〔l'après〕があるという線形的な理解の可能性である。こうした視点は、ひとつの反転によって修正されなくてはならない。

一方で、これまで論じてきた発生には、事前にあるもの（つまり生命活動の次元）のなかに、人間の根本的な不完全性、真の裂開と呼べるものが含まれることが、実際には示唆される。セクシュアリティによって「倒錯化」されるのは、もちろん機能であるが、それは脆弱で未成熟な機能である。ここに、人間における「生命活動の次元」のすべての問いが、そしてそれを「覆う」ものの「手前で」理解する可能性、というよりもその不可能性の問いすべてがある（これらの用語には日常的な意味もあることに留意しておこう）。

他方で、まさにそのかぎりにおいて、おそらく最も重要なのは事後であり、事前と私たちが名づけるものは事後によって理解し、解釈できるのかもしれない。私たちが今言及しているのは、フロイトの思考に偏在していて、これから述べようとすることのなかで垣間みえてくるひとつの観念、すなわち「事後性〔après-coup〕（Nachträglichkeit）の観念である。▼1

「すべて」はセクシュアリティである

私たちの第二の予備的再考も、同じようにフロイトに導かれる。その焦点は、精神分析がセクシュアリティの観念を大幅に拡大したこと、つまり概念の外延も内包も拡大したことに向けられる。外延というのは、セクシュアリティがその後、性器的活動の一部だけでも、倒錯だけでも、神経症だけでもなく、たとえば昇華概念の導入が示すように、およそ人間の活動すべてを覆い尽くすからである。まさしく、フロイトに対する常套句である「汎性欲主義」という言葉は、ここでこそ想起するのがふさわしい。フロイトはしばしば、この論争の武器に対する対応策を見つけるのに苦労した。もちろん彼は、悪意に満ちた攻撃に対するのと同じように、精力的に防戦したが、それはいつも遠回しな形だった。フロイトはたいていの場合、汎性欲主義という言葉を、蔑視的で受け入れられない意味として理解しているように装っていた。「あなたはすべてを性欲だけで説明している」という、はっきり言ってしまえば全く粗雑でしかない敵対者の非難を、フロイトは字義通りに受け取った。そうすれば、そんなことはないと彼は容易に答えることができた。というのも、彼のあらゆる理論は葛藤を基盤にしており、葛藤の根底には二元論があると示せるからである。つまり、たとえその対立概念がフロイトの思考の各々の時期によって異なった形で定義されていたとしても、何かがセクシュアリティに対立していなくてはならない。それは異なるタイプの欲動、フロイトが自己保存欲動あるいは自我欲動と名づけたものかもしれないし、組織としての自我そのものかもしれないし、最終的には死の欲動かもしれない。それゆえフロイトは、最も馬鹿げた仕方で表現された反論、「あなたはすべてを性欲だけで説明する」という反論には応じた。しかし実際には、フロイトは当然ながら「あなたはどこにでも性欲を見出す」という反論には答えていない。というのも、「汎性欲主義」は、セクシュアリティが「すべて」であるということを必ずしも意味しないからである。むしろ、おそらくは、「すべて」

にセクシュアリティがあるということを意味している。それゆえフロイトは「当然ながら」答えない。先に示した通り、実際すべてのものはセクシュアリティを生み出しうるのであり、また同様に臨床経験ではすべてがセクシュアリティに帰着しうる。

　結局のところ、これらの「中傷」に対するフロイトの真の応答は、むしろ「あなたの反論は、結局はあなた自身の抑圧の印にすぎない」という反撃を浴びせることである。私たちはここで、そのアクチュアリティによって際立っている、あるテクストを引き合いに出すことにする。そのテクストは、現代社会における精神分析の諸概念の普及を対象とした最近の研究にも関係づけられる。モスコヴィッシは、[2]『精神分析、そのイマージュと大衆』[3]という著作で、社会心理学で実践される調査方法を用いて、今日において大衆が、この言葉〈精神分析〉を聞いて、何を連想するかを明らかにしようとした。モスコヴィッシは、もちろん専門家にとってではなく、一般の人々にとって「精神分析」とは、単に「抑圧」と「セクシュアリティ」を意味していることに気づいた。ところで、次の文はフロイトが一九二〇年の『性理論三篇』第四版のまえがきで述べたことである。

> 洪水のような戦争の時代が波を引いた後、精神分析研究に対する関心が大部分の世界で損なわれずに済んでいることを確認することができ、ほっとしている。しかし、学説のすべての部分が同じ運命をたどったわけではなかった［この点については、モスコヴィッシがより科学的な手法で示した］。無意識、抑圧、病気

1——ラカンがこの用語の価値を最初に見出し、フロイトの「公式的な」概念装置と呼ばれるものの一部となった。『精神分析用語辞典』（村上仁＝監訳、みすず書房、一九七七年）の「事後性」の項を参照のこと。

2——（訳注）セルジュ・モスコヴィッシ（一九二五―二〇一四）は、ルーマニア出身のフランスの社会心理学者。代表作に『群衆の時代』や『神々を作る機械』などがある。

3——Serge Moscovici, *La Psychanalyse, son image et son public*, Paris, PUF, 1967.

を起こす心的葛藤、疾病利得、症状形成のメカニズムなどに関し、精神分析が純粋心理学的に命題定立を行って見出した事柄は、これを承認する人々の数も増え、その徹底的な反対者たちにおいてさえも無視できないものとなっている［精神分析的な「心理学」に関しては、誰もが同意しはじめていたし、それを認め取り入れるようになっている］。また、学説のうち、この小さな本のなかでその根拠が与えられている、生物学とその境を接している部分に関しては［ここはセクシュアリティと理解できる］、相も変わらず衰えを知らない反論が生み出されつづけている。さらに、この学説が原因で、精神分析に一時期集中的に関わった人々さえもが、精神分析から離れてゆき、新しい考えをもつようになった。彼らの考えによれば、正常および病的な心的生活において、性的要因の役割を新たに限定すべきというのである。▼4

先ほど、モスコヴィッシの調査が明らかにしたものを示したが、それによると、「非専門家」にとっては、同時代の思考に対する精神分析の寄与の主要な部分を要約するものは、まさにセクシュアリティなのである。一方、フロイトは、「科学者」の間ではセクシュアリティが陰に追いやられてしまい、抑圧や疾病利得など、精神分析において記述された心的メカニズムのいくつかがより容易に受け入れられ、採り入れられたと強調している。すなわち、短く論争的に言うなら、抑圧は受け入れたが、抑圧されたものは抑圧したのである。そして、抑圧されたものとは、性的なものである。

同じまえがきの別の一節を引用してみよう。フロイトはそこで、「汎性欲主義」という反論に対し答えている。フロイトが実際には、汎性欲主義者であることを、ある意味では否定していないことが後でわかるだろう。

思い出してもらわなければならないことだが、この本の内容のうち、人間のすべての活動にとって性生活が重要であることや、この本のなかで試みられている性質の概念の拡大といった部分は、前々から精神分析に対する抵抗の最も強力な動機となっていた。通りのいいキャッチフレーズが求められて、精神分析は「汎性欲主義」であるとされ、精神分析は「なんでもかんでも」性欲から説明するという、ナンセンスな非難を浴びせかけられるまでになっている。人々は、情動的要因の作用によってうろたえたり健忘症を起こしたりするものだが、もしも、ほかならぬその作用すら忘れてしまえるとしたら驚かないわけにはいかないだろう。というのも、哲学者アルトゥール・ショーペンハウアーがすでに少し前に、私たちの活動や努力がどれほどまでに——その言葉の普通の意味で——性的追求によって決められているか、人間たちに知らしめていたのである。▼5

前性器的な快と性器的な快

さてここで、もうひとつの問題に着手することにしよう。それは、セクシュアリティの(この用語の論理学的な意味における)外延〔extention〕が人間の活動の領野全体になるという問題ではなく、内包〔*compréhension*〕を拡大することによって提起され、最終的には、セクシュアリティという用語に真に意味の変化をもたらす問題である。同じまえがきのなかで、フロイトはそれについて少し述べている。

子どもの分析や、いわゆる倒錯者の分析でどうしても必要となるセクシュアリティの概念の「拡大」につ

4——GW-V, S.31.(『全集』六、一六七頁)
5——Ibid., S.32.(同書、一六八頁)

いて、高みに立って軽蔑的に精神分析を見下しているすべての人々に思い出していただきたいのは、精神分析がその意味を拡げたセクシュアリティは、かの神々しいプラトンのエロスときわめて近いものだということである。[6]

「より広範なセクシュアリティ」、まさにそれが問題となっている。というのも、生命の本能としての性的なものから、まさしく本能の普遍的な倒錯としての性的なもの（あるいは同義語ではないとしても、少なくとも同じ領域に属する用語としては、機能の倒錯）へと私たちは移行したからである。フロイトは全著作を通して、彼がこの問題と格闘し、この主題に突きつけられた反論に対して弁明をしていることがわかる。フロイトにはそれゆえに、セクシュアリティに新しい定義を与える必要があった。というのも、古い定義（目標が固定化され、対象が明確な性器的セクシュアリティという考えに準拠した定義）は、もはや通用しなくなっていたからである。

ある時期にフロイトが注目し、おそらくは当時精神分析の影響下で活躍していた性科学者の間でももてはやされていた用語があった。それは、「器官快」という表現であり、本能の倒錯を指し、「機能快」という考えと対立するものである（この仮説にはきわめて妥当性があるように思える）。セクシュアリティとは、局在化された快であり、自体愛的な快であり、その器官において生じる快である。それは、対象に開かれていることを意味する機能快ではない。フロイトはときおり、「器官快」という用語を理解の助けとなる場合に限って用いていたが、同時に警戒もしていた。なぜなら、「同義語」を導入することは、記述されたあらゆる過程がまさに性的なものであるという主張を消し去るおそれがあるからである。性的という言葉を取り除くことは、フロイトにとっては、考えそのものを放棄することであった。フロイトがこうした言葉の問題にどれほど口煩かったか、また、言葉を譲ることはその思考の内容そのものの大部分を譲ることだとはっきり断言したことが一度ならずあったかも知られている。[7]

フロイトが取り組んでいた困難には、思考のある種の躊躇が現れているが、いずれにしても、それは必然であったように思われる。そのような躊躇は、ひとつの科学が弁証法的に進化し、ひとつの理論が新しい理論によってくつがえされ、置き換えられる際、一時的に現れる。そして、新しい理論のより一般的な公理は、古い理論を特殊な一例として包括するようになる。主体もしくは学者の視点からすれば、科学革命は突如としてある概念の語義を拡大し、その基盤も取り除いてしまう、と言えるだろう。フロイトの場合もまさにそうだった。彼はセクシュアリティを、生物学的、化学的、内分泌学的に定義するという希望に逃げ込んでいる。すなわち、科学のいくぶん遠い未来に希望を託しているのである。あるいは彼が、もう先へは進めないかのように、「性器的」という通俗的な意味での性的なものと、彼が発見した領野を無理やり近づける理由を単に繰り返し述べていることもある。

ここで、主要な論点を振り返っておこう。たとえば、前性器的な享楽と性器的な享楽との間に存在するかもしれない類似性がある。そして隣接性——それは、感知できない移行であり、その間で享楽の系列（セリー）が結びついている。享楽の系列の最後にはしばしば、性器的享楽、あるいはいずれにせよ性器的な意味の快がある。たとえば、次のことを考えてみてほしい。子どもでは、移行が本来性器的なものではないが、マスターベーションに至る。大人では、いわゆる性行為の前駆的快がある。倒錯的行動では性器的ではない実践になるかもしれないが、それらもまた、狭義の性的興奮に至る。そして何よりも、神経症的症状において、非-性的な快と、最終的に性的な意味づけをもつ享楽との間に見られるあらゆる結びつきがある。

最後に、「抑圧」に関する議論、すなわち、ある種の論理性に挑戦し、苛立たせるが、精神分析の論理におい

6——Ibid., S.32.（同書、一六九頁）

7——（訳注）たとえば、『集団心理学と自我分析』のなかには「最初は言葉の上で譲歩することから始まるのだが、徐々に事柄そのものにおいてもそうすることになる」（GW-XIII, S.99.（『全集』一七、一五八頁））という一節がある。

て避けられない人格攻撃論法〔ad hominem〕がある。それは次のような形を取る。「おしゃぶり」という自体愛の表出が母親によって禁止されるのは、母親が暗におしゃぶりがもつ「悪い習慣」の性質を認めているからである。そして「悪い習慣」というのは、性的興奮や性的享楽の習慣を言いかえた表現にすぎないことは誰でも知っている。母親には常に、二重の反発があることがわかる。子どものセクシュアリティという観念に対する反発と、その表出に対する反発である。そのことが意味するのは、母親がこうした二つの矛盾した主張を同時に表明するということである。子どもは性的に無垢なものである、だが実際にはそうではないので、子どもは罰されるべきである。ここに、私たちは有名なやかんの議論のヴァージョンのひとつを見出す。それは、あらゆるでたらめな理由を持ち出して、最終的にはある事実を否認するものである。私はあなたからこんなやかんを借りていない。そもそもそれは最初から穴があいていた。何よりも私はやかんをあなたにお返しした。[▼8] フロイトの言う意味でのセクシュアリティは、あらゆる方面から抑圧と否認に至る。たとえ、フロイト以降の時代である今日において、「子どものセクシュアリティ」という表現が顰蹙を買わなくなったとしても、セクシュアリティにはひっそりと、だがおそらく徹底的に罰せられるべき何かがある。

　これに関連して、ある子どもの精神分析家によるからかい気味のコメントを引用してみたい。ある日私たちは、彼女に次のような質問を投げかけてみた。「私たちがこれほどまで語る子どものセクシュアリティとは、あなたの経験で言えば、結局のところ何を意味するのでしょうか」。それに対する回答は、およそ次のようなものだった。「それは大人たちが使う便利な呼称で、自分たちが直視したくない山のような恐ろしいことを隠すためのものよ」。

　したがって、セクシュアリティとは、とりわけ抑圧されたものである。フロイトの著作では、このことが徹頭徹尾、繰り返し明言されている。この命題が隠蔽され、錯覚が引き起こされ、ある潮流が私たちの分野を「心理学化」することがあるが、それは、フロイトがときおりその内容には立ち入らずに、葛藤のメカニズムや抑圧のメカニズムを記述したからである。

ここで、後期のテクストである「精神分析概説」（一九三八）に言及しておこう。このテクストはきわめて多くのことを教えてくれるが、冒頭では（重大な不都合をはらんだプレゼンテーションの手法によって）、心的葛藤を、まだはっきりさせていなかった「諸審級〔instances〕」間の抽象的葛藤として記述している。諸審級には、一方に自我が、他方に「エス」と名づけられるもの、すなわち諸欲動の場がある。この「エス」のもとには、明確なものは何も位置づけられないし、明確な欲動、とりわけセクシュアリティの欲動も、そこには据えられていない。このような記述、ましてやフロイトのメタサイコロジーを言い直して提示した著者たちの記述を前にすると、一方では力学的な用語で適切に描写できる心理学的な過程が存在するが、他方、抽象的な葛藤のシェーマは、いかなる種類の欲動でも、つまりセクシュアリティや、攻撃性や、さらに他の何かでも、埋めることができるという印象を抱いてしまう。

しかしながら、「精神分析概説」の先のところで、[9] フロイトはこのテーマに立ち戻り、この問いを明確に提起しようとしている。たしかに、葛藤の概略や抑圧のメカニズムを、一般的な形で描くことができるように見えたとしても、事実上、私たちの性的生活が唯一の脆弱な点であり、抑圧が好んでその点をターゲットにするのはどうしてなのだろうか。どうして私たちのセクシュアリティだけが抑圧されるのだろうか。

この一節には、人間における性欲動のある特殊な性質に関する、いくらかの貴重な示唆がみてとれる。とりわけ貴重なのは、その「二節性」であり、性欲動が二つの時期に現れるという事実である。一方で幼児期の段階があり、他方では思春期・成人期の段階があるが、その二つは潜伏期と呼ばれる長い時期によって切り離されている。その性格は、その基礎を構成する単なる「成熟する」という事実よりも重要な射程をもつといったものである。

8 ——（訳注）GW-VI, S.66.（『全集』八、七一—七二頁）参照。

9 ——GW-XVII, S.112-113.（『全集』二二、二二五—二二七頁）

る。これは、時間的なリズムを含む、ひとつの過程である。すなわち、セクシュアリティの最初の（未成熟とも言うべき）出現、抑圧によるセクシュアリティの一時的な衰退、目的にふさわしい生理学的な可能性がそろって起こるかつての意味の回復、という過程である。このリズムの要因を、フロイトがどのように抑圧現象において働かせているかは、後に検討しよう。

また、同様に興味深いこととして、同じ一節のなかで、動物と比べて、人間のセクシュアリティの脱自然化と言えるものが強調されている。たとえば、動物の性の特徴として知られている、性的に興奮しやすい時期の周期性の喪失である。ここでは自然な機能的なリズム（発情期のリズム）が消え、一方では別種の流れが確立する。その流れは、抑圧、想起、加工作業、事後性などといったカテゴリーを持ち出さないかぎり理解できない。

誘惑理論再考

「精神分析概説」における以上の指摘は、いずれも示唆的ではあるが、あまり詳細ではなく、関連づけに乏しい。セクシュアリティは、心的編成の「脆弱な点」として特定されているが、その「脆弱さ」と抑圧の過程との関係を説明するものは明確になっていない。まるで、後期のこのテクストは、もはやフロイトが当初はるかに鋭く投げかけたひとつの問いを、弱く反響させているにすぎないかのようである。フロイトは、メタサイコロジー研究を始めた一八九五年からこのような問いを表明していた。「性的な表象のみが抑圧されることを説明しうるのは、性的な表象の別の性質でなければならない」[10]。これは、一八九五年の「心理学草案」からの引用である。このテクストは、本書にとって重要である。同じひとつの理論のなかで、抑圧とセクシュアリティを、有機的に、内側から結びつけるきわめて洗練された試みが、この時期にたしかに提示されていたのだ。

私たちがここで参照するのは、「心理学草案」の第二部全体のみならず、一九〇〇年に至るまでの理論的著作の大部分の基盤となっている「誘惑理論」、あるいは「ヒステリーのプロトン・プセウドス〔*proton pseudos hystérique*〕」[11]理論と呼ばれるものである。誘惑理論とは、プロトン・プセウドスの理論なのか。もちろん、それらの観念を、ある種の学術用語の夾雑物から、つまり一部廃れてしまったせいで、「心理学草案」への接近を難しくしている概念装置から抽出するのは困難である。今日の読者が、このテクストの読解に苦心するのは間違いない。読者がもし、フロイトの使用する概念を字義通りに受け取れば、自分は「心理学的現実」から遠く隔たった似非科学の途方もない仕掛けに引きずり込まれていないだろうか、と我に返って自問することになるだろう。あるいは、黎明期の精神分析の経験からもたらされるものと、月並みな科学主義者の思考様式の残滓を直ちに区別しようとするだろう。ただ、後者の態度を取るなら、「心理学草案」の大半を放棄せねばならないだろう。しかしながら私たちは、大多数のフロイト研究者の見解[12]にも、フロイト自身の判断[13]にも反して、うんざりさせるようなフロイトの「専門性」に従いながら、まずはこのテクストの入り組んだ迷宮のなかに身を投じる方針を一貫

10——（訳注）GW-Nb, S.444.（『全集』三、六三頁）

11——（訳注）プロトン・プセウドスとは、アリストテレスの『分析論前書』に出てくる、誤った前提と誤った推論からなる三段論法のことである。

12——「「心理学草案」はフロイトが数多くの心的事象を量的理論の枠内に押し込めようと最大の努力を傾けたものとして、しかもその内容は枠からはみだしてしまうことを帰謬法によって証明したものと思える」(Paul Ricœur, *De l'interprétation*, Paris, Seuil, 1965, pp.82-83.（久米博＝訳『フロイトを読む——解釈学試論』、新曜社、一九八二年、八一頁）)。

13——「僕は「心理学」を思いついたときの精神状態をもはや理解できません。僕がそれを君に押しつけることができるということが僕にはわかりません。僕は、君は依然として丁寧すぎると思います。僕にはあれは一種の狂気のように思われるのです」（一八九五年一一月二九日付のフリースへの手紙（手紙四六）（河田晃＝訳『フロイト フリースへの手紙一八八七—一九〇四』、誠信書房、二〇〇一年、一五五頁））。

して取ることにした。それは、偉大な著作——偉大な経験によって育まれた著作——は、いとも簡単に良い部分と悪い部分に分割することはできないという確信に導かれている。

その長い行程を、ここで繰り返すことも、着手することさえもせず、誘惑という観念の本質に焦点を当てることにしよう。フロイトの思考において、誘惑には二つの水準がある。一方でそれは、臨床的に確認されたものであり、断言され、破棄され、疑問視され、再び断言されるということが連続的に、それもフロイトの晩年の著作までなされた。他方でそれは、誘惑という事実の観察から練り上げられた、ひとつの理論である。

臨床的な確認は、始めのうちは、きわめて単純である。精神分析的な手法によって、付与される現実の価値がどのようなものであれ、いずれにせよいくつかの場面の記憶として現れるものが見出される。その場面とは、大人が子どもに性的に接近するというものである。単なる言葉の場合もあれば、多かれ少なかれ明白な行為、時には、完遂されないにしても、性行為の始まりの場合もある。フロイトとブロイアーによる初期の大半の治療を報告している『ヒステリー研究』では、ヒステリー患者の想起[14]のなかの誘惑が絶えずそのように言及されている。いくつかの観察では、そうした記憶は、実際に見出された形で詳細に語られるが、時にフロイトによって部分的に歪曲され、検閲される(フロイトが後になって説明した通りである)。その当時、彼は自分の大発見(要するに、エディプスの発見のことである)にきちんと向きあうことができず、実際には父親が関わる事態なのに、「叔父」などと結びつけてしまう(そのことは注釈で明らかにされている)[15]。

このように、当時「カタルシス法」によって治療されたヒステリー患者において、誘惑はひとつの共通のシナリオであり、一連の場面の形でしばしば見出される。フロイトは、情熱的にそれらの場面がなす系列を遡り、後の場面の手前に類似の出来事、それもより早期の「外傷的な」出来事を倦むことなく探し出した。もろもろの「場面」、あの場面〔*la scène*〕、そして「起源の〔originaire〕」場面、あるいは原光景〔la scène primitive〕[16]を情熱的に探究することは、最終的には、劇的な幻滅へ至ることになる。この点については、一八九七年九月二一日付のフリースへの手紙（手紙六九）に注釈をつけつつ、その断片を引用しよう。

敬愛するヴィルヘルムよ！

今僕は、昨日の朝以来再び元気になり上機嫌ですが、落ちぶれていて、目下のところ失業中であり、住み心地が回復した後でまず第一に君に手紙を書きます。そして今僕は、君に直ちに、最近の数カ月の間に僕に少しずつわかりかけてきた重大な秘密を打ち明けようと思います。僕は、自分の神経症理論［まさしく、誘惑と「プロトン・プセウドス」に基づいた神経症理論］をもう信用していません。このことはきっと、説明なしには理解できないでしょう。なにしろ君自身、僕が君に説明できたことを信じるに足ると思ったのだから。だから僕は、不信への動機がどこから来たのか、歴史的に始めましょう。

ひとつの分析を真の終結に至らせる試みの際の絶え間ない失望、しばらくの間大変うまくいった人々が逃げ出したこと、僕が当てにしていた完全な成果が得られなかったこと、部分的な成果を別様に、正常なやり方で説明する可能性、これらが最初のグループです［ここでフロイトは、きわめて一般的な形で、治療の失

14——（訳注）フロイトのErinnerung（souvenir）という語は、これまで記憶と訳されてきたが、岩波版全集では、「この語はなんらかの実体を指すのではなく、想起の際にのみ実体化する何ごとかである」という理解に基づき、「想起」という訳語を採用している（『全集』一、「解題」五八二頁）。本訳書も基本的にこの方針に従ったが、日本語として不自然になる場合は、「想い出」と訳した。なお、Gedächtnis（mémoire）という語は、一貫して「記憶」と訳している。

15——（訳注）「症例カタリーナが、叔父から性的な誘惑を受けて病気になった」とフロイトは記述しているが、『ヒステリー研究』の一九二四年版では、実際は「叔父ではなく、実の父親から性的な誘惑を受けていた。この症例で私が行ったような歪曲は、症例を語る際には絶対に避けるべきである」と追加している（GW-I, S.195.（『全集』二、一七一頁））。

16——（訳注）「la scène primitive」は、フロイトが言うドイツ語「Urszene（原光景）」の訳語としてフランス語訳で当初用いられていた語。ラプランシュとポンタリスは、『精神分析用語辞典』で、より好ましい訳語として「scène originaire」を提案した。

敗を要約するだけにしている」。

次に、すべての症例で父親が倒錯の罪を負わされなければならなかったという驚き［実際、もし誘惑場面が見出されなければならないなら、ヒステリー患者の父親を臨床的に診断する必要があり、その父親は子どもたちに害を加える性的倒錯者に違いないと認める必要がある」、ヒステリーが意外に頻繁に起こることがわかったけれども、その都度同じ条件が維持されているのに対して、子どもに対する倒錯がそのように広がっているとは考えにくいこと（出来事が積み重なり、しかも原因となる要因が付け加わった場合にのみ発病するのだから、倒錯はヒステリーに比べて途方もなく頻度が高いはずです）［フロイトは一種の統計学的批判を行っている。すなわち、親の性的倒錯のほうが、子どものヒステリーよりも途方もなく頻度が高くなくてはならない。というのも、ごく特定の状況で、神経症としてのヒステリーに至ってしまうケースよりも、誘惑のケースのほうが多いと想定せざるをえないからである」[17]。

それから第三に、無意識には現実性の標識は存在せず、そのため真実と情動を備給されたフィクションとが区別できないというたしかな洞察［すなわち、真実と幻想の区別である。私たちは、フロイト理論の中心的な思考に直面している。無意識において私たちは、単なる想像から「現実的な」想起を区別できる「現実性の標識〔indice de réalité〕」を見出すことはできない」。

第四に、最も深刻な精神病においては、無意識の想起は漏れ出ることがなく、そのため青少年時代の体験の秘密は最も混乱した譫妄状態においても明るみに出ないという事実［したがって、精神病という、一見したところ無意識の探究に最も好都合なケースにおいてさえ、結局のところ、最初の出来事までは遡ることができない」[18]。

要するに、フロイトは自身の理論に対して、事実上の反証――あの「場面」へ遡ることは不可能である――を行うと同時に、権利上の議論――父親がかくも頻繁に倒錯であることは認めるわけにはいかないし、何よりも見出された場面が現実なのか幻想なのかを決定するのは不可能である――を行っている。

この手紙は、偉大な発見を宣告し、幻想へ至る道をその障害物から見出した否定の契機として称えられてきた。その道は、まさに精神分析の真の「王道」であり、夢に関して述べられたことになぞらえるものである。精神分析作業の中核は、無意識的幻想を明らかにし、それを分析することだとすれば、私たちが今日でもなお活動しているのは、この発見が得られたからである。このような幻想の探究は、私たちにとっては実りある道ではあるが、フロイトにとっては骨の折れるものだった。彼は、その後一層強調することになる「心的現実」のカテゴリーを導入したにもかかわらず、今日の私たちが乗り越えようと試みる二者択一的状況にはまり込んでいた。二者択一の一方は現実、すなわち実際に体験された記憶の現実性であり、半ば犯罪捜査の仕方で[19]、その痕跡を見つけ出せる。もう一方は、想像であり、伝統的にはより小さい存在とみなされている。フロイトに足りなかったのは、「心的現実」の観念のなかにあるものを明らかにすることだったと言えるかもしれない。それは、現実的な核をもつ何かだが、外的な経験のなかでは検証することができない。そしておおまかには「構造的なもの」のカテゴリーとして示すことができるものである。

17――グラノフとペリエ（« le Problème de la perversion chez la femme et les idéaux féminins », *La Psychanalyse*, 7, Paris, PUF, 1964）が述べているように、女性における「倒錯的関係」（フェティッシュ的な倒錯と類似した型の関係）と名づけられるものが、まさしくマザリングにおいて、独占的とは言わないまでも優位な形で表れるとするなら、フロイトが自身の誘惑理論に対して行った「統計的な」批判を再検証し、もしかしたら一掃する論拠を導入できるかもしれない。

18――一八九七年九月二一日付のフリースへの手紙（河田晃＝訳『フロイト フリースへの手紙一八八七―一九〇四』、誠信書房、二〇〇一年、二七四―二七五頁）。

19――そのタイトルだけでも興味深い次の論文を参照のこと。「事実状況診断と精神分析」（GW-VII, S.3-15.（『全集』九、一八三―一九六頁））。

一八九七年のこの歴史的な瞬間以来ずっと、フロイトの著作には、誘惑に関して、より一般的に言えば、一次的な性的場面の現実性に関して、絶えず揺れ動きがあることがわかるだろう。私たちはその変遷の歴史をたどることはしないが、[20] そういった変遷が存在しているだけでも、フロイトが「心的現実」というカテゴリーを完全には手中に収めていないことがうかがえる。見出されたものが現実であるか幻想であるかは、結局のところ問題ではない、なぜなら、幻想にもまたひとつの現実性があるからだ、ということを断言しておきながら、フロイトは幼少期に起きたことの現実の証拠を絶えず追跡している。それについて、「狼男」の分析とその考察が大いに参考になることだけは思い出しておこう。そこでは、実に多くの紙幅がこの観察に割かれており、「原光景〔scène originaire〕」——両親の交接場面——を患者が実際に目撃したのか、それとも、後日の出来事やごく些細な手がかりから単純に再びあらためて作っただけなのかを知ろうとしている。[21]

しかしながら、現実、純粋な想像、回顧的な再構築など、絶えず用語は揺れていたものの、フロイトは誘惑を事実としてますます再主張するようになり、彼の仕事の最後では（『続・精神分析入門講義』）、誘惑をほとんど普遍的なものと示すに至っている。[22] 事実、人間は誰しも、母親の世話による誘惑を実際には避けることができない。子どもに対する母親の最初の動作は、必然的にセクシュアリティに満ちている。この観察は、子どものセクシュアリティが「性源域」[23] へ局在化されることについて私たちが定式化したことと一致する。

さしあたり、場面としての誘惑は脇へ置き、誘惑の理論について論じることにしよう。「プロトン・プセウドス」とは、最初の嘘、ヒステリー患者の最初の嘘である。私たちが知っているように、ヒステリー患者は嘘をつく。このことは、フロイト以前にも知られていた。たった今、私たちは、フロイトとともにあらためてそのことを確認した。つまり、ヒステリー患者は、全くの想像だとしばしば思わせるようなものを、自分の子ども時代の場面と称して提示する。彼女たちは自分の想像をひとつの現実として捉えてきたし、さらに根底では、ある種の変換法則に則って、自分の欲望をひとつの現実に翻訳してきた。さて、誘惑の「原幻想〔fantasme originaire〕」と私たちが名づけたものにおいて[24]、彼女たちは、父親を誘惑したいという自身の欲望を、反転した形で、父親から誘惑されたという現実の場面に翻訳している。しかし、「プロトン・プセウドス」という語が私たちに示しているのは、主観的な嘘とは別のものである。それは、主観的なものから創設的なものへ、さらには超越論的とでも言えるものへの一種の移行である。いずれにせよ、事実のうちに刻み込まれた一種の客観的な嘘である。

精神分析は、貧しいアカデミックな「臨床」[25]とはそもそも決定的に一線を画している。アカデミックな「臨床」では「暗示性疾患」と呼ぶものを、いつでも悪意や詐病という観点から説明しようとする。ヒステリー患者が嘘をついているとしたら、そういった嘘や欺瞞のようなものの最初の犠牲者は、何よりもまず彼女たちである。誰かが彼女たちに嘘をついているからではない。そうではなく、あたかも私たちが「騙りごと〔fallace〕」という言葉で呼びたい一種の根源的欺瞞が実際に存在しているかのようだ。「プロトン・プセウドス」は、その特殊性から、「最初の騙りごと」と翻訳できるかもしれない。

誘惑理論、あるいは「最初の騙りごと」の理論は、抑圧、すなわち防衛の主要な様式の理論である。その問題は、心理学の構築をもくろんだ「心理学草案」のなかで、より一般的な防衛の心理学の埒内で提起されている。

20——この問い全般に関しては、Jean Laplanche & Jean-Bertrand Pontalis, « Fantasme originaire, fantasmes des origins, origine du fantasme », *Les temps modernes*, 215, 1964, pp.1833-1863.（福本修＝訳『幻想の起源』、法政大学出版局、一九九六年）を参照のこと。

21——（訳注）「ある幼児期神経症の病歴より〔狼男〕」の、とりわけ「夢と原光景」の章（GW-XII, S.54-75.（『全集』一四、二五—七五頁））を参照のこと。

22——（訳注）『続・精神分析入門講義』第三三講「女性性」（GW-XV, S.106.（『全集』二一、一二八—一二九頁））。

23——本書の五〇頁と六七頁・注17を参照のこと。

24——（訳注）Jean Laplanche & Jean-Bertrand Pontalis, « Fantasme originaire, fantasmes des origins, origine du fantasme », *Les Temps modernes*, 215, 1964, pp.1833-1863.（福本修＝訳『幻想の起源』、法政大学出版局、一九九六年）を参照。

25——（訳注）大学における実証的な研究を意味している。

フロイトは、防衛の正常の様式との比較によって、抑圧の特殊性を明るみに出そうとした。私たちは、心理学的な観察によって、膨大な事例——たとえば、苦痛を与える知覚や想起に対する防衛——を記述することができるが、そこでは、正常で限定された、そしてはっきりと位置づけられうる心理メカニズムが用いられている。こうしたメカニズムでは、さまざまな要因が働いている。たとえば、自我の注意機能ならびに、反復や放出の細分化による漸進的な減弱などである。連想の結びつきが確立されると、過度に「充填された」想起は、他の想起や思考と結びつくことが可能になる。そして、ひとつの精神的な流れに呑み込まれてゆき、その充填物は徐々に分散し、希薄化する。一番最後に挙げた要因は、フロイトがすでに「加工」と名づけているものであるが、その過程は、加工あるいは「ワークスルー」という用語で、今なお精神分析治療の原動力のひとつでありつづけている。それは、それまで孤立し被包化されていたものを精神生活の流れのなかに戻すことである。ところが、この加工のメカニズムが正常な仕方で用いられたとしても、患者がその助けを求めることができないケースもある。しかし、まずは、フロイトがいわゆる正常な防衛機制について記述しているもののなかから、次の一節を引用しておこう。

想起が不快を解放することは通常でも起こっている。もちろん、新鮮な想起の場合には、これはごく正常に当てはまる。自我がすでに存在する時点で外傷（痛みの体験）が起こると［ここが重要なポイントである。自我が、過程の始動時より存在していれば、防衛は一般的に「正常」な仕方で作用する］——最初期の外傷は総じて、自我から逃れているものだが——、まず不快が解放されるが、しかし同時に自我も活動していて側方備給を作り出す［ここで問題となっているのは、統制されていない仕方で放出が起きることを避けようとする制止の過程である］。[26] 想起が反復して備給される［苦痛な記憶が再活性化されるということである］と、不快も反復されるが、自我の通道もすでに存在している［よくある言い方をするなら、自我はすでに慣れている］。経験の示すところでは、二回目の解放はより小さいものとなり、さらに反復されると自我に都合のよい信号という強度にまで収縮するに至る〔重要なのはそれゆえ、不快が始まれば、ひとつの過程が動き出し、ひきつづき漸進的な減弱が生じるということである〕。したがって、最初の不安解放の場合に自我による制止が脱落しないこと、過程が「後からの」一次情動体験として経過しないことが必要である〔「後からの〔posthume〕」の意味はすぐにわかるだろう〕。[27]

「自我」による「正常な防衛」がどのように進行するかを説明する新たな企てにそれぞれ相当する文章を、これ以外にも多く示すことができるだろう。というのも、「心理学草案」でフロイトは、完全な理論をめざすことはせず、繰り返し近似のものを示しながら、議論を進めているからである。

抑圧のメカニズムと一次過程

しかし、第二部の精神病理学的研究で問題になっているのは、正常な防衛ではなく、ヒステリーの防衛である。ヒステリー患者の想起については、減弱という正常な防衛の可能性はないことがわかる。想起は、あらゆる加工を免れており、（フロイトの主張を字義通りに捉えるなら）いかなる連想のネットワークも残りの心的生活と結びつけることはできない。より厳密にここでの論理を把握するなら、二つの用語を導入する必要がある。ひとつは、抑圧された場面、すなわち不快な記憶であり、いまひとつは、明らかに付随的な想起、外傷的な出来事の偶発的

26——本書の一二〇—一二一頁。
27——GW-Nb, S.450-451.（『全集』三、七〇—七一頁）

な状況である。後者は、症状として、あるいは意識に上ることはありえない一次的場面の「象徴」として、記憶のなかに居座っている。両者の結びつきが、意識的に維持されることはありえない。水力学や「心的経済論」の用語を使うなら、あたかもあらゆる「充填物」が絶えず一方から他方へと移動しており、あたかも無意識的な記憶が十分な充填を保持できず、情動全体を意識的記憶に直接的に「全開で〔à plein tuyau〕」[28]、無制限にすぐさま伝えるかのようになっている。

たとえば、『ヒステリー研究』に登場する女性患者の一人カタリーナは、不安発作の際、何にも関連づけることのできない顔を見ていた。その顔は意味のないものだったが、実際には不安を呼び起こす点となっていた。これに相関して、ある場面が最初に不安を喚起し、その顔は途中で事態とは全く外的な形で知覚されたわけだが、この場面そのものには近づくことができないままである。外傷的な出来事に関する無意識的な想起を刺激するような新しい知覚や、繰り返される新たな外傷の一切は、場面そのものではなく、場面の象徴のみを心に浮かばせる。フロイトはこれらについて、ひとつの図式を提示している。それは二つの要素、外的状況と実際に抑圧のきっかけとなった場面を、AとBで表している。

Aが過大に強力な表象であり、あまりにしばしば意識に迫ってきて、そのたびに泣くことを引き起こすのである「私たちが先に言及した『ヒステリー研究』の事例では、その症状は不安発作であった。この事例においてAは、真の幻覚としてカタリーナに現れ、不安と結びついている顔ということになる」。その個人は、どうしてAの場合に自分が泣くのかわからず、ばかげていると思うが、自分ではどうすることもできなかった。[29]

以上の記述は、症状はあったが、まだ分析されていなかった状態である。次に、分析後の状況について検討してみよう。

表象Bなるもの［すなわち、ある場面］が存在していて、泣くことを引き起こすのに正当な理由を有しており、この表象に対してその個人がある複雑な心的作業［先に示した通り、この心的作業は、結合の作業であり、当時、分析作業はとりわけこのようなものと考えられていた。それゆえ、泣くことを実際に正当化するBの場面は分析で発見され、害を及ぼさなくなるまで、新たに作業される］をなしとげないかぎり、頻繁に反復される正当な理由をもっている。Bの作用は不合理なものではなく、その個人にとって理解でき、その個人によって克服さえ可能なものである。

B［つまり中心的な場面］はA［想起象徴］に対して、特定の関係にある。すなわち、A＋Bから成る体験が存在したのである。Aは付随的状況であり、Bがあの持続的作用を行使するにふさわしいものであった。この出来事が想起されて再生されたときには、あたかもBの位置にAが出現したかのような形になった。AはBに対する代替、象徴となっている。ここから不合理さが生じるのだが、それは、Aが不適切でそぐわない帰結を伴うからである。[30]

要約するなら、私たちが目撃しているのは、次のようなことである。ある特定の想起が抑圧されたその場所に、

28——（訳注）ラプランシュはここで、フロイト的な水力学モデルと「心理学草案」で描かれる神経学モデルを重ね合わせるような表現を用いて、最大値の分量が移動しているニュアンスを出している。
29——Ibid., S.440.（同書、五九頁）
30——Ibid., S.440.（同書、五九頁）

抑圧された想起の象徴として作られた症状が出現している。その象徴は、想起に対して全く外的であり、場合によっては全く付随的である。しかし、次にフロイトは、さらに先へ進み、正常な機能に関して同じ問いを新たに投げかけている。

> 象徴形成は正常な場合にも起こっている。兵士は、棹につけられた多色の布きれ［全くもって外的なもの、つまり旗である］のために自らを捧げるが、それは布切れが母国の象徴となったからであり、誰もこれを神経症とはみなさない。〔中略〕貴婦人の手袋のために決闘する騎士は、第一に手袋に意味があるのは婦人のものだからと知っており、第二に手袋を思慕することは、彼がその貴婦人を想い、彼女にその他の仕方で尽くすことの妨げにはならない。▼[31]

上記の「正常な」象徴の二例がヒステリーと区別されるのは、象徴化されたものの想起が存在し、象徴化されたものが備給されたままだからである。もしそれらがないとしたら、私たちはとんでもない不合理さを目の当たりにすることになる（もっとも、考えられないことではないが！）。それはつまり、象徴の背後にある祖国や貴婦人のことを完全に忘れてしまい、兵士が旗のために死ぬことができ、忠誠を誓う騎士は手袋のために自らを犠牲にするといった具合である。

> ヒステリー患者がAの場合に泣くとき、AとBの連合のために自分が泣くのだということについて何ら知らない。そしてB自体は、彼女の心的生活において何ら役割を演じていない。象徴はここで、完全に物に置き換わっているのである。▼[32]

たしかに、このような推論はみな「連合主義〔associationniste〕」のうちに留まっていると言えるかもしれないが、そのような「連合」が機能する仕方は、実に特徴的である。今述べた症例では、象徴化されたものは空になり、その充填の一切、象徴化されたものが引き起こす情動の一切は、象徴化するもののなかに注ぎ込まれている。「空〔vidé〕」という用語を使うのは、このすぐ後に続く一節においてフロイトが用いる表現を、その経済論的含意とともに繰り返しているにすぎない。経済論的発想が、臨床から湧き出てくる瞬間のひとつをここで把握できるだろう。これらの発想はフロイトにとって、彼が情動や表象の働きについて認めたものの直接的な翻訳にすぎない。経済論的見地から見た現象の説明は、次のようなものになる。

「過大に強力な」という用語は量的性格を示している。容易に想定されるのは、抑圧がQの剥奪という量的意味を有しているということ、両者〔強迫と抑圧〕の総和〔すなわち、象徴の備給＋抑圧されたものの備給〕は正常に等しいであろうということである〔このことは、いずれの場合においても、常に同じ情動の量、同じ不安の量、または同じ「涙の量」があることを意味している。そしてA＋Bの総和は、常に同じ情動を引き起こす。しかし、情動を引き起こすのは、あるときは一方であり、あるときはもう一方であり、あるいは両者の間での配分である、ということが確認されるため、説明される必要がある〕。そうだとすると配分のみが変化したのであって、Bから引き離された量がAに割り当てられたのである〔Bはあらゆる心理的エネルギーが完全に空になってしまったのである。あるいはより専門的な用語で言うなら、脱備給されたのである〕。病理的過程は、私たちが夢において知ったのと同じひとつの移動の過程であり、したがって一次過

31——Ibid., S.440-441.（同書、五九―六〇頁）
32——Ibid., S.441.（同書、六〇頁）

程なのである。[33]

私たちは実際、フロイトを彼のヒステリーの症例のなかに追ってきたが、全く同じように夢における象徴にも依拠することができただろう。ヒステリー患者と同様に、夢みる主体は、不安や欲望や苦しみを引き起こすようには見えない表象を前にして、それらの情動を感じることができる。私たちは、夢の分析によって、それらの表象の背後に、夢には全く現れていない「潜在的」で完全に「空虚な」別の表象があることを発見している。したがって、夢に現れる表象、顕在内容、夢の象徴は、それだけで、全く不合理で非理性的な情動の原因となっているように思える。これこそ、フロイトが「一次過程」と名づけたもののモデルである。それは、情動の完全な移動、私たちが先に定式化したように、「全面的な」つまり「全開の」移動、完全な伝達であり、最終的に次のような事態を引き起こす。つまり、別の表象に結びついた表象が、自らにつなぎとめられていた心的関心を全く保存せず、その別の表象にそれを完全に伝達するという事態である。

一次過程は何よりもまず、欲望の現象のなかに発見されてきた。欲望成就としての夢のレベルで、その「法」は最も容易に明らかになる。ところで、抑圧の際に問題となるのは、一次過程が防衛機制ほど欲望を統制しないことである。防衛とは、「自我」によって作動させられるひとつの過程であり、自我という審級は、一次過程を構成する、情動の暴走する循環をなだめる機能を担う。また、たとえばAとBは同じと言う際に、Bへ完全な移行を行うのではなく、Aの何かを保持する機能である。その場合、自我に直接従属するメカニズムが、同時に一次過程によって統制されうるなどということが、どうして生じるのだろうか。この病理的な防衛は、結局のところ欲望の法に従って働くわけだが、それはどのようにして起こるのだろうか。このような問いによって、私たちは、問題の核心に到達する。問題の解決に踏み出す次の一歩は、このような病理的防衛が、性的な次元の想起に関わるときだけに生じるのを示すことである。

症例エマ

その「場面」は、なんらかの仕方でセクシュアリティの領域に関わっていなくてはならない（どのように関わっているかについてはすぐに見ていく）。さらに、ひとつではなく二つの場面が必要になる。それらの場面には互いにずれており、また印象的な一種の手品を生み出すところに、私たちが「騙りごと」という言葉で言い表した〈客観的な〉嘘が生まれる。フロイトはそのことを証明するために、ある女性患者の症例についてきわめて簡潔に述べている。ほかでは語ることのないこの患者を、フロイトはエマと名づけている。エマは恐怖症の女性であり、その症状は、単純に述べるなら、一人で商店のなかに入るのが怖いというものである。このヒステリー患者について、フロイトは二つの場面を明るみに出した（問題となるのは常に「場面」、つまり光景あるいはシナリオである）。フロイトはこの症例を、発見した順番、分析治療で遡る順番で描写する。ひとつは、意識されている場面であり、一二歳か一三歳頃のものである。もうひとつは、分析によってはじめて見つかったものであり、さらに前の八歳頃に位置づけられる場面である。私たちは、フロイトとは反対に、この二つを時系列順に取り上げてみたい。

「**最初の**場面」という言葉を使うにあたって、フロイトやその後の分析家たちが、かなり後年のものと思われる記憶で満足しなくなったことは周知の事実である。しかし、ここではるかに重要なのは、それらの場面と関連する年齢ではなく、**連続するシェーマ**である。抑圧されていたが、分析によって明らかになった「最も古い」場

33——Ibid., S.441.（同書、六〇頁）

面には、中心人物として、食料品店を経営している店主がいる。この店主は、フロイトが「性的な襲撃」と呼んだことをエマに犯した。

八歳の頃に彼女は二度、一人である食料品店にお菓子を買いに行ったことがある。そのときに上品な店主が衣服の上から彼女の性器をつまんだ。最初の経験があったにもかかわらず、彼女はもう一度出かけていった。二度目の後、彼女はその店に足を踏み入れなかったが、今になって彼女は、そうすることで、あたかもこの襲撃を挑発しようと望んだかのように二度目に出向いた自分を責めた。実際、「重苦しい良心の呵責」という状態は、この体験に帰させられるべきものである。[34]

さしあたり、次の二点を指摘するに留めておきたい。それは、その場面の反復的な性質と反転された解釈が提示できる点である。後に私たちは、次のような解釈を必ず与えるだろう。すなわち、大人からの性的襲撃があるのはたしかだが、逆の意味では、この少女は店に再度出向き、同じような類の振る舞いに明らかにまた身を委ねたわけだから、彼女からの誘惑もあったと言える。想起と幻想が、一連の複数の出来事をひとつの場面のなかに圧縮することができるのと同じように、同時に体験したものを時間的な連続性のなかに展開させることができるのであれば、この少女は最初のときから、何か漠然とした性的予感に動かされて、その店に行ったのではないか、と疑わざるをえない。分離、孤立化、分裂は、想起のなかで、罪の意識を取り除くのに役立っている。

第二の場面のほうには、一見したところ、性的な影響はなんら含まれていないが、患者はいきなりこのことについて詳しく話し、自分の恐怖症の起源と結びつけた。

その根拠として、性的成熟期に入ってすぐの一二歳頃[35]の想い出を彼女は持ち出した。彼女は何かを買いに店に行き、二人の店員（彼女は店員の一人を想い出すことができる）が笑い合うのを見て、なんらかの驚愕の情動に襲われて大慌てで店から走り去った。[36]

彼女は、服装のせいで二人の店員が店で自分のことを笑ったのかもしれないと考えたのである。二つの場面の間で生じた弁証法の結果がどのようなものか直ちに示すことにしよう。性的な意味づけが含まれている第一の場面は、抑圧されることになった。そして、BがAに取って代わられるというシェーマが示している通り、第一の場面の代わりに、症状や想い出の象徴、すなわち商店をめぐる恐怖症が見出される。この二つの場面の間に、フロイトはひとつのネットワークを構築し、たとえば夢に関して作成することのできる類の図式的シェーマにまとめた。そのネットワークからは、意識的な場面の要素と無意識的になっていた場面の要素との間にどのような連合関係があったのかがわかる。その連合関係もまた、全くもって外的なもので、無害で、いずれにせよ非性的な外観を呈している。つまり、一方は服装で、もう一方は二人の店員の笑いである。その笑いは、第一の場面で食料品店の店主が見せた嫌な顔のなかに、その等価物や対応物を見出す。それゆえ、二つの場面は、連合的連鎖によって結びついている一方で、お互いがはっきりと分離されている。それは、時間の壁、すなわち性的成熟期によるものであり、それによって二つの場面は異なる意味をもつ二つの領域に属することになる。

これこそまさにプロトン・プセウドスの理論における重要な要素である。これら二つの場面の間には、全く新しい要素が現れる。すなわち、性的反応の可能性である。また、私たちが「性的反応」という場合には、新しい

34——Ibid., S.445.（同書、六五頁）

35——最初の仏訳では「思春期より少し前」となっているが、そうすると、推論が全く理解できなくなる。

36——GW-Nb, S.445.（『全集』三、六四頁）

生理学的反応の可能性だけではなく、性的表象も意味している。言いかえれば、第一の場面のとき、幼いエマは、そこで起きたことを、彼女のなかで保証者＝応答者〔*répondant*〕となるなんらかの表象と結びつけることができなかった。反対に、第二の場面では、彼女は性的襲撃の理解を可能にする諸表象をもっていた。

性的成熟期のこのような介入によって、二つの場面の間に興味深い反転が起こる。フロイトの言葉をほとんどそっくりそのまま借りてくるなら、第一の場面には、中心人物である大人のあからさまな行動に由来する性的内容があるが、それはそれ自体が性的内容なのであって、主体にとってはそうではない、と言える。外部の傍観者にとって、あるいは店主の意図として、この場面は性的なものである。しかし、子どもにとってこの場面は、そのような意味を十分にはもちようがない。つまりそれは、即座の性的効果のない、興奮も防衛も生み出さない、ひとつの場面なのである。フロイトが特徴づけのために用いている「前性的－性的な」場面という表現[37]は、この曖昧で矛盾さえしている性質をよく表している。

第二の場面のほうもまた、セクシュアリティが欠如していると言えるかもしれない。というのも、そこで起きているのは、二人の店員が思春期の女の子の服装をからかうという、一見月並みな状況だからである。おそらく、このシナリオ（笑い－逃走など）の下敷きになっている、秘められた性的な雰囲気についてあれこれ述べることはできるだろう。ただ、たしかなのは、この場面には性的襲撃はないということである。ところで、この場面は、実際にはどのような仕方で起きたにせよ、第一の場面の記憶を再活性化させ、その記憶の仲介によって、二重の形で――一方は、生理学的興奮であり、もう一方は、性的な成熟以降にエマが自由に処理できるようになった表象の集合――、性的反応は「自由になった」あるいは「開始された」[entbinden]。

内なる異物

さてここで、フロイトが二つの場面の関係をどのようにまとめたのか、また、第二の場面が繰り広げられた際に、第一の場面の想起が「正常な」防衛(連結と減弱による防衛)の対象とはならず、定型的ではない病理学的な防衛を被らなくてはならなかったという結論にフロイトが至ったのはどのようにしてなのかを見ておこう。

ここで起こっているように、連合が意識に到達するまで無意識的な中間項を通り抜けるのは、ごく普通のことだと人は言うかもしれない。その場合、意識に入り込むのはおそらく特別な関心を喚起する項だろう。しかし、私たちの例でまさに注目すべきは、関心を喚起する項(襲撃)ではなく、他の項(衣服)が象徴として意識に登場していることである[したがって、第一の場面が襲撃という意味を伴って意識中に入り込むことはないが、服装という全く外的な要素を通じて入り込んでいる]。このように病理的過程が挿入されていることの原因は何であろうと自問するなら、唯一の原因として性的[興奮の]解放が明らかになるが、これは意識においても証言されている。性的解放は襲撃の想起に結びついているが、きわめて注目すべきことは、襲撃が体験されたときに、それと結びついていなかったということである[第一の場面は何も喚起しなかった]。これは、その間に性的成熟の変化が想起されたものを別様に理解することを可能にしたために、

37――フロイトは、一八九五年一〇月一五日付のフリースへの手紙でこの表現を用いている。「ヒステリーは前性的な性的恐怖の結果です。強迫神経症は、後に非難に変化する、前性的な性的快楽の結果です」(河田晃=訳『フロイト フリースへの手紙 一八八七―一九〇四』、誠信書房、二〇〇一年、一四四頁)。

想起が体験としては喚起していなかった情動を喚起するというケースである。

このケースは、ヒステリーにおける抑圧の典型例である。事後的にのみ外傷となった想起が抑圧されるということは至るところで認められる「これこそまさにこの推論の本質である。私たちは外傷の跡を追跡しているが、外傷的な想起はただ二次的に外傷的なのである。私たちは、外傷的な出来事を歴史的につきとめることはできない。この事実は、ハイゼンベルグが言うような「不確定性原理」[38]のイメージで説明できるかもしれない。外傷の位置を確定しようとすれば、外傷の衝撃を評価できないし、その逆も然りである」。このような事態の原因は、性的成熟が個体のそれ以外の発達に対して遅れることである。[39]

ブロイアーとの共同作業をしている頃から、さらには、シャルコーの影響を受けていた時期からすでに、フロイトの思考は「外傷」の観念を中心にめぐっていた。ヒステリーを外傷へと帰着させること、まさにそれこそが問題である。ただ、外的起源をもつものの闖入といった身体的外傷のモデルは、心的外傷を扱うには全く不十分である。その説明を可能にするには、二つの〈時〉からなるシェーマを用いるしかないだろう。ある意味で外傷は、二つの出来事の間にシーソー遊びのようなものを生み出す「騙りごと」の動きのなかに完全に陥っていると言えるかもしれない。二つの出来事のうち、どちらもそれそのものとしては外傷的ではないし、性的な興奮が溢れ出ているわけではない。

第一の出来事はどうだろうか。第一の出来事は、興奮も反応も象徴化も心的加工も引き起こさない。その理由についてはすでに見てきたが、子どもは、大人による性的襲撃の対象となっている時期に、それを理解するのに必要な表象をまだ持ち合わせていないのである。したがって、第一の場面を第二の場面から分ける時間的隔たりにおいて、第一の場面の記憶の心理学的地位とはどのようなものか、当然のことながら問題にすることができる。フロイトにとってその記憶は、意識的な状態にあるのでもなく、本来の意味で抑圧された状態にあるのでもなく、リンボ界[40]にあるかのように「前意識」の片隅で待ちつづけている。重要なのは、それが心的生活の他の部分と結びついていないことである。私たちは、『ヒステリー研究』のなかで、「分離された心的群〔abgetrennte psychische Gruppe〕」[41]という言葉で示されたものの形成に立ち会っている。

第一の出来事が外傷的ではないなら、第二の出来事はなおさら外傷的ではないはずだろうと言うこともできる。それは、非性的な出来事であり、日常生活の月並みな場面――ある店に行ったら、そこにいる二人の店員がおそらく笑った――である。しかし、この第二の場面が第一の場面の記憶を呼び覚ますことで、興奮を引き起こした。第一の場面は、それ以降、真の「内なる異物」のように作用し、今や主体を内部から攻撃し、主体に性的な興奮を引き起こす。

この説明が、フロイト理論の一時的な瞬間とだけ結びついているわけではないことを証明するために、一連の記述すべて、そしてこの時期のテクストすべてをも引き合いに出すのがいいのかもしれない。ここでは、同様の考えが取り上げられている『ヒステリー研究』の断片だけを引用するが、これはフリースへの手紙と「心理学草案」の展開を追わなければ十分には理解できない。

38――〔訳注〕量子力学において、ある粒子の位置を正確に測ろうとしても、その運動量を正確に測ることができないという原理のこと。ラプランシュは外傷の位置と影響について、比喩的にこの原理を用いて説明している。

39――GW-Nb, S.447-448.（『全集』三、六七頁）

40――〔訳注〕リンボ界とは、キリスト生誕以前の聖人や水子の霊魂が行く場所。天国でも地獄でもない曖昧な領域を意味する。ウィニコットは移行対象の現象を表現する際、この語を使用している（Donald Winnicott, « Transitional Object and Transitional Phenomena », *International Journal of Psycho-Analysis*, 34, 1953, pp.89-97.（「移行対象と移行現象」、北山修＝監訳『小児医学から精神分析へ』、岩崎学術出版社、二〇〇五年、二七四―二九三頁））。

41――〔訳注〕GW-I, S.235.（『全集』二、二一五頁）

誘因となる心的外傷とヒステリー現象との間の因果関係は、外傷が火付け役として症状を誘発せしめて、然る後にその症状が独立し、そのまま存続する、というようなあり方ではない［それゆえ、それ自体で存続する症状というものがあって、それが出来事によって引き起こされたわけではない。存続するのは症状ではないことを、あるいはむしろ、症状が存続するのは他の何かが存続するからにすぎないことを、私たちは理解することになる］。私たちはむしろ、次のように主張しなければならない。すなわち、心的外傷、あるいはその想起は［本来の意味において、外傷的なものとは、私たちが不適切にも心的外傷と名づけた出来事ではなく、その想起である］、異物として作用し、その異物は侵入後もなお長期にわたって現に作用を及ぼす因子とみなさなくてはならない、と。▼42

私たちが、身体的外傷のモデルから心的外傷のモデルへと移行するのは、ある領野と別の領野の漠然とした、思いもつかなかった類似点によるのではなく、外部から内部への移行というはっきりとした運動による。心的外傷を定義するものは、心的事象の全般的な質ではなく、心的外傷が内部に由来するという事実である。ある種の内なる外〔*externe-interne*〕、「肉体のなかの棘」、あるいは自我の表皮にある真の棘と言えるかもしれないものが形成される。「ヒステリー患者は想起に苦しむ」▼43という、ブロイアーとフロイトによるかつての定式も、見かけ上凡庸だが、全く同じことを表している。というのも、回想は、絶えず自我を攻撃する内的対象として存在するからである。エマの例で言えば、回想や幻想とは、第一の「場面」が内在化されたものである。そして、抑圧の過程によってあらゆる摩耗から幻想は守られ、自由な興奮の恒常的な源泉となる。取り入れられた幻想上の場面を迂回しながら、私たちは欲動の源泉という観念を再び見出すことになる。前章で私たちは、この源泉の観念について全く別の土台から出発して注釈したが、その際、『性理論三篇』で提示された「生物学的」議論に依拠した。フロイト理論においては、あらゆるものは外部に由来すると主張できるかもしれないが、同時に、効力あるものはすべて、内部、すなわち孤立して被包化された内部に由来する。

最後に、プロトン・プセウドスに関するこの章の結論を引用しよう。ここでは再び正常な防衛が、ほとんど不可能な防衛、あるいはヒステリー的抑圧のような病理的な防衛と対置されている。

こうして自我にとっては、情動解放をいささかも許さないことが重要となる。というのは、情動解放が生じると一次過程を許すことになるからである。そのための自我の最良の道具は注意のメカニズムである。不快を解放する備給が注意のメカニズムを逃れることができたとしても、自我の介入は手遅れとなろう。まさにこのケースがヒステリー性のプロトン・プセウドスの場合である［この説明の核心は、自我が注意という正常なメカニズムを働かせられないことにある。そうなってしまうのは、自我が「予期していない」側から「攻撃される」からと言えよう。自我の防衛は、知覚の方面に向いている。ここで防衛は裏側から攻撃される。私たちは、このような「擬人的」で一見素朴な言葉について説明しなくてはならないだろう］。注意は、そうでなければ不快の解放にきっかけを与えることになる知覚に対して向けられる。ヒステリーの場合、知覚でなく想起が予期せぬ仕方で不快を解放し、自我はやっと遅ればせながらそれを知るのである。自我は一次過程を許してしまったのだが、それは予期していなかったからである。〔中略〕

先に挙げた臨床経験から汲み取られた条件のひとつについては、これでもってその意義を評価できたよう

42――Ibid., S.85.（同書、一〇頁）

43――（訳注）Ibid., S.86.（同書、一一頁）参照。このテクスト「ヒステリー諸現象の心的機制について」（『ヒステリー研究』出版前に雑誌に発表された暫定報告）では、文全体が強調されており、「ヒステリー者は、主に回想（レミニセンス）に苦しんでいる」と記されている。

に思える。性的成熟の遅れが後からの一次過程を可能にするのである。▼44

セクシュアリティの導入をめぐる三つの問い

私たちが現在、精神分析において、欲動の心理学、とりわけ自我心理学について知っている、あるいは知っていると思っているものと比較すると、以上のような展開はすべて、ある意味、すぐれて「歴史的」であり、したがって、時代錯誤のように思われるかもしれない。それゆえ私たちは、結論の代わりに、いくつかの問いを提起し、フロイトの理論が今日なおアクチュアルな性質をもつことを明確にしようと思う。

第一の問いは、なにゆえセクシュアリティなのか、という問いである。フロイトによる答えは、唯一セクシュアリティのみが、二つの〈時〉にまたがる作用——それは事後的な作用だが——に関わりうるからである。そこにこそ、そしてそこにおいてのみ、私たちは「早すぎる」か「遅すぎる」かという、逸した機会の数々からなる時間的な連続のただなかにある、複雑で絶えず反復するこの動きを見出すのである。「生物学的」セクシュアリティが部分的に「脱自然化」されていることを十分に理解したうえでの話だが、根本的に問題になるのは、人間における「文化的変容」と「生物学的」なセクシュアリティとの関係である。遅すぎるとはどういうことだろうか。それは、成熟段階を伴う生物学的セクシュアリティ、とりわけ性的成熟期が遅すぎるということである。器官的なセクシュアリティはやってくるのが遅く、子ども(『性理論三篇』の主要なテーマである)が性的場面を汲み入れ、それを「理解する」ために十分な「情動的」、「表象的」対応物をもたらすことはない。しかし同時に、セクシュアリティは人間相互間の関係として、あまりに早くやってくる。それは、外からのように大人の世界からもたらされる。

二つ目の問いをここで追加しよう。フロイトのシェーマの本質が、性的成熟があまりに早い、あるいはあまりに遅いこと、つまり人間におけるセクシュアリティの設立のリズムがなす弁証法を示しているのであれば、この説明は、誘惑が現実にあったかどうかという事実上の問題を超えたところまで有効なのではないだろうか。私たちは先に、理論ではなく、場面としての誘惑に関して、フロイトがその晩年の著作まで誘惑場面の現実性を支持しつづけたことを指摘した。彼はしばしば、自分の主張の調子をときおり変えながらこの問題に立ち返ったが、最終的には、父親による誘惑の場面やあからさまな性器的態度による誘惑ではなく、母親の世話による誘惑を第一のモデルのように参照するようになった。母親の世話は、特定の身体部位に集中するため、性源域、すなわち、興奮を呼び覚まし、興奮を引き起こす交換領域としてそれらの部位が決定されるのを助長する。そしてそれらの部位はついで、内的刺激によって自律的に興奮を再現するようになる。

それゆえ私たちは、世話による興奮から出発することで、誘惑とはそもそも何なのかを想像できる。しかし、ここでは一歩踏み出すことが必要で、興奮を引き起こす行為の純粋な物質性——このような「物質性」を孤立した形で考えることができるなら——に満足してはならないだろう。実際に、そのような偶然でつかの間の体験の先に、子どもの世界に、大人の世界のなんらかの意味——それは見かけ上、至極日常的で無垢な振る舞いによって運ばれている——が侵入している。あらゆる原初的な間主観的関係、すなわち母－子関係は、こういった意味合いを含んでいる。私たちが思うに、これこそ誘惑理論の最も深い意味であるし、とりわけフロイトが最終的に誘惑の考えそのものに与えた意味である。

44——GW-Nb, S.450-451.(『全集』三、七〇—七一頁)

世話する人と交流することは、子どもにとって、性源域からこんこんと湧き出る性的興奮と満足の源泉である。その理由として特に挙げられることには、その世話する人——たいていそれは母親だろう——が、子どもに対して自分の性生活に由来する感情をも与えており、優しく撫でたり、キスをしたり、揺らしたりと、子どもを何か性対象として十分通用するものの代替物としていることがはっきり見てとれる。[45]

もっとも、誘惑への関心はフロイトだけに限られるわけではないことも強調しておこう。この概念は、一部の弟子や後継者によって、とりわけ、そのなかでも最も優れた洞察力と才覚をもつ一人、フェレンツィによって取り上げられた。彼は、「大人と子どもの間の言葉の混乱」[46]のなかで、「やさしさ」[47]と名づけるものによって特徴づけられる子どもの世界と、「情熱」に支配される大人の世界とを大きく対置させる形で同様の考えを提示している。フェレンツィにとって、情熱がセクシュアリティを意味するのは、情熱のなかに明白な攻撃性の要素が含まれているからだけではなく、内在的に「否定的なもの〔négatif〕」がないまぜになっているからである。それは、オルガスムの消尽にまで至る享楽のなかの否定的なものであり、してはならない、特に、言ってはならないという禁止のなかの否定的なものである。フェレンツィにとって、やさしさの言葉と情熱の言葉は、子どものなかで出会うこととなり、この衝突こそが外傷の起源、最初の心的葛藤の起源となる。

両親の何気ない振る舞いのなかにある暗黙の意味が、両親の幻想を含むものだと考えるようにしよう。実際私たちは、母と子の関係、あるいは両親と子どもたちの関係について語る際、そのことをあまりによく忘れている。それは、両親自身にも自分たちの両親がいて、自分自身の「コンプレクス」や歴史性に印づけられた欲望を抱いているということである。三角形の関係として、子どものエディプス・コンプレクスを再構築する際、三角形の二頂点において、それぞれの大人が自身の小さな三角形を担い、次々にはまり込んだ一連の三角形すら担っている可能性を忘れているとしたら、この状況の本質的な一側面をなおざりにすることになる。結局のところ、完全なエディプス・コンプレクスの構造は、「それ自身で〔en soi〕」（家族的布置の客観的事実において）最初から存在している。それと同時に、とりわけ子どもの外、つまり「他者において」存在している。こうして「それ自身で」あるものとしての構造を自分のものにする過程で、まず、原初的他者（原則として母親）におけるコンプレクスを――混乱した、そしてある意味では途方もない仕方で――経由することになる。

フロイトの後継者、それも最も独創的で、無意識の発見に開かれていた者のなかで、私たちは、フェレンツィに続いて、メラニー・クラインを参照しよう。彼女が主張した「ありそうにもないこと」を、そしてそれがどれほど執拗に非難されているかを私たちは知っている。彼女は、フロイトが確立したリビドー段階の年代順に、驚くべき転覆を導入しようとした。フロイトの図式的な教義によれば、子どもはまず口唇性愛的な活動をし、そして肛門性愛、男根性愛を抱くようになる。そして、四、五歳頃の男根性愛との関係において、エディプス・コンプレクスや去勢の問題、最後に性器体制が現れるようになる。これらの事実から、多少性急と言える視点をもった一部の精神分析家は、「エディプス的なもの」と「性器的なもの」を、しばしば同義語として受け取るまでになった。同様に、あたかも「前エディプス的なもの」――つまり、子−母−父という三角構造に先立つ関係――が、「前性器的なもの」の領野に一致し、それゆえ、口唇性や肛門性のような、性器的ではないこの基礎的性活動の領域でもっぱら展開されるかのようにしばしば論じるのである。

45――GW-V, S.124.（『全集』六、二八五頁）

46――Sandor Ferenczi, Confusion of the Tongues between the Adults and the Child : The Language of Tenderness and of Passion, *International Journal of Psycho-Analysis*, 30, 1949, pp.225-230.（森茂起ほか＝訳『精神分析への最後の貢献』、岩崎学術出版社、二〇〇七年、一三九―一五〇頁）

47――（訳注）フロイトは「性愛生活のもっとも一般的な蔑視について」（一九一二年）において、子どもの最初の愛情関係を、大人の「官能性（Sinnlichkeit）」の関係と区別し、「やさしさ（Zärtlichkeit）」という言葉で表現している。

ところが、メラニー・クラインはそこに、きわめて徹底した概念的で時系列的な混乱を持ち込んだ。彼女はたとえば、ペニスの口唇的な体内化について語り、「早期の」エディプス・コンプレクスを〇歳時点に位置づけている。そして、父親、あるいは少なくともそのペニスが生後数カ月の子どもにとってひとつの役割を果たすと考える。メラニー・クラインによるこのような主張や解釈は、ことごとく既成観念を覆すことになった。それは、私たちのフロイト的教条主義のみならず、私たちの「良識」をも覆す（とはいえ、すでにフロイトも、良識がどれほど人を欺くものであるかを示してきたのだが）。どうして六カ月や一歳ほどの子どもが、父親のペニスの侵入、つまり最悪の惨事を引き起こしかねない侵入――たとえば、火傷を負わされる、身体を引き裂かれる、内側から貪り食われる、バラバラにされるなど――を危惧しうるのだろうか。こうした過程や幻想は、子どもを直接的に観察しても、裏づけられる要素がほとんどないが、何に対応しうるのだろうか。たしかに、あまりに非常識な筋書きが表明されているこの種の生々しさや率直さは、人を不愉快にさせるかもしれない。とりわけ、それを子どもの分析における解釈の実践と結びつけないのであれば、そうだろう。しかし私たちは、そうした実践がもつインパクトと関係づけない場合にも、クラインの思考には理論的な真理が存在すると確信しているし、「心的現実」において彼女の思考の根拠となりうるものを見出しながら、それを再解釈する方法が存在すると確信している。それこそまさに、最初の関係以来ずっと――たとえ母親だけとの「双数的」関係であろうと、父親が不在であろうと（実際、乳飲み子にとって、現実的な人物としての父親は完全に不在である）――、第三の要素となる特定の存在が、役割を担いはじめているということである。この意味で、母親が未亡人であった場合も、父親は始めから現存している。母親自身にも父親がいて、母親もペニスを志向しているわけだから、父親は現存している。また、別の理由として、母親が自身の子どものなかに、そして子どもの彼岸に、彼女が望むペニスを志向していることを私たちは知っている。こうした真実は、女性患者の精神分析において日々立証されてはいるが、私たちは、同じ女性であっても、その子どもの話題になると、いとも簡単にそのことを忘れてしまう。しかし、クラインの発想は、その幻想的な迂回路によって、私たちにその真実を再び思い起こさせてくれるのである。

プロトン・プセウドスに関するフロイト理論において、図式的でほとんど戯画的にひとつの出来事として描かれているのは、大人のセクシュアリティが子どもに移植されることと理解できる。それは出来事としてではなく、すなわち、実際に体験され日時が特定できる外傷としてではなく、より漠然としていると同時に、より構造化された事実として再解釈すべきである。そうした事実は、人格化の過程と強く結びついているという意味で、より起源的な事実でもある。それゆえ、私たちは抽象化によってしか、誘惑「以前」の小さな人間の存在を想定することはできない。というのも、言うまでもなく、子どもをもともと「無垢」だとみなすことは、誘惑神話と全く対称的な神話を作り出すことだからである。そしてこの点から、第三の注目点〔第三の問い〕に至る。

私たちは、本章の冒頭でひとつのテーマを提示したが、これまでごく部分的にしか扱えなかったのではないかと案じている。それは、葛藤におけるセクシュアリティと生命活動の次元である。私たちは、セクシュアリティが心的葛藤の中心に位置づけられるわけを、フロイトを参照して実際に問うた点では、約束を果たした。しかし、セクシュアリティとの葛藤を起こす要因――あるいは「力」――は何だろうか。この点について、いくつかの回答ができるが、さしあたり次の二つを示しておこう。

第一の回答は、次のようなものである。人間のセクシュアリティが生命活動の次元に一種の闖入を果たすことに私たちが実際向き合っており、セクシュアリティが「生」を攪乱するのなら、この生を保護する力の集合体が――「自己保存欲動」という用語でひとまとめにされるが――、抑圧の原動力になるのではないだろうか。しかしながら、私たちがたった今指摘したことだが、人間におけるこの生命活動の次元を、「事前」のもの、アプリオリのもの、あるいはインフラストラクチャーとして実体化できるかどうかは疑わしい。新生児の基礎となる生命のメカニズムについて私たちが知っているあらゆることを、動物や昆虫で生じていることと比較してみれば、逆に、人間における生命活動の機能の根本的に未熟な性質が示される。そして、まさにそれによって、セクシュアリティが導入されるのである。

第二の回答は、フロイトが初期の著作のなかで私たちに示している。すなわち、セクシュアリティと対立し、セクシュアリティによって「内側から」攻撃を受けるものは、「自我」である。私たちは、プセウドス、嘘、騙りごとなどの意味が、自我が後ろに回られて奇襲戦術によって裏側から攻撃されることでもあるのを見てきた。プロトン・プセウドスはまた、この策略である。自我は「予期していない」側から捕らえられ、回り込まれ、武器を奪われ、そして欲動の過程に引き渡される。しかし一方で、自我の全体は、欲動の過程であるこの一次過程と対抗しつつ構成されている。

このように、葛藤に関する考察とセクシュアリティに対立する力に関する問いによって、私たちは次の二つの章のテーマへと導かれる。それは、自我の問題群である。

第三章

自我と生命活動の次元

最初にこれまでの二章の成果を思い起こしながら要点をまとめよう。セクシュアリティは、小さな人間存在において、生命活動に属する過程が逸脱して自体愛的な方向転換を起こすことで出現する。他方で――依然として、セクシュアリティを「一般化された」語義で捉えるなら――それは、両親の世界や構造、意味、幻想から発して小さな人間のうちに移植されたもののように現れる。

もちろんそれは同一の過程が示す二つの面である。一方には〈自体愛的な内在化と「内なる異物」の構成〉――〈幻想〉――〈性欲動の連続的な源泉〉という過程の面がある。しかし、他方でこの最初の観点は第二の観点によって根底から修正されることになる。前者において発生は創発、線的な過程、あるいは、いわば生命活動の全過程によるセクシュアリティの一種の分泌を相変わらず意味するだろう。そのことが含意するのは、自体愛に先行する〈時〉において、生命活動の次元が人間のうちに一貫して存在する、ということである。反対に第二の観点によるなら、私たちは諸現象を、事後性と遡及的作用へと運命づけられたものとして考えるしかない。

たしかに他者からのセクシュアリティの闖入は生物学的な準拠を前提とするが、その準拠はきわめて特殊である。生命活動の次元がセクシュアリティに行きつくのは、成長がある点に達するからではない。それどころか、生命活動の次元が不十分であるからこそ大人の世界の侵入が求められるのだ。

小さな人間における生命活動の次元の脆弱さや未熟さといった言葉はすでにフロイトのうちにもあり、私たちにとっては聞き慣れたものである。それらによって理解できるのは、生命活動の「次元」が性の「次元」によってすみずみまで侵蝕されているということである。もっとも、侵蝕されているだけでなく、支えられてもいる。なぜ私たちはかくも頻繁に、子どもに食べるよう強いなければならないのだろうか。なぜ「パパのために一匙、ママのために一匙」、すなわちパパの愛のために一匙、ママの愛のために一匙、と子どもにスプーンを差し出さなくてはならないのだろうか。それは、人間の子どもにおいて食欲が愛によって支持され、代理されているということにほかならないだろう。反対方面からの証拠は摂食障害のうちに見つかる。この疾患では性の次元の障害が、自己保存、つまり栄養摂取機能の障害を直接的に引き起こしている。

セクシュアリティと自我の葛藤

葛藤の問題にもう一度戻ろう。セクシュアリティは何を攻撃するのか、結局のところ、何がセクシュアリティに対して自己防衛するのか、という問いを先に立てた。[1] フロイトが試みた最初の応答によれば、「愛」を一方とし、「飢え」を他方とする、つまりセクシュアリティを一方とし、自己保存を他方とする、生命活動の力の二元論を利用できる。[2] そのフロイトの考えでは、自己防衛しているものとは、セクシュアリティによって生存が脅かされている状況下で生き延びるために闘う個体である。そして、性欲動といわゆる自己保存欲動の間にそうした葛藤が存在することを、フロイトが著作の一部で、ある時期に折に触れて主張したのを認めなければならない。それは「純粋な転移神経症を分析することで立てざるをえなくなった仮説」[3]である、と彼は言う。もしかしたら彼自身、最終的には、そのシェーマの意味と価値を確信するようになったのかもしれない。

しかし、フロイトの臨床的な著作や彼の弟子たちの同種の著作を多少綿密に検討するなら、この理論が葛藤の具体的な分析に真に応用されたことは決してなかったと言える。唯一、「精神分析的観点から見た心因性視覚障害」、つまりヒステリー盲に類する障害についてのごく短い小論（一九一〇年）だけは、視覚器官が自己保存機能と性的興奮の機能という二機能の間の葛藤の座であり場である、という考えを展開している。しかし、他のテクストと同様にそのテクストにおいても、二者の間の葛藤は決して本当には明るみに出されていない。むしろ私たちとしては、機能、自己保存、したがってその全く単純な機能における視覚は、葛藤と症状の場所として現れているのであって、対立項のひとつとしてではない、と言っておこう。

一般的に言うなら、セクシュアリティが子どもの生とその自己保存を現実に脅かしうるとする考えには、あまりに無謀な点、あるいはあまりに脆弱な点があると主張できる。たしかに、セクシュアリティが脅かすのはなんらかの完全性〔intégrité〕であるが、しかし、その完全性は直接に生命活動の完全性なのではない。たとえば、フロイトの理論において、身体的完全性に対する脅威としては、死の不安でなく、まさしく去勢不安が中心的な役割を演じていることを考えてみてほしい。つまり、生よりもはるかに一層脅かされているのは、生を代理するなんらかのもの、生命活動の次元の代理である。そのことから私たちはこの先、自我の問いへと導かれることになる。

自我とセクシュアリティの葛藤は、精神分析が始めから措定したものであり、しかも理論研究でも臨床テクストでも最初期の著作からそうであった。たとえば、『ヒステリー研究』にこの観念は遍在する。とはいえ、「自我」というこの語によって指し示されているもの、Ich〔私〕の背後に指し示されているものをなおも問わなければならない。

そこには明らかに、生へのなんらかの関係、個体の保存との連接、あるいは、私たちの考えを早めに明確にしておくなら、ひとつの全体としての生きた個体への関係がある。自我はひとつの包括的な統一である、とフロイトは折に触れて述べる。そして、今日もなお私たちはその言葉を頼りに実践を行っている。私たちは、統一を形成する傾向、「総合機能」を自我に付与し、自我を全体の関心の代表（正式な委任を受けたのか、詐称しているのかはさておき）のように思い描く。

1——（訳注）本書第二章末部を参照のこと。
2——（訳注）GW-VIII, S.97-98.（『全集』一一、二二六—二二七頁）参照。
3——（訳注）GW-VIII, S.98.（『全集』一一、二二七頁）参照。

「自我」の語義をめぐって

フロイトの著作において、全く相異なる「自我」の二つの語義を区別しようとする人々がいたことを思い出す必要がある。思想史的に見るなら、それは些細なことではない。「歴史家」たちの主張によれば、フロイトは一方で、日常生活で私たちが話題にするのと同様の仕方で「自我」を論じ、それによって単に一個体を指し示している。そのときの自我は、他者から区別されるものとしての個体であり、特に生物学的な個体であるが、同時に、葛藤の場、葛藤で賭けられているもの――葛藤における一方の当事者ではなく――としての心理学的な個体でもある。ついで、かなり月並みで「専門的ではない」その意味から、精神分析固有の意味を切り離す必要があるだろう。精神分析固有の意味において、自我はもはや全体それ自体のようにではなく、全体の一部、ひとつの「審級」として、そしてその結果、個体性を分割する葛藤の主役の一方のようにみなされる。

やや恣意的にではあるが、フロイトの著作のうちで以上の二つの語義をときおり区別できるのは事実である。しかしながら、もし「単に言葉の上だけ」ではない価値を言語的な事実に与え、見かけ上異なる二つの物を指し示すために同じ語が使われるのには理由がないわけではないと考えるなら、一切の問題は、同じ語の二つの「語義」の関係にあるのではないだろうか。そして、二つの「語義」がそれぞれ異なる文脈で使われているという事実を説明すべきではないだろうか。この一般的な用語上の問いから根本的な問いへまっすぐ向かうためにこう自問してみよう。いかにして人格のひとつの「審級」、ひとつの「系」、ひとつの（英訳に倣うなら）「機関〔agency〕」が個体の諸機能の委任を獲得しうるのか。なお、私たちはここで機能を最も広い意味において理解し、これによって基本的な機能（先ほどは栄養摂取に言及した）とともに「知覚」、「意識」、「思考」など、いずれにせよ、より高等な機能も指している。

ここで前にしているのは、ミシェル・フーコーに倣って「派生〔dérivation〕」[4]の問題と呼べるものである。とりわけ、「専門的ではない」用法から一学問の領野、特に精神分析学の領野における——というのも精神分析が問題なのだから——新たな語義へと意味が移動するときには概念の意味のずれを論じよう。そして、この意味のずれが——もしこれが実際になんらかの深みに到達しているにちがいなく、また、思考する人間が独創的な思想家であるなら——現実そのものにおけるなんらかのずれと並行して起きていることを浮き彫りにしたい。

私たちが扱うこの個別ケースにおいて、派生は単に、「自我」という語のひとつの意味から別の意味へと至らせる派生（フロイトが日常的あるいは哲学的思考から語を借りて、全く個人的な使い方をした場合）だけではないこと、それはまた（そしておそらく起源的に）現実そのもののなかで生起する派生でもあることを理解しておこう。もろもろの概念における派生がたどった経路は、存在そのものにおいて、あるいは、より正確には、もろもろの実体の領域において派生がたどる経路におそらく並行している。実際、「審級」という語でフロイトが指しているのは、自我であれ、超自我やエスであれ、まさしく実体である。

概念の意味の変遷を研究してきた人々がはるか昔から設けてきた区別を踏襲しつつ、概念の派生であり存在の派生でもあるこの派生のうちに二つの側面を指摘しておこう。つまり、言語学や修辞学の専門用語で換喩的派生と昔から呼ばれてきた連続性による派生と、他方の、類似による派生もしくは隠喩的派生である。

4——拙稿《Dérivation des entités psychanalytiques》, Suzanne Bachelard et al., *Hommage à Jean Hyppolite*, Paris, PUF, 1971. を参照。
（訳注）フーコーは『言葉と物』において、古典主義時代の言語理論では語の原義が比喩形象および譬喩によって拡張されることに着目し、それを派生〔dérivation〕と名づけている。ラプランシュはこの論考のなかで、フーコーのこの概念に大幅に依拠し、精神分析用語が隣接（換喩）と類似（隠喩）という二つの派生の経路を経て形成されていることを論じている。なお、本書英訳（*Life and Death in Psychoanalysis*, Jeffrey Mehlman (trans.), Johns Hopkins University Press, 1976）の「補遺」には本論考が収録されている。

「自我」の換喩的派生と隠喩的派生

「自我」の換喩的派生という言葉が意味するのはこういうことである。(「専門的ではない」意味での)個体としての自我と、心の構造の要素としての「審級」である自我の間に、まさしく連続性の関係、より正確に言うなら、分化の関係があるだろう。そこにおいて自我は、特化された一器官、個体の真の延長のように現れる。それはいくつかの個別機能をおそらく担うものの、生命体全体のなかにすでに最初から存在する何かを局所化させているだけである。

私たちがここで「自我の換喩的な考え方」と名指すものは、自我の問題に関して精神分析で主流を占める理論的傾向である。実際、今日「自我心理学」と呼ばれるものは、自我をもって人物全体の一機関とする考え方にほかならない。よく知られる通り、その機関は、基本的に適応の問題に応じて分化している。『自我心理学と適応の問題』[5]とは、まさにその「自我心理学」の嚆矢となった論考のタイトルのひとつだが、そこで自我の心理学は全面的に適応の問題の観点から構想されている。

この「自我心理学」には、精神分析と、精神分析的でない心理学——精神生理学、学習心理学、さらには児童心理学、社会心理学など——の発見や探究を架橋しようとするという利点、あるいは少なくとも野心がある。要するに、心理学的な知と探究の広大な領野全体が個体のなかで何か<ruby>へ</ruby>と結びつけられねばならない。私たち精神分析家は、個体を別々の部分に解体することができたのだから、心理学は必ずやそのなかのひとつに首尾よく位置づけられるはずである。明らかなことだが、心理学が最も容易に住まうことができる部分は自我である。

個体の特化した延長としての自我のこうした状況は、どのように定義されるだろうか。三つの見地に従って定義することができるかもしれない。すなわち、発生の見地、神経症的あるいは精神病的な葛藤状況に関わる見地、つまり私たちが「力動論的」と呼び習わすもの、そして自我の経済論的地位という問題の見地である。最後の見地に立つことによって、ある審級が葛藤においてどのようなエネルギーを所持しているかと問うことになる。

まず発生について考えよう。上述の「自我心理学」にとって、発生とは、ひとつの装置が現実との接触によって漸進的かつ「表層的」に分化してゆくことである。接触の出発点は知覚や意識のように考えられている。つまりそれは、有機体としての個人と外界が接し合う特権的な点である。このような発生論には多くの難点があるが、なかでも次のことを知るのはきわめて困難である。表層では何が分化するのだろうか。生物学的個体、すなわち生命体だろうか。そして、分化したその「表層」は、皮膚が現実にそれであるところのもの、つまり個体の表層に対してどのような関係をもっているのだろうか。

フロイトは苦労しながらも、解剖学や胎生学にとって中枢神経系が皮膚の表層、より精確には外胚葉から派生したものであることを指摘し、明確な関係をそこに確立しようとした。皮膚と中枢神経系が共通の起源をもつという事実は、フロイトにとって、イメージとしての価値に留まらない価値をもっていたのかもしれない。しかしその推論を科学的に徹底して押し進めるなら、すぐさま矛盾に行き当たるだろう。▼6 分化してゆくのが「心的な個体」だとしたら、それはどういうことなのだろうか。それとも、それは、もしかしたら魂（プシュケー）さえ超えたところにあり、「エス（それ）」▼7 として指し示されるものなのだろうか。

5——（訳注）Heinz Hartmann, *Ego Psychology and the Problem of Adaptation*, David Rapaport (trans.), International Universities Press, 1958.（霜田静志ほか＝訳『自我の適応——自我心理学と適応の問題』、誠信書房、一九六七年）

6——知覚と意識の「座」である皮質、灰白質は脳の表層にある。しかし、胎生学の観点から見た場合、それは白質より「表層の」層から派生しているわけではない。そして、解剖学−生理学的な経路の観点からすると、それは末梢受容体から最も離れたところにある。しかし、想像の構造を記述するために想像の解剖学を（見事なまでの鷹揚さで）利用するところにこそ、フロイトを天才とする所以があるのだ。

『快原理の彼岸』という、創意に溢れ、また全編に難問を散りばめたテクストが提示した仮説はよく知られている。そこでは生ける小胞のモデルが再び取り上げられるが、その小胞の表層は、外界の現実からくる衝撃の影響で分化し、知覚と保護機能を同時に担う一種の外皮を形成する。先に提起した基調をなす問い――表層で何が分化するのか――は次の別の疑問とぴったり一致する。つまり、モデルとは何か。原形質の小胞体もしくは原生動物という、フロイトが『快原理の彼岸』で使う生物学的なモデルの意味はどのようなものか。それは「単なる」比喩なのだろうか。それとも反対に、はるかにより重大な結果を招く何か、主体の存在そのもののなかに基礎づけられた何かなのだろうか。

『快原理の彼岸』に関しては、保護的－受容的に機能する表面をそれぞれに備えた諸形式が、互いに入れ子状になりながら、奇妙な系列を形成していることに注意しよう。つまり、身体と皮膚、心的装置と自我、自我それ自体と自我の外皮という系列である。そして、有機体の換喩、つまり有機体から分化した延長として自我を提示する発生的観点が抱える難点を先に示唆したが、同じように困難なもうひとつの問いとは次のようなものになるだろう。これまでに示したさまざまな水準のなかで私たちの関心の中心にあるのは「心的」水準である。では、フロイトがあれほど重要な役割をときおり演じさせている現実の影響は、何によって心的水準へと媒介されるのだろうか。

心的事象の水準に固有の力のようなものを、現実に対して認める必要があるのだろうか。そして、現実が何よりもまず物理的現実として、「外界」として考えられているとしたら、そうした必要は何を意味するのか。いかにしてその現実は、私たちの心的事象に作用してそれを分化させうる「心的な」力に変容するのだろうか。

自我に関する第二の観点である力動論的観点、葛藤の観点について考えよう。「自我心理学」――フロイトの後継者の自我心理学だけでなく、フロイト自身の自我心理学もここで念頭に置こう――で、葛藤に関して強調されるのはまたしても現実である。この見地からすると、現実は、欲動の漸進的な制御を保証するものとして、真の意味での審級という尊厳を与えられており、自我はその審級の効果をいわば凝縮させているにすぎないことになる。ここで、自我心理学に向かう転回を形づくる重要なテクストである『自我とエス』から一節を引用したい。

> 自我は、エスならびにエスの意図に外界の影響がきちんと反映されるよう努力し、エスのなかで無際限の支配をふるっている快原理を現実原理に置き換えようとする。知覚は自我にとって、エスにおいて欲動に割り当てられる役割と同じ役割を演じている。▼8

これが意味するのは、心的葛藤において固有の力が現実に付与されているということである。自我が現実的なものの要求を認めながら固有のエネルギーによって動くというよりは、むしろ、まさに現実的なものそれ自体が――少なくとも、最初のうち、心的装置の分化が完遂される前は――真に審級の役割を演じているようである。この考え方において、自我は、「知覚－意識系」という手段と、分化した最初の知覚装置、すなわち感覚器官とを介して直接、現実に接続されている。

Realitätsprüfung〔現実検討〕のような観念――もしフロイトの思考と私たちの経験がもつ広がり全体において捉えようとするなら、この観念ははるかに多義的であると思われるのだが――は、ここで、最も月並みな意味、現実の検討という意味で捉えられている。そのため、それは、別の心理学的な探究手段によって研究されるある機能、すなわち学習に通じることになる。現実の検討とは、私たちの欲望が現実に課した歪みを訂正することにほかならない。現実の検討の失敗によって、軽度の場合には神経症、重度であからさまな場合には精神病性の幻

7――（訳注）心的装置の一部に付けられた「Es」の名は、「それ」という意味の（代）名詞に由来する。

8――GW-XIII, S.252-253.（『全集』一八、二〇頁）

覚というように、さまざまな精神疾患の一覧がもたらされる。現実との接触を優先させられるほど自我が強いなら、幻覚は訂正され、解消されると言われる。結果として、精神病性幻覚の精神療法では、自我のうちに残るわずかなエネルギーに訴え、自我の「現実機能」を発達させようとしながら、思い違いを縮小することが任務となるにちがいない。

最後に、ここで手短に描いた「自我心理学」のパノラマの第三の論点について考えよう。経済論的観点からして、自我が所持する力はどのようなものか。ここでもまた鍵となるのは連続性という語である。連続性とはつまり、エスの欲動、とりわけ「最終理論」において生の欲動と名づけられることになる欲動の一部との連続性である。この生の欲動は自我において脱性化される。自我はエスの「生命活動」エネルギーの伝達者であり、そのエネルギーを純化し、支配し、できるかぎり巧妙に操縦するのである。

換喩的と呼んだ方向性の対極に、「隠喩的」と私たちが名づける、自我の第二の考え方を位置づけよう。ここでの自我は、生きた個体の延長のように考えられてはいない。むしろ、生きた個体、あるいはそのイメージが、別の場所へ移動させられたもののように、つまり一種の精神内的現実〔réalité intrapsychique〕、個体のイメージに即した精神内的な具体化のように考えられている。それは自己イメージだろうか。ここで述べておくなら、何人もの著者が自我のかたわらに「自己〔soi〕」、「Selbst〔自己〕」、あるいは「self〔自己〕」といった観念を導入しようとした。おそらく、彼らは、自我が純粋に機能的に捉えられたがゆえに空虚なまま残された場所が心的装置のなかにある、という思いに突き動かされたのだ。

とはいえ、フロイトがすでに私たちに示した本質的な点によって、「自我」と「自己」の区別は無用のもの、それどころか人を欺くものとなる。というのも、彼が確認したように、自我それ自体の発生には、分離不能な仕方で結びついた自己と他者のイメージが刻み込まれているのである。

ここで私たちは、同一化の広大な領野を目の前にしている。しかしながら、私たちはフロイトの思考をその発展に沿ってたどろうと考えているため、この自我の同一化による発生から始めるつもりはない。同一化の観念は、自我の隠喩的な審級の形成を十全に説明することができる唯一の観念であるが、展開されたのは、実際かなり遅く、また不完全な仕方でしかない。フロイトは、いかにして自我が現れるのかを同一化の観点から問えるようになる前に、精神内的現実としての自我の位置、すなわち自我の構造的かつ経済論的な位置について一種の直感を得ていた。

本章と次章では、フロイトの思考が経た三つの契機を通して自我の隠喩の問題群を手早く描き出そうと思う。そのための第一段階として、一八九五年の「心理学草案」に見られる、一見したところきわめて抽象的なモデルを検討する。次に、一九一四年の「ナルシシズムの導入にむけて」という、いっそうよく練られたテクストを、最後に、より簡潔に、同一化の概念が果たした後年の展開を考察する。

「心理学草案」のモデルとその臨床的含意

あらためて強調しておきたいのだが、一八九五年の「心理学草案」は、自我に関するフロイトのテクストとして筆頭に挙げられるべきものである。これほどはっきりとこの問いを中心にすえている思索は、『自我とエス』も含めて、その後にフロイトが著したどのテクストにも全く見られない。このテクストにおける自我の位置と機能を構造的かつ経済論的観点から見定めるために、まず、自我が挿入されるところである心的装置、あるいは「魂の装置」[9]のモデルを簡単に素描する必要がある。

よく知られるように、このモデルは神経学的な外見をしている。というのも、局所論的あるいは構造的観点の基本であるニューロンの仮説と、経済論的観点の基本である量の仮説という二つの基礎仮説を出発点にして、すべてを、つまり人間の心的事象とその「正常な」機能様態も神経症の理論も再構築することが関心事となっているからである。

もちろん、合理主義的で唯物論的な思想潮流のすべてにとってそうした参照は欠かせず、その潮流は、幾千年とは言わずとも幾世紀にもわたって、そうした類の二つの構成要素からもろもろの現象を説明しようとしてきた。ニューロンと量とは、たとえばデカルトにおいて形象と運動と命名されるもの、あるいは、フロイトに大きな影響を与えた「物理主義」のヘルムホルツ学派において質量とエネルギーと命名されるものが新たに変容した姿なのである。そもそも、一九世紀末にあってフロイトがその点において独自性を主張することはなかった。「類似の試みは今日よくなされている」[10]と彼は強調している。実際、すでに示されてきたように、フロイトの「心理学草案」は、神経系についての解剖学や新興の生理学の最新の発見を野心的に総合して利用しようとする唯一ののではなかった。

これは、古い容器、あるいは不適当な鋳型、つまり神経学の理論に自らの全く新しい心理学的発見をすべり込ませるためにフロイトが行った、最初の、そしておそらくは最後の試みだ、ということがフロイト研究者の間でごく普通に言われている。しかしながら、その言葉を繰り返す前により近づいて見てみよう。果たしてこれはプロクルステスの寝台[11]なのか。きらめく蛾がやがて解き放たれて出てくる繭なのか。[12]「心理学草案」のモデルはより注意深い考察に値すると思われる。その仮説が響かせている真に現代的な音色はどのようなものであるかを後ほど聴き取ることにしよう。

まずニューロンを見てみよう。ニューロンは、互いにはっきり区別されながらも、全くもって同一な（gleichgebaut、つまり同じモデルに則って構築された）離散的単位のように考えられている。そのことによってすぐさま構造のなかでもう一歩が踏み出される。というのも、その単位がみな互いに似通っているのであれば、それらの差異を示すには「ニューロン・システム」全体における位置によるしかないからだ。

それらの位置が決まる仕方を見てみよう。ニューロンの末端同士は互いに連結されており、他方でニューロンのひとつひとつは分岐に対応している。その分岐はひとつの到着経路と二つの出発経路を備えており、最も単純に図式化するならYの形になる。分岐はまた、一方の後に他方が続く形で互いに接続し、連続する分岐がなす系列となり、きわめて複雑なネットワークを作り上げる。

機能上の観点から見ればニューロンの基本的な性格は、エネルギーを運搬する能力にある。しかし、その伝達が完全に機械的であり、各ニューロンの一種の自然的傾斜、つまりエネルギーを強制的に流す傾斜ともみなしうるものにひたすら依存していることを強調しておこう。エネルギーを運搬するその能力に加えて、ニューロン的要素はまた一定の条件のもとで、エネルギーを留め、蓄えることもできる。なぜなら、後続のニューロンとの境界には一種の堤防、つまりいくらか非透過的、あるいはいくらか透過的である「接触障壁」が築かれるからである。

続いて量であるが、これについては何の特徴の明記も記述も呈示することができない。これは純粋な量であり、いかなる要素もこの量を「質的に規定する」ことがない。この純粋な量について、その後フロイトの学説においてほかには何も決して述べられず、この量はいつも仮定的なXとして指し示されている。これについてわかっているのは、独立変数が必要となるように、これが必要とされることだけである。経路が互いに結びついて複雑な

9――〔原語は〕「Seelischer Apparat」である。この二つの語の突飛な結びつきによって、フロイトの「実在論〔réalisme〕」の大いなる独創性が強調されることだろう。

10――（訳注）GW-Nb, S.387.（『全集』三、五頁）

11――（訳注）「プロクルステスの寝台」は、作品などをある基準や規定に無理に合わせることをいう慣用句。アポロドロスの『ギリシア神話』やシケリアのディオドロスの『世界史』などで語られる盗賊プロクルステスの逸話（旅人を寝台に寝かせ、寝台のサイズに合わせて手足を切断したり、あるいは引き延ばしたりした）に由来する。

12――（訳注）ここではおそらく、ギリシア人にとって蛾は魂の不滅の象徴であり、ギリシア語の「プシュケー」には「蛾」の意味があることが念頭に置かれている。

伝導網となっているところで、それに沿って循環する何か、少なくとも権利上は量とみなしうる何か[13]、増減や追加、除去、放出に関わりうる何かが存在しなければならないのである。

以上は、疑いもなく、きわめて抽象的で哲学的なモデルである。しかし、フロイトにおいて、これは臨床的なモデルでもあることを強調したい。このモデルに生命を与え、純粋に思弁的な制作物とは別物にしているのは、黎明期の精神分析の経験であり、その経験によって突き止められたきわめて奇妙な数々の事実である。この経験へのつながりは、「心理学草案」の冒頭からはっきりと記されている。

> 量的把握は、病理学的・臨床的観察から直接引き出されたもので、特にヒステリーや強迫のように、過剰に強力な表象が問題になっているところからだった。それらにおいては、正常［な過程］に比べてより純粋に量的性格が現れるのである。[14]

この「過剰に強力な表象」については前章で例を見た。たとえば、『ヒステリー研究』において、不安情動と呼ばれるものを伴って、ときおり突如として現れたあの顔である。[15] そして、まさに不安こそ、一種の純粋な量の現れに最も近いものであろう。それは、質を奪われた情動、量的側面しかもはや残っていない情動と言ってもよい。右に引用した一節は次のように続く。「そこで記述できた置換、転換、放出といった諸過程は直ちに、流れる量としてN［神経］の興奮を把握するよう促したのだった」。

たとえば、置換とは、ある表象が他の表象の情動を自らのものとして引き受けることができるという事態である。転換という事態では、身体のある部分が、運動を引き起こしたり、逆に麻痺を生じさせたりするなんらかのエネルギーを充填されたものとして現れ、他方で、いくつかの表象が無効化され、情動的な響きをほとんど完全に欠くということが起きる。そして、放出は、一部の不安発作によって最もよく例示されうるものだが、それらの発作においては、極端な場合、情動が一切の意識的な表象の外に孤立した状態で現れる。表象と情動は、臨床において着目された要素、あるいは少なくとも、神経症のかくも奇妙な経験のなかで、自分がいる地点を最良の仕方で把握するための概念である。ところで、この二つの臨床的な観念は、心的装置のモデルにおける二つの基礎観念と正確に逐一対応する。そのモデルにおいてニューロンは表象を表し、量は情動の最終的な要素である。

神経症の臨床的な探索において明らかになる顕著な現象とは、表象と情動の間の相互独立性、一方に対して他方が移動する可能性である。プロトン・プセウドスに関して見た通り[16]、そうした移動は、一部のケースにおいて、象徴と象徴化されるものの間で全面的になりうる。つまり、象徴は全「情動量」を受け取ることがあり、反対に、象徴化されたものは完全に備給を撤収されて、最終的に抑圧され、接近不可能になることがある。

ニューロンの慣性原理の非生命的性格

以上のように、ニューロン装置の物理主義的な図式が糧にしている生き生きとした新奇な経験がどのようなも

13——（訳注）ここで「権利上（en droit）」という言葉は「事実上（en fait）」との対比で用いられている。つまり、「権利上」の議論では、「増減するもの」の問題として定式化されうるかぎりでこの何かを「量」と呼ぶことが正当化される。他方、「事実上」の議論をしようとするのなら、なんらかの機器を使った実際の測定によって量としての性格を示すことが必要になる。

14——GW-Nb, S.388.（『全集』三、五頁）

15——（訳注）本書七二頁参照。

16——（訳注）本書六八―六九頁参照。

のかを思い出した後なら、私たちはそれほどためらわずに、フロイトの後を追って、装置がどのように機能するかについての詳細な議論に分け入ってゆくことができるだろう。

ニューロンと量という二つの用語を並置しよう。私たちは、ニューロン系、すなわち継起するニューロンの分岐の連続を目の前にしている。フロイトはまた、ほかに何も断わることなく、自分の仮説の基礎にあるニューロン＝表象という等式を利用して、その二叉分岐の連続を「想起」系と呼ぶ。想起系は記憶やもろもろの想起の系であるが、しかし、質的なものは何もそこに直接に書き込まれないという注目すべき特徴を備えている。それはもちろん「痕跡〔*engramme*〕」を記録することができる仕組みなのだが、フロイトが言う痕跡（エングラム）を、知覚された対象の「イメージ」や「類比物」と同じとみなすことはとてもできない。痕跡（エングラム）としての記入がそれぞれに独自性をもつのは、ひとえに、循環する量がそのたびに特殊な経路をたどるからである。

その特殊性は、もっぱらただ二つの経路の間の差異、あるいは差異の継起に集約される。差異が継起するなら、次のようなことが起きる。最初の分岐において経路aが選ばれ、経路bは選ばれない。つまり、一方は「通道され」ており、反対に、他方は「障壁」を含む。[17] 次の分岐において、左の経路ではなく右の経路が選ばれ、第三の分岐において逆の事態が起こり、その後、同様のことが続く。[18] したがって、それは集合の構造、一連の分岐における「選択」の連続であり、それが想起ごとに独自の布置をひとりでに形成するのである。

以上のモデルが現代人の耳にとってどのように響くかは容易にわかる。ほんのわずかな修正や解釈だけで、一種の電子機械、二進法原理に従って機能するコンピュータをここに十分に認めることができる。

ニューロンと量。私たちは、この二つの語を連接させつつ、ニューロンに沿った量の循環を制御する原理を言い表すことになる。それは「ニューロン慣性」の原理であり、私たちがすでに先に、ニューロンに備わる一種の自然的「傾斜」を論じながら暗示していたものである。「ニューロンはエネルギーを放棄しようとする」[19]というのが、その原理の第一定式である。

完全に放出しようとするそうした傾向、慣性への傾向、ゼロ水準への傾向は、フロイトの理論において以降絶えず――つまり、まずこの初期段階ではニューロンの慣性原理の名のもとで、その後まもなく快原理という用語のもとで、そして最後には、涅槃原理、あるいは死の欲動の原理として――主張されることになる。後に論じるつもりだが、そうした変遷につれて、フロイトの思考体系のなかでいくつかの要素の交錯、さらには取り違えが生じた。[20]

この根本原理は最初の状態においてこの上なく厳密に定式化されている。つまり、ニューロンが空になることが重要であり、象徴とそれが象徴化する〈抑圧されたもの〉の例が見事に示す通り、[21] エネルギーはある要素から他の要素へと完全に排出されなければならない。情動は完全に排出されることを求め、表象の数々がなす連鎖をたどりつつ、それらから完全に離れようとする。これこそが一次機能、あるいは一次過程であり、無意識の機能様態として定義されたもの、たとえば夢の分析においてそうであるように、精神分析が特に関わる機能様態なのである。

いかなる次元においてこの原理が働いているかを考えるために、あらためて歩みを少し止めよう。果たしてそ

17――（訳注）この一文を訳すにあたり、フランス語の動詞 frayer に「通道する」という語を対応させた。ドイツ語でこの動詞に相当するのは、「(道を) 開く、造る」を意味する bahnen である。フロイトは「心理学草案」で、生理学分野における彼の師の一人であったエクスナーがこの動詞から造った名詞「Bahnung（通道）」を利用している。ひとたび大きな「量」が通過することによって、その後の量が同じ道筋をたどりやすくなるという事態が、この造語とともに想定されている。

18――「記憶はψニューロン間の通道における差異によって体現される」（GW-Nb, S.393.（『全集』三、一〇頁））。

19――（訳注）GW-Nb, S.388.（『全集』三、六頁）

20――（訳注）フロイトはフェヒナーの原理やヘルムホルツの自由エネルギーと拘束エネルギーに関してゼロ原理と恒常性原理を取り違え、大きな誤解を生じさせている。この点については、本書第六章の二一六頁以降に述べられている。

21――本書一〇九頁参照。

れは生きた有機体の原理だろうか。それは全く異なる原理、その外観にもかかわらず、生物学のレベルとは別のレベルに位置する原理ではないだろうか。

フロイトが慣性の公理をあらゆる有機体の基礎原理のように提示するのは、たしかに事実である。しかしながら、まずこの第一原理に従って機能するような有機体は、ただ単に、また厳密に生存不能である。フロイト自身、そうした主張をおそらく否定しなかっただろう。というのも、彼は生存を説明するために、「生の必要によって強いられた二次機能」▼22へと一次機能が修正——加工あるいは改良——されることをすぐに求めるからである。とはいえ、ここで矛盾が生じる。つまり、その適応的な修正の原動力は一次原理そのもののうちに探し求められるが、しかし一次原理はその本質からして、生命活動上のあらゆる差異をなくして均一化することを目指しているからである。

したがって、このニューロンの慣性原理、フロイトのその後の思考で快原理となるこの原理は生の原理ではないし、生命活動の機能の仕方と無関係ですらあると主張したい。導入される「快」という語が適応的な意味を明らかに喚起するとしても、事態に変わりはない。その適応的な意味は、心理－生理学的な参照の数々がなす文脈において定義されており、ここでその文脈を解きほぐすのが適当だろう。

心的エネルギーの完全な排出というこのモデルが見出されるのは、ひとえに表象の水準においてであって、生きた有機体の機能の仕方においてではない。このモデルは、夢と精神病理を説明するために練り上げられたのである。それでもなおこのモデルを生の水準に、抽象的な仕方で、あるいは論理的な最初の〈時〉のように仮定することでフロイトのうちに生じた逆説については後に論じることにしよう。それは死のモデルであって、生のモデルではない。そして、それはまた無意識の機能の仕方のモデルなのである。

心的装置と外的現実

それでは、「心理学草案」で記述された心的装置の全体構造や主要な特徴を描出しよう。この装置は、ギリシア文字ψ、φ、ωで指し示されるいくつかの系に分かれる。装置の中心はψ系によって構成される。ψ系は一次過程によって統御され、その主要部分が「無意識」に対応する。

通道が織りなす布置の形で「想起痕跡」が登録されているこの無意識系（ψ系）は、一方で、φ経路と名づけられた経路を介して外的知覚に結ばれている。図1において有機体の外的な境界は二重線によって表現される。それは皮膚の障壁であるとともに、感覚器官全体の水準において興奮を濾過し、弱める保護装置でもある。ψ系は、他方で、ω系として示された意識に結びついている。このω系は自我と関係がないということを今後折に触れて強調してゆこう。そして第三に、ψ系は（ここに描いた図1よりもはるかに複雑な様式に従って）、起動の段階的な閾を含む一連の装置全体によって、身体内部に由来する興奮と接続している。欲動エネルギーがψ系に到来するのはまさにそこからであり、ψ系は、その欲動エネルギーを放出することを任務とする。

したがって、想起系の集合、特に無意識系の集合であるψ系は三つの経路の交差点に位置づけられる。三つの経路とは、ψ系をφおよび外的興奮と結ぶ経路、意識に関する一定の情報をψ系にもたらす経路、そして、私たちが点線で描いた内的周縁ともいうべきものを介して内的な生理学的興奮をもたらす経路である。

この装置の図を描こうと考えたのは、このままで問題ないと請け合って、精神分析で利用することを主張する

22——（訳注）GW-Nb, S.390.（『全集』三、七頁）

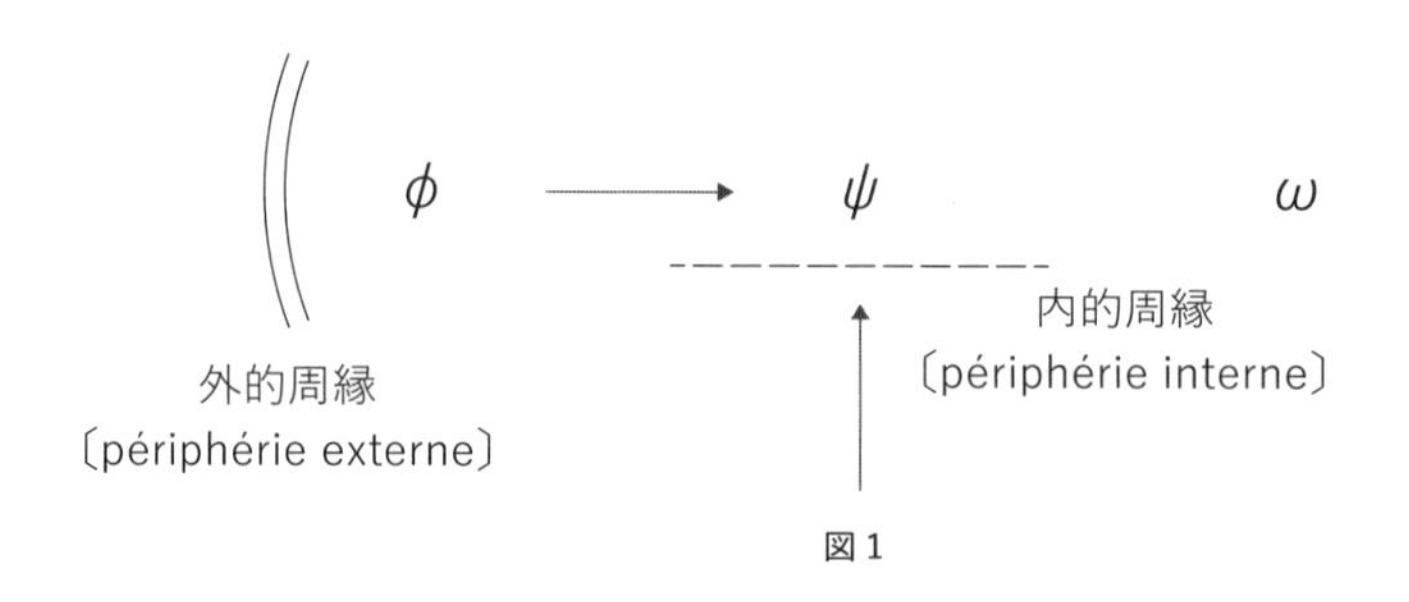

図1

ためではもちろんない。それはもっぱら、自我の機能ときわめて緊密な関係をもつ問題群、つまり、現実と「満足体験」における現実の再現という問題群をそこに位置づけることを試みるためである。

図1において、外的現実は、知覚装置によって運搬される興奮の総体にほかならない。図1が端的に示す通り、装置は外的現実に直接接続している。フロイトの思考の始まりには現実への接近をめぐる問題群がある。そこには、装置のいわばモナド的状態を出発点とした過程、常に不確かで仮定的な手探りの過程は少しも見当たらない。ω、すなわち意識系――これは全くの末端、ψの反対側に位置づけられるのだが――は、自動的とも言えるような仕方で、フロイトが「現実の徴」という名で指し示すものを発する。それは、ピンボールマシーンでなんらかの「電極」の接触が起きるたびに生じる「ティルト」[23]に比せられる一種の信号である。

〈現実的なもの〉が知覚されると、放出が自動的かつ反復的に起きる。ψ系がさらされている興奮に備わっている「現実価値」を、連続する放出が当のψ系に知らせるのである。中央装置は外的興奮と接触しているときに二種類のメッセージを同時に受け取ると考えねばならない。ひとつは、周辺から中央装置へ直接に到来するメッセージ(a)であり、もうひとつは、ωで反射して中央装置へ伝わるメッセージ、最初のメッセージに「現実」指標を付与する、メッセージについてのメッセージ(b)である。

こうして、私たちは、フロイトにおいて根本的な実在論=現実主義〔*réalisme*〕を目の当たりにすることになる。それは素朴な実在論だろうか。「現象学的な」解釈

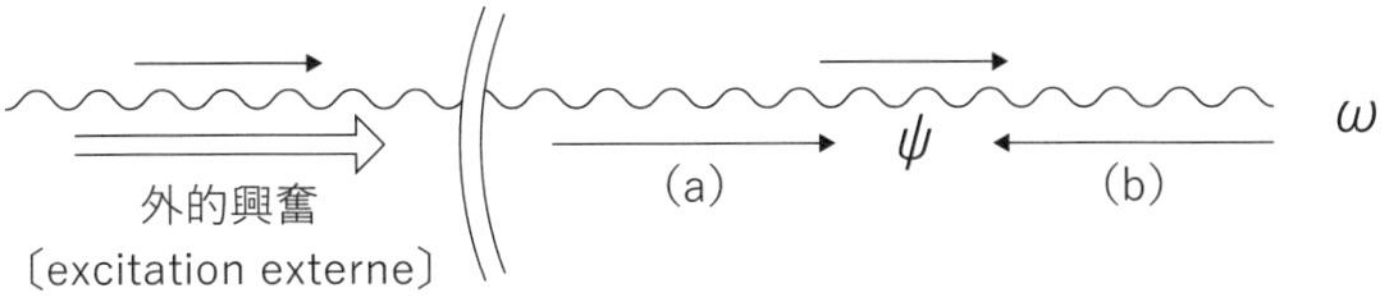

外的興奮
〔excitation externe〕
(a)
ψ
(b)
ω

図 2

を施しうる実在論だろうか。どのような評価をするにせよ、次の点は主張しておくべきであろう。すなわち、心的かつ生物学的な個体が直接に現実を知覚すること、その個体が現実を認識するための信号をもつこと、そして、それはそのために「自我」を必要としないことである。

自我が、特別に設けられた一章で導入されることになるのは[24]、以上のモデルが確立され、現実へと接続されてからにすぎない。実際、自我の機能が必要とされるのは、外界における現実に接近するためではなく、内部に由来するのに現実とみなされようとするものから現実を区別するためであることが明らかになる。

別の言い方をすれば、ここでの問題とは、内的興奮と、内的興奮が想起系——すでにψに記入されたもろもろの「表象」の系——にもたらす影響の問題である。実際、内的興奮、欲求水準の生理学的な上昇はみな、想起系において、過去の経験が残した痕跡の再活性化によって表される。それこそが、「心理学草案」で、またその後フロイトの全著作を通じて、満足体験という語によって指し示された過程である。

満足体験は、未熟出生という生物学的事実に結びつけなければ理解できない。小さな人間が、欲求の満足のために必要なメカニズムを機能させられないのは、フロイトが「寄る辺なさ〔Hilflosigkeit〕」と名づけるもの——つまり小さな人間の困窮、自らを助けること

23——（訳注）ピンボールマシーンをプレイヤーが強く揺らしたり傾けたりすると、内部に備えつけられた反則判定装置の部品が接触を起こし、電気が流れて即座にゲームが終了する。「TILT」はそのときスコアボードに表示される言葉。

24——GW-Nb, S.416-417.（『全集』三、三五—三七頁、「自我」の導入」）

ができないという起源的な無能さ――に相応した事態である。[25]「特殊行為」の項のもとでひとまとめにされる当該のメカニズムは本能の編成〔montages〕にほかならない。本能の編成は不十分であり、出現が遅すぎ、ずれている。出生時からそれは期待されているのだが、そのときにその場にないのだ。したがって、すでに出生時から、そして、そのずれが存続するかぎりにおいて、いわば本能の資格喪失という事態が見られるのである。

欲求の満足は、事前に用意された編成を経るのではない。というのも、その編成は、中枢神経系の成熟のリズムに従って少しずつ確立されるしかないからである。それゆえ満足は最初から間主観性を、つまり他の人間、母を経ねばならない。図2と、「依託」に関して私たちが記述したことの間の類似がわかる。満足に伴う記号＝乳房（つまり、栄養あるミルクをもたらす乳房）は、以降、編成の一部としての価値をもつようになる。そして、まさに、そうした編成、まだほとんど加工されていない要素の段階にある幻想が、欲求が後に現れる際に反復される。

フロイトはこれらすべてをニューロンの通道という用語で表現している。つまり、過去の経験の再生産は質的な要素の再出現ではない。それは、エネルギーが系のいくつかの経路をあらためて経由するという事実に帰着するのである。

そこで次のような問題が提起される。内的興奮が出現するとき、幻想的な編成――拘束されたいくつかの表象要素の集合によって構成される短い場面、きわめて原始的な場面、場合によっては、全体対象ではなく、たとえば乳房、口、乳房を捕える口の動きなどの部分対象からなる場面――が再活性化され、そして、その再活性化が意識（ω系）を揺るがしながら〈現実的なもの〉として再び体験される。

欲望の幻覚的満足というこの観念は、実際のところ何に対応するのかと問うことができる。果たして小さな子どもが真に体験する現実に対応するのだろうか。それとも、構造的な必然性に対応するものの、現実には、制止する要素にいきなり衝突し、妨害されて十全に機能できない不完全なモデルに対応するだけなのだろうか。この一次的な幻覚――すなわち、新たな欲求の出現時に起きる、幻想に関わるなんらかの痕跡の再活性化――は、存在の始まりにおいて現実に生じるとフロイトは考えた。「私の考えでは、こうした欲望による生気づけがまずは知覚と同じものを、つまり幻覚を生み出すということは疑いない」[26]。それを証拠立てるのはもちろん夢の存在である。一次過程のモデルである夢では、表象が再活性化する際に全面的な現実感覚が生じる。

φ、ψ、ωからなる図式が構築されるのは、幻覚的な現実感覚というこの問題に取り組むためである。そして、幻覚の再備給過程に影響されて、メッセージつまり「現実の徴〔Realitätszeichen〕」が再び始動するのは、ωすなわち「意識」系においてである。

これは、メカニズムを単純化して呈示するに留まらない、「現実意識」の全く独創的な考え方である。現実の印象は近似法によって到達されるのではない。つまり、現実は試行錯誤を通じて習得されたり確認されたりするのではない。現実は、現実の姿をとる指標(この指標は、それ自体としては放出であるのだが)の在あるいは不在によって、あったりなかったりする。つまり全か無かなのだ。外的知覚における現実的な要素は学習によって得られるものではないが、幻覚も同様に、なんらかの是正によって、あるいは経験や検証の過程を通じて訂正されうるものではない。幻覚はあるかないかであり、幻覚を見ている者に思い違いをしていることをわからせるためのマニュアルを考案することなど全くもって無益である。この点についてフロイトには臨床上の確証がある。その確証によって、かのRealitätsprüfung〔現実検討〕を現実の検証として捉える考え方、つまり、幻覚を見ている者のために、その目を覚ましうる別の現実を探しにゆくことがあたかも可能であるかのように捉える考え方は

25――(訳注)「寄る辺なさ」は、フロイトの著作において、「欲求(渇き、空腹)の満足に関して全面的に他人に依存し、内的な緊張を終息させるのに適した特殊行為をなしえない」という、乳児が置かれた状況を特に意味している。たとえば「心理学草案」(GW-Nb, S.411, 420.(『全集』三、三〇、三七頁))、『制止、症状、不安』(GW-XIV, S.169ff.(『全集』三、六六頁以降))を参照。

26――GW-Nb, S.412.(『全集』三、三二頁)

きっぱりと斥けられる。

自我が導入されるのは、まさにここである。現実の問題における自我の役割は、いわば「直通回線」で、自我が〈現実的なもの〉に接続されているという事態に基づくのではない。メタサイコロジーの観点から幻覚の問題を定義するのは、システムのうちにすでに現実が過剰にあるということであって、別の現実にさらに助けを求める必要があるということではない。「現実の過剰〔trop de réalité〕」、というのも、知覚的現実、つまり外的な障壁からくる現実と、幻覚的現実、つまり、「現実の徴」と呼ばれる、「意識」系の一種の点滅が内部で始動することに由来する現実とが同時にあるからである。「真の」現実と、その徴と誤認されるものとをさらに分かちうる別の現実の徴を探すこと——しかも無際限に——は、哲学的思考がよく知るアポリアを繰り返すばかりになるだろう。

したがって、自我は現実の道具であるが、〈現実的なもの〉への特権的な接近をもたらしはしない。自我が単に存在することで、外的現実のみが作働するようになり、他方で、内部起源の偽-現実は作動しなくなる。自我の機能は本質的に制止的である。自我によって、幻覚が妨げられ、内的興奮に由来する「現実の過剰」が取り除かれ、外的知覚から来た現実の徴（この現実の徴は、自我を必要とせずに以前から存在していたものである）のみが今後、幻覚の再活性化と競合せずに作働し、有効な基準として機能できるようになる。

自我、あるいは制止するニューロンのネットワーク

では、そのような制止機能を備えた自我とは何か。自我はψの一部であり、ψそれ自体が想起系によって形成されているのだから、自我は、記憶になんらかの形で関係する過程によって設立されると結論すべきである。し

たがって、自我には歴史的な起源がある。

しかしながら、ψのこの部分は、他の想起系とは異なる仕方で組織化されているように見える。自我の卓越している点は、ニューロンの集まりがみなそうであるように、連続する枝分かれで形成されていることではなく、むしろ、ひとつの組織を構成していることにある。後者の観念は、「組織化された集合」を意味する「Gefüge」という語によって、さらには、「Zusammengesetztes Ich」、つまり、複合による自我、部分の外の部分〔partes extra partes〕によって形成されながらも統一的である自我を意味する語によって表される。

最も明確な定義によるなら、自我は、備給され、互いによく通道し合っているニューロンのネットワーク（Ein Netz besetzter, gegeneinander gut gebahnter Neurone）[27]と考えられる。想起系は、エネルギーの貯留ではなく排出を機能とする分岐を備えていたが、ネットワークの観念はまず、その想起系のイメージよりも静的で、より閉鎖的な何かを呈示する。私たちがここで目にしているのは、時代錯誤的な表現を使うなら、ゲシュタルト、形態の一種とでも呼びうるものである。そのゲシュタルトにとってエネルギー備給の観念はきわめて重要である。それゆえ「互いによく通道し合っている」という表現が使われているが、それは、自我のシステムの内部においてコミュニケーションが良好であるのに対して、その周辺部には交換を制限する障壁が存在することを示唆している。こうして自我は一種の貯留槽として現れる。その貯留槽の内部では連通管の原理[28]が働いて、エネルギーを等しい水準に分散させており、他方、外部に対しては水準の差異が維持される。

エネルギーを充填された形態という観念、また貯留槽、コンデンサー等々の水力や電気の類比に送り返すイメー

27――（訳注）GW-Nb, S.417.（『全集』三、三六頁）

28――（訳注）複数の容器の底を管で連結させたもの（連通管）に液体を入れると、すべての容器で液面の高さが同じになるという原理。

ジやモデルを伴う自我に関して、ゲシュタルト理論やゲシュタルト心理学の参照が不可欠になるのは全く偶然ではない。同時に、地から浮き上がる形態というそのモデルは環境と有機体の関係を思い起こさせる。この有機体は、なんらかのエネルギーが循環する範囲を限定する境界によって定義される。エネルギーの平均水準は常に一定であるが、外界のエネルギー水準より高く、有機体は外界から浮き上がり、外界に対して維持される。

　ゲシュタルトとしての自我というこの解釈は、自我の制止作用として記述されてきた機制とよく合致する。そこで記述されているのは、電気的あるいは磁気的に充填された物質が及ぼす誘導作用にも似た、周辺の領野における一種の誘導であろう。そして、誘導効果は、誘導要素の充填と環境の充填の間にあるエネルギー上の差異によって決定されるのだろう。それこそ、フロイトが「側方備給」（Seitenbesetzung）[29]の語によってきわめて正確に描き出したことである。

　フロイト自身が描いた図のうちでその作用を表すためには、次のように考えるだけで十分である。一方において、一本のニューロン経路、あるいは複数のニューロン経路の系列に沿って、一次過程に従って自由に生じる流出、つまり無意識系の流出が生じている。他方において、その経路の近傍で、画定されたネットワークのうちになんらかのエネルギーが滞留している。制止効果は、前者のタイプの経路において、まさに自我のゲシュタルトが近くにあることによって引き起こされる。自我は自らの領野においてエネルギーの運動を安定させ、自身のシステムにそれを統合しようとさえするのである。

　このように側方備給はQήの制止である。自我を、備給され、互いによく通道し合っているニューロンのネットワークとして、たとえばこのように表象してみよう。外部（φ）から来てａへ侵入したQήは、もし何の影響も受けなければｂへ移動したはずであるが、ａにおいて側方備給αを被り、結果として、一部しかｂへ流れなかったり、場合によってはｂに全く達しなくなる。こうして、自我が存在するなら、それは心的一次過

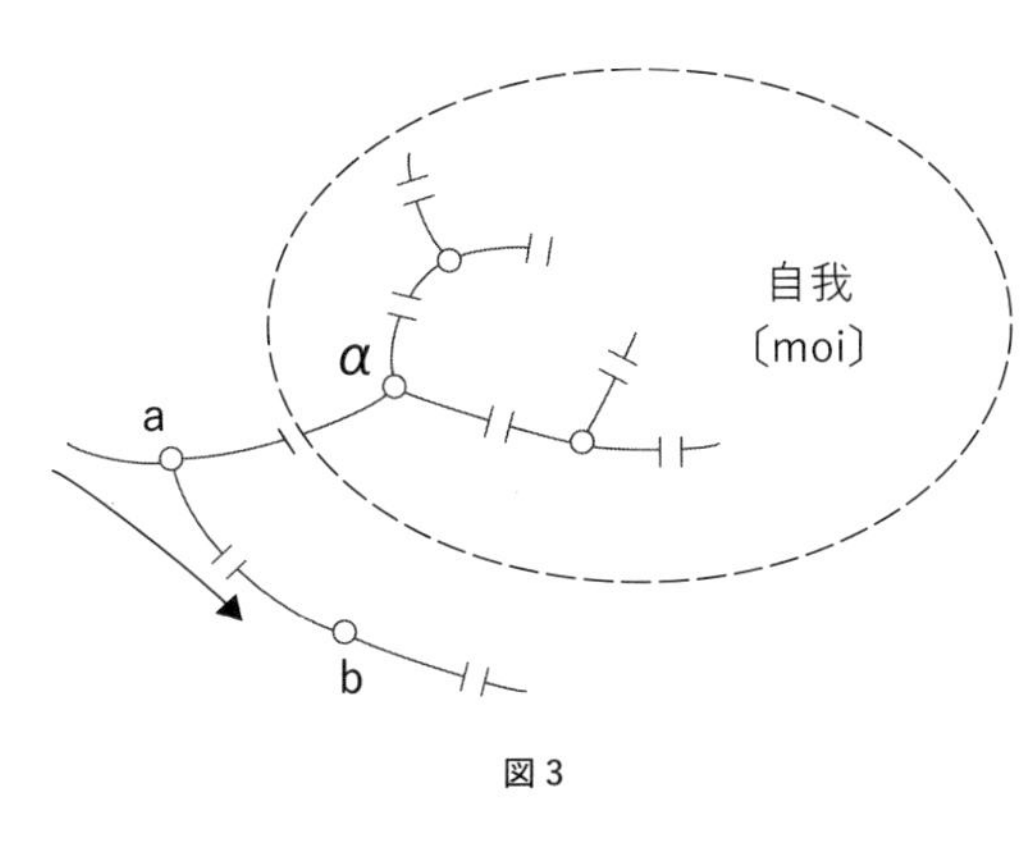

図3

程を制止するにちがいない。[30]

表象の連鎖が問題になっていることを見失わないなら、自我はまさに、幻想の循環のなかに安定用の重石を導入するものと言える。重石とは、エネルギーが絶対的に自由に荒れ狂って循環するのを妨げながら、幻想的なシステムのなかにそれを留めて停滞させる拘束過程である。それは二次過程の出現である。自我はひとつの限界、一枚の外皮によって、本来的な意味で拘束されている。二次過程は、この自我という、それ自体拘束されている最初の集塊の存在が引き起こした結果にすぎない。

幻覚にまで至る欲望備給、全幅の防衛支出をきっと伴う不快の全幅の発展、それらを私たちは心的一次過程と呼ぶ。それに対して、自我の十分な備給によってのみ可能になり、今述べた過程の抑制となる過程を心的二次過程と呼ぶ。[31]

29――（訳注）原文では、フロイトのどの著作にも登場しない「Nebenbesetzung」の語が示されている。文脈から判断して、この先最初の引用中に登場する「側方備給〔Seitenbesetzung〕」の語に変更した。

30――GW-Nb, S.417.（『全集』三、三六頁）
（訳注）「心理学草案」では、量を意味するものとしてQとQήという二つの記号が登場する。Qが量一般を表しうるのに対して、Qήは量が神経系内部の量であることを明示するときに用いられていると思われる。ただし、痛みなど一部の問題に関しては、両者の厳密な使い分けが留保され、さらには両者が混同されることがある。

したがって二次過程と本来的な意味での自我の間に同一性はない。そのことにより、自我をなすもののうちで、「恒久的な部分と変化する部分」[32]が区別されるようになる。固定的な部分はさらに「自我の核」と命名される。核の内部に関して二次過程を論じることはあまりできない。というのも、あるときエネルギーが均一に分配され、その集合はひとつの全体のように機能するからである。自我の核は、自らのエネルギー充填によって作働する大きな貯留槽にすぎない。その形態の近傍で、自我の可動部分が、制止的な影響の作用下にある過程によって構成される。それこそが二次過程（将来の「前意識－意識」系）であり、とりわけ、「自我からの側方備給によって通道強迫が修正されることを伴う、ψニューロンの備給からなる思考過程」[33]である。自我のうちにその可動的で変動的な影響領域を含めるなら、この「組織」の全体は、自らの境界を拡大したり収縮したりすることができるものとして考えられる。

自我の核における備給水準が上昇すると、自我の範囲はその圏域を拡大することができるだろう。備給水準が低下すると、自我は求心的に縮小するだろう。自我の一定の水準と一定の範囲では、備給領域内での移動可動性〔Verschiebbarkeit〕に対してなんらの異議も唱えられることはないだろう。[34]

そして、自我に充填されるエネルギーは内因的な起源をもつ。恒常的な備給として貯留することになるのは欲動エネルギーの一部である。

この組織は「自我」と呼ばれ、次のように考えるだけでこれを簡単に表すことができる。すなわち、内因性のQή が（核の）特定のニューロンに受容されるということが定期的に繰り返され、その結果として通道作用が生じることで、二次機能が要請する蓄えの基体に相当する、恒常的に備給されるニューロン群が生み出されるのだろう。[35]

欲動あるいはリビドーのエネルギーが恒常的に備給されること、固定された核の周辺部で境界あるいは影響圏が動きうること、その境界や影響圏が、場合により著しく拡大したり縮小したりすること——これらの特徴は、フロイトが二〇年後にもたらす自我の記述を予示している。

しかし、それだけでなく、フロイトは、自我のうちで固定的な部分と可動的な部分を区別することによって、知覚と対象に対する自我の関係に関して周縁的だが貴重な注記をもたらすことができる。すなわち、「認識と再生思考」[36]と呼ばれる過程において、対象を知覚する構造は、固定的な部分である「物」と可変的な部分である「述部」に分解される。[37] しかるに、フロイトはその「知覚複合体」の構造と自我の構造の間にある深い類似性を指摘する。

言語は、そうした［知覚複合体の］分解に対して判断という名を後に与えて、自我の核と恒常的な知覚構

31——GW-Nb, S.422.（『全集』三、三九頁）
32——Ibid., S.416.（同書、三五頁）
33——Ibid., S.429.（同書、四七頁）　通道強迫（Bahnungszwang）はまさしく、一次過程もしくは自由エネルギー、つまり無意識的な欲望の強迫的側面を指す。
34——Ibid., S.460.（同書、八二頁）
35——Ibid., S.416.（同書、三五頁）
36——（訳注）Ibid., S.422.（同書、四〇頁）参照。
37——（訳注）Ibid., S.423.（同書、四一頁）

成部分の間、また、外套における変動的な備給と［知覚複合体の］非恒常的な構成部分の間に実際に存在する類似を見出すことになるだろう。[38][39]

ところで、知覚対象のそのような分解、すなわち、前－反省的で前－言語的であるという意味で真に「一次的」と言える判断は、何よりもまず、一切の認識の原型である他の人間の知覚、「Nebenmensch〈隣人〉」の知覚にとって有効である。

そうした対象は最初の満足対象であり、さらに最初の敵対的対象でもあり、同時に、それは唯一の救いの力である。それゆえ、人間は、認識することを隣人において学ぶのである。[40]

こうして、一次判断は、「自らの身体経験、感覚、運動像」がなす基礎のうえに対象の最初の恒常性を措定する行為であるだろう。それは対象の「核」と「述部」を区別するのである。[41]

一次判断は一次過程に従い、いわば自我なしに行われ、[42]他方ではまさしく、自我の構造に類似する構造を知覚において措定しうる。このような観点に立つなら、自我の形態と「全体対象」の形態を、同じ運動において創設する知覚経験の場所を描き出せるのではないだろうか。[43]

38――（訳注）「外套」は、一九世紀半ばに組織学者が大脳皮質の細胞を二つの層に区別したうえで、そのうちの外側の層に付けた名称。その後の神経細胞学ははるかに複雑な層構造を明らかにしている。James Strachey (trans.), *The Standard Edition of the Complete Psychological Works of Sigmund Freud, Volume III*, London, The Hogarth Press, p.315, note 3. 参照。

39――Ibid., S.423.（同書、四〇―四一頁）

40――Ibid., S.426.（同書、四四頁）

41――（訳注）注38の引用文によれば、言語は「自我の核」と「恒常的な知覚構成部分」の間に類似を見出すが、ラプランシュはここで、対象に関わる後者をも「核」と呼ぶことを提案している（そして同引用文中の「［知覚複合体の］非恒常的な構成部分」が「述部」に相当する）。ラプランシュのこの読み方は本文の次段落で、一次判断が「自我の構造に類似する構造を知覚において措定しうる」とする議論に通じている。なお、フロイトは、恒常性を示すニューロン、特に「隣人」を構成する複合体の恒常的な部分を「物〔Ding〕」とも呼んでいる（Ibid., S.423, 426.（同書四〇、四四頁）参照）。

42――Ibid., S.428.（同書、四六頁）

43――（訳注）この点に関して本書第四章一五三―一五八頁では、同一化の原始的形態が論じられている。

第四章
自我とナルシシズム

前章で見たように、自我の問題群においては、生きた個体的全体性としての自我と、精神分析が理解する意味での自我とが二つの経路によって結びついている。二つの経路とは換喩的な経路と隠喩的な経路のことだが、これからたどるのはそのうちの後者である。なぜなら、それはより実り豊かに見えるからであり、そして、なにより、今日の精神分析のある潮流においてあまりに軽視されているからである。[1]

一八九五年の「心理学草案」は最初から、自我は本質的に主体ではないと措定する。自我は、古典的な哲学がいう意味での主体、つまり知覚や意識の主体ではなく（自我はωではない）、欲望の主体、私たち精神分析家に話しかける主体でもない。自我はψの総体でもなく、ψのうちの本質的な部分でさえもない。自我はむしろ想起系内部のある特殊な形成物であり、装置のエネルギーで備給された内的対象である。しかしながら、この対象は作用能力をもち、二重の機能によって当事者として葛藤に参加する。二重の機能とは、前章で注目した拘束の機能としての制止機能と、〔第二章で〕ヒステリー理論に関して論じた、病理的防衛と正常な防衛という二つの様態をとる防衛機能である。したがって、自我は主体ではないというテーゼを述べた後で即座に訂正しなければならない。すなわち、自我はまさに対象であるが、しかし一種の中継対象〔objet-relais〕であって、程度の差はあるにせよ、なりすましたり、だましたりしながら、願望や欲望をもつ主体という趣きを呈することができるのである。

1――（訳注）自我心理学ではもっぱら「自我の換喩的な考え方」が重視されているとする本書一〇〇頁の指摘を参照。

ナルシシズムとリビドー備給

「心理学草案」の約二〇年後、『自我とエス』の約一〇年前に、自我に関するフロイトの思考の決定的に重要な一文が「ナルシシズムの導入にむけて」（一九一四年）で示される。このテクストの歴史的状況やフロイトの思考の構造的歴史――もしそうしたものを描くとしたら――においてそれがもつ意義は分析に値する。フロイトの思考の発展を、「節」と「腹」の継起を含む定常波の運動のイメージ[2]になぞらえるなら、「ナルシシズム」は明らかに節を標すものとなるだろう。しかも、それはいくつもの観点から言えることである。

同テクストは性急さと熱中、そしておそらく昂揚状態のなかで構想された点で[3]『快原理の彼岸』と同様であるが、しかし着想に富んだこの試論とは異なり、奇形的とは言わないまでも不完全であるとすぐにみなされ、[4]放置された後、一部は無視されることになった。

フロイトの著作全体に対するこのテクストの状況はきわめて複雑である。このテクストは、倒錯や同性愛、精神病との関係におけるナルシシズムというテーマについて何年も前からすでにもたらされていた臨床上の一連の覚書を追認するが、しかし同時に、そうした観察の諸要素をまとめながら理論全体を真の意味で再検討している。他方でこのテクストは、一九一五年に書かれた、「メタサイコロジー」という一種の理論的記念碑の計画をなす一群の論文との関連で位置づけられるべきである。フロイトの伝記作家であるジョーンズが述べるように、「メタサイコロジー」は締めくくりのテクストであり、一種の総合を提示するのであって、数年後の一九二〇年に起きることになる重大な理論的「転回」を、何か大きな不均衡によって予見させることはない。[5]ところが、そのメタサイコロジー的著作のうちのいくつかは、簡単な言及で注意を喚起するに留めながらナルシシズムを扱い、他の著作は、ナルシシズムを取り込もうとしながら挫折している。こうして、再検討の後に、ひとつの時期を締めくくるテクストがやってきて、再検討が中断され、保留された。さらに後年になると、忘却や部分的な黙殺だけではなくなる。フロイトが「リビドー理論」[6]の歴史を概略的にあらためて書いたときには、彼自身のテーゼについて、偏った再解釈が行われた。

「ナルシシズム」はさらにひとつの収斂の点でもある。というのも、ながらく分かれて相対的に独立していた糸、すなわち「局所論」の糸と「欲動理論」の糸がそこで交差するからである。思考あるいは連想のさまざまな筋の交差点における「結節点」という状況がそこから生じる。ジョーンズのように、この仕事がフロイト自身によってさらに先へと続けられることはなかったと想像する読者は、一九一五年の「メタサイコロジー的」著作が与える印象と対照的な印象をここでもつだろう。つまり、この再編成の契機を出発点として新たな発展が可能になったのであり、それは、『快原理の彼岸』という迂回と断絶を経る必要はなかったと感じられるのだ。

2――〔訳注〕定常波とは、波長や振動数などが同じで進行方向が逆の二つの波が重なったときに生じる波のこと。波形がどちらの方向にも進まず、一定の場所で振動しているように見える。振り幅がゼロの部分を「節」、節と節の中間にあり、振り幅が最大になる部分を「腹」と呼ぶ。

3――ローマでミンナ・ベルナイスと一緒に過ごした「素晴らしい一七日間」という言葉を参照。Ernest Jones, *The Life and Work of Sigmund Freud, Volume Two*, London, The Hogarth Press, 1961, pp.116, 340.〔竹友安彦・藤井治彦＝訳『フロイトの生涯』紀伊國屋書店、一九六九年、二九七頁〕

4――「ナルシシズム論は難産でした。この論考には、そのことで被った歪みの跡があります」（*Sigmund Freud, Karl Abraham, Briefwechsel 1907-1925, Vollständige Ausgabe, Bd.I*, Ernst Falzeder, Ludger M. Hermanns（Hrsg.）Wien, Verlag Turia+Kant, 2009, S.362.〔一九一四年三月一六日付のカール・アブラハム宛書簡〕）。

5――〔訳注〕Ernest Jones, *The Life and Work of Sigmund Freud, Volume Two, op.cit.*, p.208sq.（竹友安彦・藤井治彦＝訳『フロイトの生涯』、紀伊國屋書店、一九六九年、三四三頁以降参照）。

6――GW-XIII, S.231-232.〔『全集』一八、一七一頁〕ここでフロイトはナルシシズムという契機を、ユングのエネルギー一元論による魅惑、つまり行きづまりの契機として描いている。

もしフロイトのテーゼを凝縮し、ある意味で先鋭化させるなら、そのテーゼは次の三つの命題に収まることになるだろう。まず、ナルシシズムは自己へのリビドー備給〔investissement libidinal de soi〕、つまり自己に向けられた愛〔*amour de soi*〕——一見何も驚くところのない命題——である。しかし、人間においてその自己へのリビドー備給は必ず自我へのリビドー備給〔*investissement libidinal du moi*〕を経由する。そして、第三に、その自我へのリビドー備給は人間の自我の構成そのものから切り離すことができない。

フロイトに最初に見られるのは、「他の場所で述べられてきた事柄をとりまとめて」[7]、いくつかの明白な証拠となる現象においてナルシシズムの臨床的位置づけを見出すだけでなく、「ナルシシズム」を精神分析的観念および一般理論として導入することを正当化する、という動きである。ナルシシズムの歴史は、精神分析の寄与の以前についてはわずかに素描されるだけであり、古代の神話への参照は完全に省略され、同様に、ハヴロック・エリスによる同時代の明らかな貢献も言及されない。その歴史——ちなみに、『性の心理学的研究』[8]でかなり詳しくたどられている——を語り直すつもりはないが、自己に向けられた愛という観念がずっと以前からはっきり画定されてきた点のみ記しておこう。

たとえば、オウィディウス[9]において次のようにすでにいくつかの特徴が表に出ている。ナルシシズムは、性差の措定の手前、また言語の手前にある。ランクによれば、エコー[10]は「聴覚的自己の反映の擬人化」である。[11]しかし、そのエコーでさえも、差異（あるいは象徴化）の最初の要素をもたらす者としての資格を剥奪されている。他方で「ナルキッソスのあやまり」は、それがどのような者であれ、愛する者が犯すあやまりとして、つまりその一般性において提示されており、あらゆる愛情関係におけるナルシス的要素の発見を予見させる。[12]なお、一部のプラトン主義者はナルキッソス神話を利用して完全な愛の自己充足を象徴化するが、そうした事態が示しているのも同じ方向性である。そこにある関連は、フロイトが「生の欲動」を名指すためにプラトンのエロスをあらためて取り上げるときにも表れている。[13]

ハヴロック・エリスによって早くも一八九八年からナルシシズムの基本的な特徴がいくつも示された。[14] そのなかには特に、ナルシシズムの包括的性格、つまり、ナルシシズムは、限局された自体愛的な性的享楽を超えたところに位置するという事実がある。ナルシシズムは「自己自身の称讃にふけり、ときには全面的に没頭することへと向かう、性的感情の〔中略〕傾向」[15] によって特徴づけられる。

しかしながら、性科学者と異なり、フロイトは倒錯を参照してテクストを導入するときに、疾病分類上で精確な境界画定を行うことは考えていない。その最初の素描において、また、典型的であるとしてもまれな「ナルシシズム－倒錯」のケースにおいて重要なのは、自分の身体〔corps propre〕と「性的対象の身体」について主張された類似である。身体はひとつの全体として扱われ、愛おしまれ、眺められ、愛撫される。注視、世話、愛撫が、全体の形態を、境界を、皮膚の覆いからなる閉じられた外皮を構成し、確認する。

7――（訳注）GW-X, S.140.（『全集』一三、一一九頁）

8――Havelock Ellis, *Studies in the Psychology of Sex, vol.7*, Philadelphia, F.A. Davis Company, 1928.

9――オウィディウス『変身物語（上）』、中村善也＝訳、岩波書店、一九八一年、一一三―一二一頁。

10――（訳注）エコーはおしゃべりが原因で女神ユノーの不興を買い、他人の言葉を繰り返すことしかできなくされたニンフ。ナルキッソスに恋をするが拒絶され、悲しみのために痩せ細り、しまいに声だけの存在となった。

11――（訳注）Otto Rank, » Ein Beitrag zum Narzissismus «, *Jahrbuch für psychoanalytische und psychopathologische Forschungen, Bd.III*, 1911, S.401-426. 特に S.407, Anm. 1 : » Schicksal der Echo–einer Personifikation der gleichsam akustischen Selbstbespiegelung « を参照のこと。

12――オウィディウス、前掲書、一一八―一一九頁。

13――（訳注）『快原理の彼岸』の次の箇所を参照のこと。GW-XIII, S.54, 62.（『全集』一七、一〇七、一一六―一一七頁）

14――フロイトが参照しているものの、ほとんど「ナルシシズム」という実詞を造る程度のことしかしなかったパウル・ネッケよりも、エリスははるかに詳しく記述している。エリスがフロイトたちの臨床上の寄与を受け入れるにあたって好意的であったにもかかわらず、彼に対してフロイトが保った両義的な関係がここに反映されている。

15――（訳注）次を参照のこと。Havelock Ellis, « Autoeroticism : A Psychological Study », *Alienist and Neurologist*, 19, 1898, p.280.（ハヴロック・エリス「自体愛」、佐藤晴夫＝訳『性の心理（一）』、未知谷、一九九六年、二七八頁）

「ナルシス的倒錯」を臨床単位として独立させうると想定したとして（これは大いに疑わしいことだが）、それ以外にも、性科学者と分析家は、同性愛をはじめとするもろもろの倒錯の構成要素としてのナルシシズムを早くから探り当てていた。フロイトは同性愛のうちに、「ナルシシズムというものを仮定することを私たちに余儀なくさせた最も強い動機▼[16]」を見ているが、その後、議論が続いて「対象選択」の二類型の区別が導入される際に、同性愛を参照することの意味は一層はっきりとする。

もうひとつの大きな発見がその同じ数頁で取り上げられ、再検討される。つまり、ナルシシズムは精神病の理解のために本質的な参照をもたらしたのである。二つの側面がここで区別される。これらは以来全く古典的となったものである。まず、外界からリビドーを、そして一般的には関心を撤収するという側面――外的対象からの離反、過程の「否定的」側面であり、精神病の発病初期にこれはしばしば世界の終末という印象、ひいては妄想という形をとる――があり、他方では、その撤収に相関して、別タイプの対象、つまり内在化された対象にリビドーが必然的に定着するという側面がある。

さて、フロイトはここで、ユングと異なり、このリビドーの撤収において二つの度合を区別する。すなわち、幻想的な生への退却――ユングが「内向」と名づけるもの――と、自我というこの特権的な対象への退却である。内向は、神経症的なあり方のいくつかの型、あるいはいくつかの段階を説明できるかもしれないが、精神病が引き起こす反転を、つまり、内向が作り出す鏡を超えたその種の世界を説明することはそれ自体ではできない。というのも、たとえ新たな幻想的世界がその後に再創造されるとしても、その新たな加工が行われるようになるのは、徹底的な撤収に端を発してのことだからである。世界の終末によって解放されたリビドー・エネルギーの「拘束」の試みが起きるのは、まず自我の圏域において、しかも、もっぱらその圏域においてである。さらにそれは、誇大妄想と心気症という、一見したところ大いに異なる二つの形態のもとで起きる。自我の境界が宇宙の果てまで拡大したり、あるいは反対に、痛む器官のサイズにまで収縮したりするとしよう。リビドーが多少ともうまく制御されたり、あるいは反対に、漂って、主体を不安の氾濫の瀬戸際に立たせたりするとしよう。しかし、いずれにせよ、精神病の闘いはその始まりにおいて、一定の領地をあらためて囲い込もうとする必死の試みとして常に現れる。

そして、「子どもと原始民族の心理学」[17]を引き合いに出す最後の参照がナルシシズムの導入を「後押しする」ことになる。その参照は、『トーテムとタブー』で展開した議論を引きながらも、臨床的性格をもつものとして呈示される。

私たちは子どもと原始民族のうちに、個別に取り出してみれば誇大妄想の類いに数え入れられてもおかしくないようなもろもろの特徴を見出す。それらの特徴とはすなわち、自らの欲望や心的行為がもつ力の過大評価、いわゆる「思考の万能」、語の魔力への信仰、外界に手向かう技術、「呪術」といったものであり、こうしてみると、呪術とはそうした誇大妄想的な前提の一貫した応用であることがわかってくる。[18]

しかし、ここでは種と個人の歴史という外見のもとで、実のところ神話と「起源的なもの」の次元が導入されている。起源的なものは、具体的に表すために、生物学から借りてきた言葉ですぐさま言いかえられる。

こうして私たちは、自我への起源的なリビドー備給という表象を作り上げることになる。自我へのこの起

16——GW-X, S.154.（『全集』一三、一三四頁）

17——（訳注）Ibid., S.140.（同書、一一九頁）を参照のこと。

18——Ibid., S.140.（同書、一二〇頁）

源的なリビドー備給は、後に対象へと一部引き渡されるものの、根本的にそのまま留まり、対象備給との間に、原生動物の身体とそれが送り出す偽足との間にあるような関係をもつ。[19]

そして、この生物学が量的で、エネルギー収支や電位差の測定値と接続可能であろうとするがゆえに、別のときには、まさに銀行経済から借りたモデルが当然のようにしてそこに加わる。そのとき原生動物は、「投資＝備給〔investissement〕」を行ったり引き上げたりする中央銀行、もしくは通貨基金である。

「幻覚的満足」の両義性

起源的ナルシシズム、一次ナルシシズムとは、きわめて誤解を招きやすく、一見したところ明白でありながら、解釈を是非とも必要とする観念である。単純化するためにまず述べておくなら、フロイトの思考のうちにはこの観念に関して二つの明瞭な流れがある。そして、「ナルシシズムの導入にむけて」が代表する流れは、実際に全著作を通じて認められるが、主流になるのはつかの間でしかない。常により優勢なのは別の思考の流れである。その流れもまたナルシシズムという語が導入される以前からあり、とりわけ一九一一年のテクスト「心的事象の二原理に関する定式」において明示された。[20]

そのテーゼは、顕在内容に示された通り、一種の仮説的な初期状態を出発点として人間の心の発達を再構築しようとする。そこで仮定されるのは、周囲に対して有機体がひとつの閉じられた統一を形成している状態である。その状態は、自我の分化そのものに先立つゆえに自我の備給によっては定義されず、むしろ、「無対象的」なものとして構想された生物学的統一のうちでリビドー・エネルギーが停滞するという事態によって定義される。そこで子宮内生活の原型、もしくは乳児の状態が参照される。フロイトは再構築において、そうした生物学的モナドを出発点として、知覚を皮切りに、判断、伝達など、現実のいくつかの機能をあくまで発生論的観点から出現させようとする。そのことに躊躇や後悔が伴わなかったわけではなく、一九一一年の「心的事象の二原理に関する定式」のようにはっきりと心理学化に向かっているテクストにおいてさえ、それらは現れている。

このテクストでまず呈示されるのは、自らに閉じられた初期状態のイメージであり、睡眠状態および夢の状態の原型である。内的欲求はシステム内のエネルギーレベルの上昇を引き起こし、その均衡を危うくしかねないが、「幻覚的満足」において捌口を直接的な仕方で見つける。きわめて快適で、一見したところ難攻不落のポジションをこのモナドが放棄するように仕向ける――どのようにしてかは定かではないが――のは、ただ「依然続いている満足の不在」だけである。

しかしながら、フロイトはすぐさまその同じテクストの注のひとつで、いかにしてこのような組織体が「一瞬であっても生に留まり」うるのだろうかと自問し、そこで扱っているのが「仮構」であることを認める。[21] そして、その状態に近似するモデル、つまり、「母親の世話を加えられた乳児」[22]というモデルに言及する。しかしここではむしろ、たとえ軽微であっても、まさにシステムの不完全さ、間隙こそが、欲求と母親の寄与の間に入り込み、幻覚を引き起こしているように思われる。

この考察において、出生前もしくは新生児の状態を具体的に記述することは、フロイトにとって問題でない。同様に、私たちにとっても、モナド的な生物学的状態（熱の供給を受ける卵のなかの鳥の胚）や、何か準モナド

19――Ibid., S.140-141.（同書、一二〇頁）
20――（訳注）GW-VIII, S.231-235.（『全集』一一、二六〇―二六四頁）
21――（訳注）Ibid., S.232.（同書、二六一頁）参照。

のように機能する二元的な状況（母親と胎児）、あるいは、母と乳児という、はるかに不完全な二元的状況が実際に存在することを否定したり肯定したりすることは問題でない。問いたいのは、欲求の内的な圧力と「原始的幻覚」という手段だけで対象関係が現実に発生すると主張できるだろうか、ということなのである。実際、当該のシステムがどのようであれ（この問題群を全面的に抽象的な形で導入したのはフロイトであることを忘れないようにしよう）、「原始的幻覚」という観念そのものが、それを定義している二つの語の組み合わせ、さらには両立可能性について謎を投げかける。というのも、幻覚は最小限の表象的な内容を、したがって、いまだ不完全であるにしても、最初の裂け目を前提とするからである。それは、自我と対象の間、あるいは内的興奮と外的興奮の間の裂け目というよりも、無媒介的な満足と、遅延し、不完全で偶然的で媒介された、あらゆる満足――つまり「他の人間」によってもたらされる満足――に付随するしるしとの間の裂け目である。

この問いを解きほぐすことをとりわけ可能にするのは、満足に対する幻覚の位置である。果たして幻覚は不満足から生まれるのか、それとも不満足が幻覚を終わらせるのか。フロイトの答えは両義的である。あるときは、欲求が満たされないために蓄積された欲動エネルギーが幻覚の生産を支えており、あるときは反対に、その蓄積によって、モナドは自らの夢の外に出ざるをえなくなる。最も明瞭に述べられた応答はおそらくこういうものであろう。すなわち、ある種の不満足は幻覚のうちに出口を見出すが、一定のエネルギー閾を超えると「幻覚的な手段は放棄される」[23]。

しかしながら、問題はまさに、幻覚的満足というその観念にどのような意味を与えるべきか、ということである。少なくとも次の二つの意味が認められる。満足の幻覚、放出の純粋な感覚がまさに放出の不在において再生産されることであり、あるいは、幻覚による満足、すなわち、幻覚の現象という事実そのものによる満足である。しかし、満足の幻覚は――もしそのような現象を考えることができるとして――、そこから脱け出すことを可能にするいかなる矛盾も含むことができない。それゆえに、フロイト自身が提起する異議が効力を最大限に発揮する。フロイトによるなら、そのような有機体は端緒から、いかなる逃げ道もなしに破壊へと運命づけられている。反対に、幻覚による満足は、夢のモデルに則って考えることが全く可能である。実際、夢は欲望の満足をもたらすのではなく、夢の存在それ自体が欲望成就である。しかし、夢を参照することも欲望という語そのものも、欲求の客観的な相関項（食物）がすでに「対象」へと、つまりその代わりに取り入れられうる記号へと変容したことを前提している。それゆえ、幻覚において作働する諸要素はある複雑な弁証法のなかで現れることになる。それは、いわゆるナルシス的モナドとともに生じたはずの複雑な弁証法とは全く別物である。

以上の異議は、生物学的に閉じられたシステムが存在する可能性を否定しようとするものでないことを強調しておきたい。この異議が際立たせうるのはただ、そのシステムの「対自〔pour soi〕」を概念化しようとしたり、さらにはこの「対自」の発生をたどろうとしたりすれば矛盾が出てくることだけである。心的現実としての一次ナルシシズムは、母胎への回帰という一次的な神話、すなわち、フロイトがはっきりと主な原幻想のひとつに数えることもあるシナリオでしかありえない。

22――Ibid., S.230-232, S.232, Anm.1.（同書、二六〇―二六一頁および二六一頁・注4）
（訳注）このモデルが登場する注は重要なので、次に引用する。「快原理に隷属し外界の現実をなおざりにするそのような器官編成では、わずかの間すら生存はおぼつかないはずで、そういった編成はそもそも発生すらしえなかったはずだ、との異論があがるのは当然である。しかし、乳児は母の世話さえあるならそのような心的系をほぼ実現していることを考えると、この種の仮構を用いても差し支えあるまい。乳児はどうやら、自らの内的な欲求の満足を幻覚しており、刺激が高まったり満足が得られない段には、叫び声をあげたり手足をばたつかせたりするなどの運動的な放散によって不快をあらわにし、ついで、幻覚していた満足を体験する」。

23――（訳注）GW-VIII, S.231.（同書、二六〇頁）参照。

一次ナルシシズムの構造

ここまで私たちは、一九二〇年以降、唯一とは言わないまでも優勢になる一次ナルシシズム観を手早く要約することを試みてきた。それはフロイトの大いなる生物学的神話の一部をなしており、再解釈した後で徹底的に利用すべき観点である。それでも、一次ナルシシズムに与えられた意味は、ナルシシズムの導入を準備する何年間かの仕事によって、ついで「ナルシシズムの導入にむけて」によって、それまでのテーゼが抱えていた矛盾を部分的に免れることになる。「一次ナルシシズム」の語のもとで提示されるものとは、実際、生物学的な個体の起源的な備給ではなく、ひとつの心的形成物、つまり自我の起源的な備給である。そこから、単純だからこそ抗いがたい次のような結論が出てくる。すなわち、もし自我がはじめから存在しないなら、ナルシシズムも――それに付いた「一次的」という形容がどのようなものであれ――同じく存在しない。もちろん、いかなる必然性によってナルシシズムと自我が神話的に、「起源的な」ものとして私たちの目に映るのかを、この後で把握しなければならない。

一九一〇年から一九一五年の間、自体愛の観念はまだ発見されたばかりであり、抑圧もされていなかったため、この観念によって、セクシュアリティの発展のなかでナルシシズムを正しく位置づけることができた。自体愛がすでに一九〇五年から、人間存在の一次的な無対象の状態としてではなく、協働する二重の動きから生じるものとして措定されていたことが思い出される。二重の動きとはすなわち、一種の対象性、「対象－価値〔valeur-objet〕」へと最初から向かっていた機能的活動を逸脱させる方向転換と、幻想のラインに従って活動を自己へ返す方向転換である。以上の見解は確実な成果のように思われるが、ナルシシズムを論じはじめるやいなや、当然ながら問いが提起される。「私たちが目下論じているナルシシズムは、リビドーの早期状態として記述してきた自体愛とどのような関係をもつのだろうか」。[24] そして、これに対する応答は次のように数文で短く述べられるが、そこには、この問いについてのフロイトの考えとしては最も明敏で最も凝縮されたものがおそらく隠されている。

自我に匹敵する統一体は個体のうちにはじめから存在しているわけではないと認める必要がある。自我は発達してはじめてできあがるのだ。しかし、自体愛的な欲動は最初から存在している。したがって、ナルシシズムが形作られるには、ある何ものか、つまりなんらかの新たな心的作用が自体愛に付け加わらねばならないのである。[25]

以上のように、セクシュアリティにおいて起源的と名指されたものは、自体愛的欲動、互いの間での統一性を欠く諸欲動である。そして、どのようにそれらがその場で、ある器官、ある性感帯から発して機能するかを私たちは先に見た。[26] 反対に、自我は個体におけるひとつの統一体である。「第二局所論」の以前、この「ナルシシズムの導入にむけて」において、自我はたしかに審級として措定される。互いにやや異なるが、おそらく補完的でもある二つの言葉が、自我が出現する仕方を特徴づけているのがわかる。すなわち、「発達」――漸進的な成長のことを考えさせうる語――と「新たな心的作用」――自体愛をナルシシズム的形態へ転じさせる設立の契機、変転〔*mutation*〕を思わせる語――である。

そのようにしてナルシシズムは、継時的あるいは弁証法的に見て、自体愛の後に位置づけられる。しかし、『性

24――GW-X, S.141.（『全集』一三、一二一頁）
25――Ibid., S.142.（同書、一二一頁）強調はラプランシュによる。
26――（訳注）本書第一章三六頁以降参照。

理論三篇』において自体愛はそれ自体「最初の」ものではなかったことを思い出しておこう。なるほど、それはたしかにセクシュアリティの最初の状態であったが、だからといって、必然的に最初の生物学的状態であったわけではない。自体愛は人間のセクシュアリティの出現の契機として記述されており、その意味において、精神分析が探索する領野を構成するものである。他方で、ナルシシズムは自体愛的な機能様態を統一して、それに「形を与える」のだが、そのナルシシズムは、どれほど「一次的」に見えるとしても、すでに複雑な過程によって用意されたものとして現れる。

外的対象が愛の対象となるのと同様に、自我も愛の対象であり、リビドーを充填される、つまり「備給される」。感情や情熱についての記述を「経済論的」な言葉で言い直すことには、理論上どのような利点があるだろうか。経済論的、量的なモデルは、たとえ実際の測定手段を伴わないとしても、等価性、交換、対立といった、臨床上で確認されるいくつかの事実の輪郭をより明確にすることを可能にする。たとえば、ナルシシズム理論ではこのモデルにより、自我と外的対象の間、さらには自我と内在化された幻想的対象の間で真の――つまり、収支バランスを論じることができるという意味で――エネルギー・バランスを記述することができる。個体は相対的に恒常的なリビドー量しかもたないため、一方が豊かになると、他方は必然的に貧困化する。リビドーの資本は無尽蔵ではないため、各自はできるかぎり上手に資本を投下するものの、貯え以上に投資することはできない。

しかし他方で、外的対象への備給と自我への備給は類似しているにもかかわらず、その間に完全な対称は存在しない。バランスは全く可逆的であるわけではなく、自我はいくらかのエネルギーを常に保有していなければならない。「対象備給と引き換えに自らの人格を放棄することとして私たちの目に映る恋着状態」[27]においてさえ、自我はエネルギーの恒久的な鬱積場所でありつづけ、最小限の一定レベルを自らのうちで常に維持する。そのことは、原生動物の比喩が暗に意味することである。原生動物は、たとえ自らを最大限に伸張させなければならないときでも、存続する中心の塊から偽足を送り出している。

別のイメージが自我の経済論でやがて用いられるようになる。それが貯蔵槽のイメージである。「自我はリビドーの大きな貯蔵槽とみなされねばならず、そこから対象へリビドーが送り出され、また、この貯蔵槽は常に、対象から流れ帰ってくるリビドーを受け容れる準備をしている」。[28] ちなみに、このイメージはさまざまな変遷を被ることになり、最初は自我へ、ついでエスへ、その後あらためて自我へ適用されることになる。[29] そのようなヴァリエーションないし異版には、そのうちのどれかを優先させる選択よりも利点がある。つまり、それらは解釈を必要とし、そして解釈では、夢についてそうであるのと同様に、一切の要素が並置され、何も排除されず、「あるいは」が「と」へと再翻訳されねばならないのである。[30]

自我の位置は現実に〔*réellement*〕両義的である。実際、フロイトのこの躊躇において問題になっているのはそのことである。自我は、自らを備給するリビドーの貯蔵槽でありながらも、ある意味では源泉として現れうる。自我は欲望の主体ではなく、欲動の起源の地でもない（起源の地を表すのはエスである）が、しかしそのような体裁をなす。自我は愛の対象でありながらも、リビドーを「発し」、愛する主体として振る舞うことで愛を代理する。このテーゼはすでに「心理学草案」に暗黙のうちに含まれていた。しかし、臨床によって補強され、愛の対象の

27――Ibid., S.141.〔同書、一二〇頁〕

28――GW-XIII, S.231.〔『全集』一八、一七一頁〕

29――以上の顛末は、スタンダード・エディションの編集者によるきわめて充実した注で要約されている。James Strachey (trans.), *op.cit., Volume XIX*, pp.63-66.〔ジェームズ・ストレイチー『フロイト全著作解説』、北山修＝監訳・編集、人文書院、二〇〇五年、三七六―三七九頁〕

30――〔訳注〕『夢解釈』でフロイトはこう述べている。「見かけ上の二者択一のそれぞれの選択肢は、相互に等置されるべきものであり、「かつ」によって結びつけられるべきものである」（GW-II/III, S.322.〔『全集』五、五一―五二頁〕）。たとえば、夢で見た電報に記されていた住所の最初の語が「経路〔via〕」、「邸宅〔Villa〕」、「家〔Casa〕」のいずれであったか、はっきりと思い出せないときには、そのうちのひとつではなく、そのすべてを夢の思考の構成要素とみなすべきなのである。

「選択」様態に関する分析を深めることで具体化された後、同一化の理論のほうへ向かった。

対象選択の理論はおそらく、このナルシシズムの導入がもたらした最も実り多い寄与のひとつである。そこで行われるのは、あるタイプのパートナー、ひいてはある特別な人物に決めるまでに人間主体がたどる経路、あるいは通道とも言えるようなものを描写することである。その経路は図式的に、依託による対象選択の型と、ナルシス的な対象選択の型という二つに帰着させられる。

「依託による対象選択」は、ながらく「アナクリティックな対象選択」という表現――印象の薄い造語であるが[31]――によって示されてきたものだが、はるか以前に発見され、少なくとも『性理論三篇』以来記述されてきた。ナルシス的対象「選択」の発見はひとえに、依託型をあらためて概観し、相対化するだけである。実際、依託による対象選択という考えは、依託をセクシュアリティの創発の〈時〉――絶えず更新される〈時〉――とみなす基本理論を延長させるばかりである。この選択において、自己保存、つまり生命活動上の機能は、セクシュアリティとの葛藤にあるどころか、対象への経路をセクシュアリティに示すのである。「子ども（および青年）の対象選択を研究して、私たちが真っ先に気づいたのは、彼らが自分の最初の満足体験から性対象を取り出してくるということだった[32]」。

しかしながら、対象選択に関して記述されるのは、最初の経験からより隔たった反復の型である。


性欲動は最初のうち自我欲動の満足に自らを依託しており、後になってようやく自我欲動から独立する。だが、この依託はなおも、子どもの哺育や世話や保護にあたる人物、したがってまずは母親やその代わりとなる人物が最初の性対象となる、ということのうちに現れる[33]。

ナルシス的対象選択は、依託による対象選択とはっきり区別される。対象は、今や自己のモデル、つまり自我のモデルに基づいて選択され、リビドー・エネルギーは、目につかない形で少しずつ移動させられるというより、まさに移し替えられるのである。大まかには、この二つの対象選択を対立させて、それぞれを、補完的なもの、つまり生を保証しうるものへの愛と、同じもの、あるいは似たものへの愛――それでもなお、その類似はさまざまな側面を含むゆえ、鏡の戯れは複雑化するのだが――とみなすこともできる。

　フロイトは可能なナルシス的選択のすべてを一通り呈示している。それらは、人が目下それであるところのもののイメージだけでなく、「自分自身がそれであったところのもの――自分自身がそうなりたいところのもの――自分自身の一部であった人物」[34]のイメージをなぞっている。「自分自身がそれであったところのもの」の選択によって、きわめて多くのことが明らかになる。つまり、まさにその選択が同性愛の原動力にあることが発見され、ナルシシズムが「主体内的な〔intrasubjectif〕」ポジション――自己に向けられた愛――であるだけでなく、対象との関係のありよう――ある種の自己イメージに類似する誰かへの愛――であることが主張できるようになったのである。

倒錯者や同性愛者のように、リビドー発達がなんらかの障害を経験した人たちにおいてひときわ明瞭にな

31――この点に関しては、『精神分析用語辞典』の「依託的」の項を参照（Jean Laplanche, & Jean-Bertrand Pontalis, *Vocabulaire de la psychanalyse*, Paris, PUF, 1967, p.23.（村上仁＝監訳『精神分析用語辞典』、みすず書房、一九七七年、一四頁）
（訳注）この語のフランス語訳をめぐる事情については、本書第一章の三七―三八頁を参照のこと。

32――GW-X, S.153.（『全集』一三、一三四頁）「心理学草案」と『夢解釈』が呈示した満足体験という古い観念がここで明らかに参照されている。そのことにより、満足体験の観念と、自己保存欲動への性欲動の依託という観念がまさに同じ領域において働いていることが確認できる。

33――Ibid., S.153-154.（同書、一三四頁）

34――Ibid., S.156.（同書、一三七―一三八頁）

ることだが、これらの人たちが後に選択する愛の対象は、母親ではなく当人自身をモデルにして選ばれることを私たちは発見した。彼らは明らかに自分自身を愛の対象として求め、ナルシス的と名づけるべき型の対象選択を示す。ナルシシズムというものを仮定することを私たちに余儀なくさせた最も強い動機は、まさにこうした観察のうちに認められるのである。▼35

この通り、鏡の戯れでは二重の移動が起きている。つまり、同性愛者は、母親の場所に自らを位置づけ、彼がそれであったところの子どもの場所に彼の「対象」を位置づける。付け加えるなら、これは安定した位置づけでなく、むしろシーソー運動であって、鏡がほんのわずかに揺れただけで位置づけの交換が起きる。そのことからよくわかる通り、ナルシシズムに応用可能なモデルは、複雑な交換を可能にするものでなければならず、「卵」の閉じられた自己充足的な形態から何も借りなくてよいのである。

自我リビドーと対象選択

対象選択の理論がもたらした結果を論じる前に、この時点におけるフロイトの思考を理解しようとするときによりどころとなる点をいくつか駆け足で見てゆこう。とりわけ、次の区別の導入は不可欠であり、これがなければ、「ナルシシズム」についてのこのテクストは全面的な大混乱に陥ることを免れえない。問題なのは、表面的な読解では類義語のように見えるかもしれないが、実際には、大きく異なる方面から借用されている二つの語、つまり*自我欲動*と*自我リビドー*である。

このテクストでも、一九二〇年までのフロイトの著作全体でも、自我欲動は、生物学的な個体の自己保存を目標とする生命活動上の主要な機能を指している。大いなる二元論において、いつも自我欲動は非性的な自己保存欲動として性欲動に対立させられる。反対にリビドーが性欲動のエネルギー的側面を指すことを念頭に置くなら、自我リビドーは二元論の別の局面に位置づけられることがわかる。つまり、自我リビドーは、外でセクシュアリティの備給が行われる「対象リビドー」との対立において、自我－対象の性的な備給を指している。結果として、ある場合には、一方における自己保存欲動あるいは自我欲動、他方における性欲動というように、欲動の命名がその目標や本質によっている。それに対して、他の場合には区別全体がひとつの同じ欲動のグループ――性欲動ないしリビドー――における対象に関わっている。

以上の二つの二元性を認め、それらが大きく異なる二つのレベルに位置づけられることを理解したなら、解釈の問題をあらためて提起しなければならない。この区別は維持すべきであるが、しかしそのとき、自我欲動、自我リビドーという、まるで反響し合っているかのような共通の命名がもたらす両義性はどのように説明したらよいのだろうか。その解釈を通じて私たちはまたしても、ここで素描しようとしている包括的な問題群、すなわち、生物学的個体としての自我――まさに「自我欲動」の「起源」に現れる自我――から、「自我リビドー」の対象になり、「自我リビドー」がたどる行程上の中継点になりうる審級としての自我への移行をめぐる問題群へと連れ戻される。それはまさに精神分析的な自我の派生という問題群である。

この「ナルシシズムの導入」の理解を支えるための暫定的なよりどころとして、さらに二つの図式を提案しよう。そのうちのひとつは、依託による対象選択の運動を表すものである。

依託による対象選択の運動とはつまり、さまざまな対象間のずれや漸進的な離反の運動であり、換喩的と名づ

35――Ibid., S.154.（同書、一三四頁）

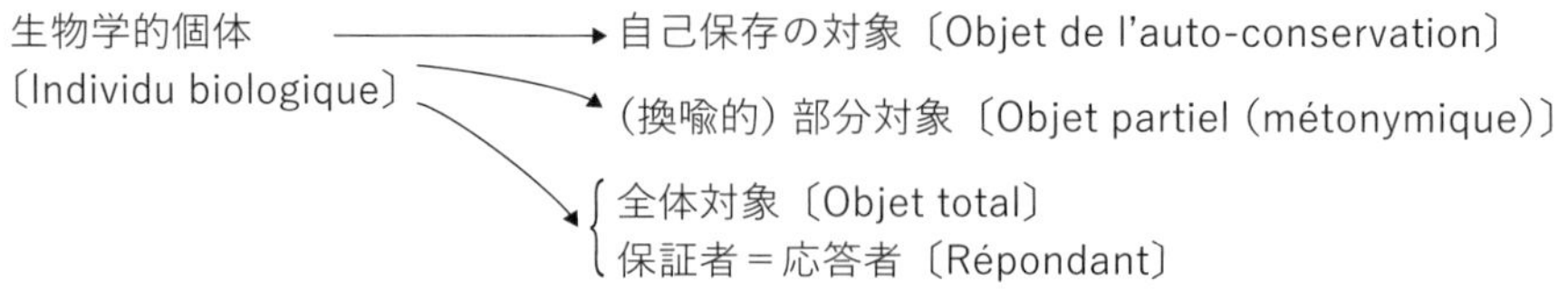

生物学的個体〔Individu biologique〕→ 自己保存の対象〔Objet de l'auto-conservation〕
→ （換喩的）部分対象〔Objet partiel（métonymique）〕
→ 全体対象〔Objet total〕／保証者＝応答者〔Répondant〕

図1

けることができる運動である。その運動は、母乳と乳房の連続性においても、部分対象（乳房）と全体対象（母）という部分と全体の関係においても生じる。

ナルシス的対象選択の図式は全く異なる。それは逸脱やずれではなく、ひとつの軸を中心とした一定角度の回転である。

この運動は可逆的であって、リビドーは、あるときは、鏡像的な相互関係にある対象のうちの一方に向けられ、あるときはその他方に向けられうる。したがって、ナルシス的対象選択は、エネルギーと、そのエネルギーが維持する対象形態とを別の場所へ（「間主体的なもの」から「主体内的なもの」へ、また逆に、後者から前者へ）全面的に移転することによって作働する。

以上の二つの対象選択はもっぱら二つの理念型として与えられ、その意味で抽象的である。たとえ一方は男性の愛情生活に、他方は女性の愛情生活により特徴的であると想定されるとしても、それらは実際のところ、あらゆる人間存在に開かれた二つの可能性を表している。もちろん、ある個別ケースやある契機においてどちらかの経路――ナルシス的経路もしくは依託的経路――が好まれたり、あるいは、二つの選択型が、割合を変化させながら互いに混じり合ったりすることもある。あらゆる現実的な対象選択において生じる、隠喩的過程と換喩的過程のそのような錯綜は、私たちを驚かせるものではない。精神分析的探究がいくつかの領域で示してきた通り、「心的現実」の出現とその安定化は、そうした隠喩－換喩的交錯の場において起きる。▼36

精神分析理論にとっての課題のひとつは、以上の二つの対象選択の様式、あるいは対象の「派生」の様式がどのように連接しているのかを考察することである。私たちは二つの

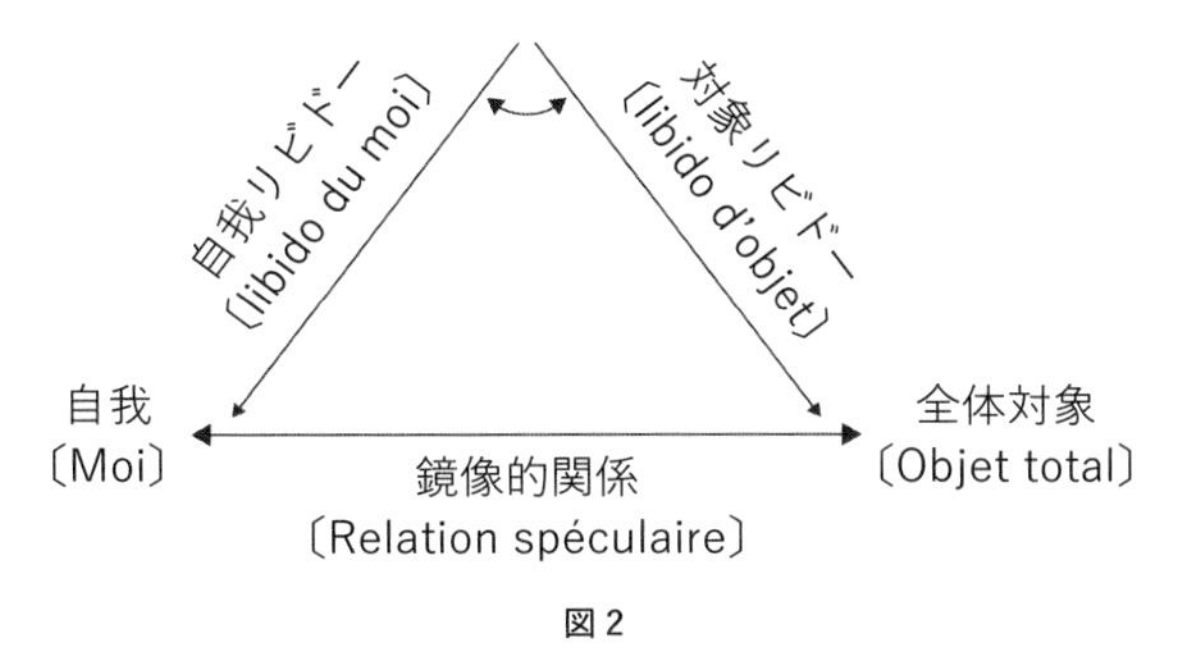

図2

図式を描いて提案したが、それらが全く暫定的な性格のものであることがここで明らかになる。つまり、単に二つの図式を並置したり、組み合わせたりするだけでは問題外である。とりわけ、依託的対象選択において、部分対象を超えてゆく運動をただ単に「全体性」への移行として考えることはできない。「全体」対象は部分対象に関する「保証者＝応答者〔répondant〕」でもあるのだ。そのようなわけで、二つの選択それぞれにおいて他の人間に向かっているベクトルを、厳密に重ね合わせることはできない。

愛情選択のさまざまな様態に関して、フロイトはきわめて多様で複雑な記述を行っているが、ある一点については疑いの余地を残していない。すなわち、リビドー的関係のすべてとは言わないが、少なくとも、情熱という意味での愛情関係のすべてにおいて、つまり彼が「恋着状態〔Verliebtheit〕」[37]と名づける自己放棄の状態においてはナルシシズムが支配的であるという点である。

男性による対象選択の記述においてそのことはとりわけ明白である。とはいえ、男性の対象選択がその特徴的な例において「依託型に従った十全な対象愛」[38]を実現している、ともフロイトは主張している。実際その場合、対象の型

36――Jean Laplanche, « Dérivation des entités psychanalytiques », *Hommage à Jean Hippolite*, Paris, PUF, 1971. を参照のこと。
（訳注）本書第三章九八頁・注4を参照のこと。

37――（訳注）GW-X, S.141.（『全集』一三、一二一頁）

38――（訳注）Ibid., S.154.（同書、一三五頁）

は自我の写しではなく、「世話をする女性」の系列において選ばれるものの、リビドー・エネルギーは、依然として自我から借りられており、常に自我へ戻る態勢にある。そうした起源は関係の形式に表れており、そこでは熱狂と過大評価がナルシス的特徴のように現れる。「依託による対象愛が示す著しい性的過大評価は、子どもの起源的ナルシシズムに由来しており、したがって、このナルシシズムが性対象へと転移された場合に対応している」[39]。そのようにして、エロス――この語を、『性理論三篇』で言われるエロティックなものという意味ではなく、後期欲動理論で与えられる意味において受け取るとして――による愛の盲目は、ナルシス的な要素の、否定しがたく決定的な痕である。フロイトによるなら、ナルシス的要素はあらゆる愛に存在する。

さらには、男性の恋着状態において少なくとも対象の形態は自我の写しではない、とする主張さえも修正するのが妥当であろう。というのも、愛する者の利他主義、対象愛を追求する者において起きる自身のナルシシズムの「放棄」は、他の「美しき全体」、つまり自己充足する女性や、自分自身しか愛さないナルシス的な美しい動物などによる捕捉という代償を伴うからである。このように男性――そしてフロイト――は、「対象性」に犠牲を捧げようとするまさにそのときに、弁証法的にナルシシズムの別の形態へと急転回するのだ[40]。

子どものナルシシズム

人間存在の愛情生活におけるナルシス的な対象選択を以上のように記述することで、その後フロイトは子どものナルシシズムの問題に戻ることができる。それは視点の方向転換としての回帰である。最初の手続きにおいて、「子どものナルシシズム」は、起源的ナルシシズムの仮説を後押しする議論として、起源的ナルシシズムに含まれる一切の両義性とともに持ち出された。しかし、この子どものナルシシズムそれ自体が推論されねばならないことが今や明確に述べられる。

私たちが想定している子どもの一次ナルシシズムは、私たちのリビドー理論の諸前提のひとつであるが、直接的な観察を通じて把握するよりも、別の論点から遡って推論することを通じて証明するほうがたやすい。[41]

視点は今や反転したのである。ナルシス的選択に特徴的な過大評価、理想化、誇大妄想的な万能感が明るみに出されるのは、子どもに対する両親の態度――「赤ちゃん陛下」――においてである。フロイトはそこに子どものナルシシズムの証拠を見ている。この子どものナルシシズムは、かつて両親が子どもであったときのナルシシズムであるだろうし、両親は子どもの誕生を機にこのナルシシズムに立ち戻ったのであろう。

あの胸を打つ、だがつまるところ、かくも子どもじみた親の愛情というものは、彼らのナルシシズムが生まれ変わったものにほかならず、それは対象愛へと姿を変えながらも、おのれのかつての本性を見紛う余地なく露わにするのである。[42]

39――Ibid., S.154.（同書、一三五頁）

40――拙論では、ヘルダーリンが描いたヒュペーリオンの愛の情熱を取り上げて、対象選択におけるこうした急転回の運動を素描的に記述した。Jean Laplanche, *Hölderlin et la question du père*, Paris, PUF, 1961, chap.II : « Les dialectiques de l'Hypérion ».（訳注）ラプランシュの同書同箇所（特に p.75）は、ヒュペーリオンが愛するディオティーマを「美しき全体〔belle totalité〕」として論じている。

41――GW-X, S.157.（『全集』一三六、一三八頁）

42――Ibid., S.158.（同書、一三九頁）

しかしながら、この論法は私たちを心の底から納得させるものではない。なぜなら、これは、子どものナルシシズムから子どものナルシシズムへと際限なく送り返すからである。そのときこの数々の「ナルシス的状態」は、それら自体で閉じられたものとみなされがちになり、唯一の確認可能な状況、つまり両親－子どものナルシス的対象選択、あるいはナルシス的関係という状況から推論されることになるだろう。

したがって、フロイトが示した方向に少し先に進むだけで次のような解釈ができる。つまり、一般には子どものナルシス的な万能感や誇大妄想的な錯覚が論じられるが、それは実のところ、両親の万能感が反転したものにほかならない。子どもの誇大妄想的なナルシス的状況が理解されうるのは、子どもがそのようなものとして体験した両親の万能感とその取り入れから発してである。[43] この「ナルシシズムの導入にむけて」の構造は、ほとんど形式主義的ではないが、きわめて緊密である。そして、その構造のなかで、起源的なナルシス的関係の簡潔な記述は、あたかも秩序を回復するための警告のように呈示されている。つまり、それは、「一次ナルシシズム」と精神生物学的な観点からした無対象状態——最初の段階において実際にも主観的にも存在したであろう状態——とを同じものとみなす傾向が絶えず頭をもたげるのを、軽く警棒で叩いて正そうとするのである。

私たちは「ナルシシズムの導入にむけて」と一九一五年のメタサイコロジーの著作群とを図式的に対置したが、しかしながら後者のなかにも、その対置が通用しない著作がある。それが「喪とメランコリー」である。実際、ナルシシズムは対象選択の型であり、かつ同一化の様態であるという発見によって、メランコリー性の退却に関しても、躁性の拡大に関しても、理解に必要不可欠な鍵のひとつがもたらされる。ところで、同テクストは私たちの解釈を全面的に裏書きするものである。というのも、実にこのテクストでは、一次ナルシシズムがナルシス的同一化の一次的形態と同一と考えられているからである。私たちはそれに気づくと同時に、自我の起源と発展を位置づける別の仕方、すなわち同一化の理論へと向かうことになる。

同一化の原始的形態

ここで思い起こさずにいられないのは、無数の臨床上の記録が積み重ねられてきたにもかかわらず、精神分析的思考全体のなかで同一化に与えられる場が真の意味で満たされることは決してなかった、という事実である。同一化のさまざまな型を定義し、区別しようとする試みがフロイト自身によって繰り返し行われた。にもかかわらず、その観念はあまりに一面的か、あまりに不明瞭なままであり、あたかも、まるで異なるもろもろの現象をひとつの同じ項目のもとに隠すために利用されているかのようである。やや形式的かもしれないが[44]、新たな分類に向けた最初の区分として、同一化の型をごく簡単に次の論点との関連において区別しよう。すなわち、第一に、何への同一化であるか、第二に、どのような過程が関わっているか、そして第三に、結果はどのようであるか、である。

第一に、何への同一化か。少なくともこの語を最も広い意味で理解するのであれば、もちろん「対象」への同一化である。果たしてそれは全体対象であるか、部分対象であるかなど、自問する必要がなおもあるが、しかし、いずれの語もやはり単純ではない。

全体対象への同一化については、果たしてどのような意味をその「全体性」に与えるべきだろうか。それは、たとえば知覚的な全体性だろうか。いくつかの同一化――たとえば自我をその始まりにおいて構造化する同一化

43――メラニー・クラインは子どもの誇大妄想を、心的発達の出発段階ではなく、いくつかの契機において現れる防衛機制として記述した。

44――だが、着想の点では、フロイトによるある種の区別、たとえば欲動の源泉、衝迫、目標、対象といったそれに似ている。

——においてはそう想定できるかもしれない。しかし、全体対象という語はときおり、特にメラニー・クラインにおいて、そうした再編成とは別の事態を指していると考えざるをえない。それはつまり、他の人間が、全体的というより、むしろ絶対的な価値をもつ応答を与えることができ、子どもは、全かい無かいという形をとるその応答に左右される、という事態である。

同様に、部分的同一化が論じられるときも、空間的に限局された部分、すなわち特定された部分対象（乳房、ファルスなど）を取り上げることに議論の照準が合わせられているわけでは必ずしもない。限局できない部分的な特徴[45]への同一化もまた存在しうる。たとえば、性格上の特徴への同一化や、時間的、空間的にきわめて限局された徴への同一化のすべてがここで思い浮かぶ。そうした徴は、まさにその突飛さや人為的な性格に応じて瞬間的に捉えられるのである。さらには、ある言葉、特に禁止する言葉への部分的な同一化もありうる。まさにここにおいて、いわゆる超自我的な同一化を位置づけなければならない。精神分析家たちはこの同一化に関して、発された言葉、すなわち「聴覚的残滓」がもつ創設的な価値を強調してきた。

第二に、作働する過程を検討することで、私たちは、通常同じ項目に分類される次の現象の間に果たして共通点は存在するのだろうか、と自問することになるだろう。まず早期の知覚的刻印。この刻印について、動物行動学は動物心理におけるひときわ目立つ例を示している。そして、対象の取り入れ。この取り入れは身体的過程のモデルの写しになっている。さらに、はっきりと構造を参照する、あるタイプの同一化。それは、他者の位置への同一化であり、人物間のやりとりを、そして通例は、少なくとも、三角形の頂点を示す二つの他の位置を前提とする。それは言うまでもなく、エディプス的同一化のことである。

第三に、もろもろの同一化の効果あるいは結果によって、ようやく次のような区別が可能になるだろう。ある種の同一化は構造化作用をもち、決定的であり、心的存在のうちに根本的な変化をもたらす。他方、一時的な同一化、たとえば、精神分析臨床、さらには精神分析以前の臨床において最初に突きとめられた同一化であるヒステリー性の同一化がある。あるいは、フロイトがだいぶ後になって集団における同一化として記述したものもある。すなわち、個々人がまとまり、自我理想という人格の審級の場に、指導者の威光溢れる人物像を位置づけるときに起きる同一化である。構造的な変化に至る同一化の埒内では、次のような明確な区別も設けるべきだろう。すなわち、新たな審級が出現する出発点で起きる、創設的、「一次的」な同一化と、正真正銘の堆積作用を通じて徐々にその審級を加工し、充実させてゆく同一化である。

実のところ、ある同一化について、対象と過程と結果は互いにきわめて緊密に関連している。私たちがフロイトを追いかけて描こうと試みた自我の発生についても同様である。「自我的な」同一化はきわめて早期に起こるにちがいない。実際、それによって、取り入れや投射ほどにも古いメカニズムを理解できるようにする境界の創設——その境界は、決定的に画されるわけではないとしても、素描程度には示される——が可能になっているはずである。というのも、メラニー・クラインが、良いものと悪いもの、部分的なものと全体的なもの、取り入れられたものと投影されたものの弁証法として記述したものはみな、たとえきわめて未発達であるとしても、内部と外部の境界を定める最初の自我境界なしには考えられないからである。ただ自我のこの最初の観念のみが、「口唇欲動の言葉」において分節化するために必要な最小限の言葉を、最初の口唇的幻想にもたらす。「私はそれを

45——これは、フロイトが言うところの〈ただひとつの特徴〉である。ラカンは、もっともな理由があって、その「シニフィアン」としての側面を強調して「一の徴〔trait unaire〕」を発案した。
（訳注）フロイトは『集団心理学と自我分析』で、父親と同じように咳込むドラなどの例を挙げて、「同一化は部分的できわめて限定されたものに留まり、対象となる人物のただひとつの特徴〔einziger Zug〕しか借りてこない」（GW-XIII, S.117.『全集』一七、一七六頁）ことがあると述べた。ラカンは『同一化』のセミネール（一九六一—六二年）でフロイトのそのくだりに注目し、あらゆる質的な差異の機会が極限まで還元されたところで「一」の形象として機能する、弁別特徴としての「一の徴〔trait unaire〕」（trait には「線」の意味もある）という考えを呈示した。

自分のなかに取り込みたい、私はそれを自分から締め出したい」[46]。

こうして私たちは、きわめて早期の、そして、最初の段階においておそらくきわめて簡素な同一化の存在を認めるに至る。それは、境界として、あるいは袋として――すなわち皮膚の袋として――考えられる形態への同一化である。フロイト的な自我の観念によって残されたこの余地を埋め、自体愛からナルシシズムへの移行を可能にする「新たな心的作用」を記述するために、深く考え抜かれた試みが行われた。それは、ジャック・ラカンが「鏡像段階」論とともに呈示した試みである。ラカンはそこで、とりわけワロンによる観察を引き受け、より広汎な射程をそれに与えている。

鏡像段階[47]はしばしばきちんと理解されてこなかった。というのも、鏡という具体的で技術的な装置において幼い子どもが自らの形態を承認するという、そこで記述されている特別な経験から切り離しえないものだと、この段階はみなされがちだったからである。ところで、ラカンが意図していたのは、人間的な自我の出現を、鏡という器具の創造へと、さらには、たとえばナルキッソスが水面に映る自分を見つめることができるという事実へと必然的な仕方で結びつけることではない。鏡の前にいる子どもの観察において、鏡とは、この装置のあるなしにかかわらずきっと起きる何かを、私たちに対して明らかにするものでしかない。その何かとは、他の人間の形態の承認であり、承認に相関してその形態の最初の素描が個体のうちに沈殿するという事態である。

とはいえ、フロイトが鏡像的な同一化の場所を明確に示さなかったというのは不正確であろう。鏡像的な同一化をめぐる議論が見られるのは、「喪とメランコリー」だけではない。それは、特に『自我とエス』のきわめて濃密な一節において呈示されている。『自我とエス』にはこう明記されている。

自我とは、何よりもまず、身体的自我であって、単に表面的存在であるだけでなく、それ自身が表面の投射でもある。[48]

この示唆は一見したところ謎めいているが、英語版の全集では脚注で次のように注釈される。この脚注は、フロイトが認めたものである。

自我は、究極的には、身体感覚、とりわけ身体の表面から発する感覚から派生している。そのようにして自我は、身体の表面の心的な投射とみなしてよいかもしれず、それどころか、〔中略〕心的装置の表面に相当しているとみなしてよいかもしれない。[49]

しかも、知覚が「自我の出現と、エスからのその分化に参加する」ことが明確に述べられる。それは一方で、「他の対象のように」身体を把握することを可能にする視覚的な知覚であり、他方では触覚的な知覚である。主体が自分自身の身体を、身体の別の部分を用いながら探索することができるという事実によって、皮膚表面は特別な位置を与えられている。皮膚は内からと同時に外から知覚され、いわば迂回によって輪郭づけられうる。そして、痛みの知覚が最後の要因としてここで言及される。この機会に思い出しておくなら、フロイトの思考には最初から、明確で、不快についての考えとは全く異なる痛みの理論がずっと存在している。

一八九五年の「心理学草案」からして、痛みは特別な場所を占めている。とりわけ、「満足体験」と対称をな

46——GW-XIV, S.13.(『全集』一九、五頁)
47——Jacques Lacan, « Le stade du miroir comme formateur de la fonction du Je, telle qu'elle nous est révélée dans l'expérience psychanalytique », *Écrits*, Paris, Seuil, 1966, pp.93-100.
48——GW-XIII, S.253.(『全集』一八、二一頁)
49——James Strachey (trans.), *op.cit*, *Volume XIX*, p.26.(『全集』一八、三四七頁・編注23)

すものと一時期考えられた「痛み体験」の枠内においてそうである。[50] 痛みはその質からして、「疑いなく」不快とは異なるものとして呈示される。問題となる過程の観点からすると、痛みは何よりもまず、「過量のQ〔興奮量〕が、φにおける保護装置を打ち破るとき」[51] に起きる遮蔽の決壊現象によって特徴づけられる。そのように、痛みは闖入であり、境界の存在を前提とする。そして、自我の構成におけるその機能は、自我が、境界づけられた存在として定義されるところでようやく考えることができる。[52]

生の営みのリビドー的基盤

以上のようにフロイトは、「表面」に由来する、互いに結びついた二つの自我の派生物をはっきり指摘している。一方には、心的装置から分化した心的装置の表面、心的装置と連続しつつ特殊化した器官がある。他方には、身体表面の投射あるいは隠喩があり、その隠喩のために、知覚のさまざまなシステムがそれぞれ果たすべき役割をもっている。心的審級としての自我〔moi-instance-psychique〕と生きた個体としての自我〔moi-individu-vivant〕の関係についてはは以上のように二つの考え方があるが、それにもかかわらず、私たちはそのうちのひとつを前面に押し出してきた。すなわち、自我は、生命機能の外において、リビドーの対象として構成される、とする隠喩的な考え方である。

これを優先させる理由の一部は、葛藤をめぐる精神分析的経験に由来する。葛藤について最も満足のゆくモデルのひとつは、対象リビドーと、ナルシス的リビドーないし自我リビドーとを対立させるモデルである。[53] その対立は、経済論的-力動論的平面における一次過程と二次過程の対立に近い。つまり、一次過程は、拘束されていない形態でのセクシュアリティを表しており、反対に二次過程は、自我におけるリビドーの「鬱積」や、愛の対象の相対的な安定性に関連づけられる。愛の対象の安定性はそれ自体、自我の形態の相対的な安定性を反映する。しかしながら、生物の形態のイメージに即して自我を捉えるこうした考え方のかたわらで、器官としての自我というもうひとつの考え方を捨て去るのではなく、むしろ、相応しい場をそれに与えなければならないだろう。ただし、その場はきっと〈想像的なもの〉として考えられなければならない。それは、単に「自我心理学」の信奉者の〈想像的なもの〉であるだけでなく、自我それ自体の〈想像的なもの〉である。

実際、私たちが確認するところによれば、自我は脆弱で未熟な生命活動上の諸機能をいわば引き受けており、その引き受けはリビドー的に支えられている。子どもが栄養をとるのを心配しながら見ている両親が口にする、ごくありふれた文句に先だって言及した。[54] パパのための（つまりパパの愛のための）一匙、ママのための（つまりママの愛のための）一匙。しかし、それはまた「私〔moi〕」のための（つまり、私の――すなわち自我の――愛のための）一匙でもある。そのことがよく表しているのは、生命機能の働きそれ自体にとっての、つまり、あらゆる人間存在の自己保存にとっての、ナルシス的備給の根本的な性格である。また、愛の障害である神経症が、栄養摂取の障害、すなわち摂食障害において表現されうることも先に指摘した。しかし、エディプス的な神経性の摂食障害、つまり「パパのための一匙」と「ママのための一匙」のうちに中心軸を置くもののほかに、精神病性の摂食障害もある。そこでの問題とは、「私のための一匙」の問題であり、したがって自我の愛の根本的な障害の問題である。

50――GW-Nb, S.412-414.（『全集』三、三二一―三二三頁）
51――Ibid., S.412.（同書、三二一頁）
52――自我の境界との関連でみた不安は、身体的境界との関連でみた痛みの正確な隠喩である。
53――そして、フロイトの一時期の考えに見られたような、性欲動と、自我欲動ないし自己保存欲動を対立させるモデルではない。
54――（訳注）本書第三章九五頁参照。

しかし、空腹と栄養摂取機能が愛とナルシシズムによって全面的に支えられ、引き受け直されているのが本当だとすれば、他の生命機能について、もしかしたら「知覚」そのものについてもそう考えたらどうだろうか。そうするなら、ある種の「自我心理学」が考える、自我と知覚の関係は、依然として緊密でありながらも、ひっくり返されることになるだろう。自我は「知覚系」から芽生えてくるのではない。それは、一方において、同類の知覚をはじめとするもろもろの知覚を出発点にして形成され、他方において、知覚をリビドー的に引き受ける。「自我の愛のために」、私は食べ、私は知覚する。

自我の理論のための場所が精神分析のうちにあることがわかる。しかしながら、その理論は、アカデミックで古典的な心理学――これを精神分析的思考のうちに再注入することがかつて試みられたが――になんら似ていない。自我や自我境界、自我境界の備給、膨張、喪失に関して、たとえばフェダーンのような著者が論じたこと[55]は何がしかの道をここで示している。

ここまでの四章では、セクシュアリティと自我という、精神分析が関わる葛藤の二つの軸が、きわめて異なる仕方ではあるとはいえ、二つともに、「生命活動の次元」と名づけられるものとどのように連関しているかを示そうとしてきた。実際、セクシュアリティは自らの領野の外に生を残したままにし、ただ幻想のために原型をそこから借りてくるにすぎない。反対に、自我は生命活動の次元を自らの側に引きとるように思われる。自我は、一方で、生物モデルに即しつつ、水準とホメオスタシスと恒常原理とを備えたものとして構成されることにより、生命活動の次元を自らの本質において引き受け直す。そして他方で、生命機能を代理することによって、生命活動の次元について責任を負う。それゆえ、これまでに打ち出したさまざまな命題は、突きつめるなら、「私は私の愛のために、自我の愛のために生きる」と要約することができる。

したがって、葛藤する二者のうち、現前するのはセクシュアリティであることになろう。一方の側に「自由な」

セクシュアリティがあり、他方の側、つまり自我の側に、「拘束された」セクシュアリティがある。その背後には生命活動の諸現象がある。しかし、それらは屈折しており、私たちに関係する領野にそれら自体としては不在である。それらはただ、本来的に精神分析的な領野の地平線上――もしかしたら人間存在について私たちが言いうること一切の地平線上でさえあるかもしれない――にかろうじてある。
とはいえ、以降発展してゆくのは明らかに、「ナルシシズム」の核心的な契機に芽生えたこのメタサイコロジーではない。少なくとも、このメタサイコロジーは、一見では予測不可能であった変動、すなわち「死の欲動」がもたらす変動を経由しなければならない。

55――（訳注）次を参照のこと。Paul Federn, *Ego Psychology and the Psychoses*, London, Imago Publishing Co., 1953.

第五章
攻撃性とサド・マゾヒズム

最後の二章では、一九二〇年に現れ、欲動理論全体に転覆をもたらした、死の欲動という根本的に新しい概念を検討することにしよう。その目的は、この概念の有効性を抽象的に議論することではなく、この概念を、フロイトの思考の一般経済学のなかに——可能ならば、通時的次元と共時的次元の両方に——位置づけることにある。フロイトの仕事のなかで、この段階で出現したこの概念が、おそらくそれ以前の発想とは根本的に異質なものでも、単なる繰り返しでもないことを私たちは確信している。だとすれば、この概念がフロイトの一連の仕事のなかで、何の回帰なのか、その回帰はどのようにその派生物を見出したのか、また他方で、この回帰が一九二〇年の「学説」の同時性のなかで、何と対をなし、さらには何と均衡を取っているのかを示さねばならないだろう。

私たちの目的は、このような複雑な問題を論じ尽くすことではない。まずは問題を分けるために、見込みのある仮説を提示することにしよう。『快原理の彼岸』における「死の欲動」概念の主張には、少なくとも二つの意図が見られる。ひとつは、精神分析の根本的な経済論的原理を——ゼロ水準への傾向という、その絶対的な形において——再確認することである。もうひとつは、「攻撃性」あるいは「破壊性」という領域に関連した精神分析的研究がもたらす、なおも多くの強い印象を与える発見に対し、欲動理論の内部でのメタサイコロジー的身分を与えることである。私たちは最初に、この第二のテーマから始めることにしよう。

サド・マゾヒズムの発生

一九二〇年以前、さらに遡って一九一五年以前に展開されたフロイトの思考、そしてより一般的に、精神分析的経験のなかに、いわゆる攻撃性の表出が見られるさまざまな機会や箇所をリストアップすることは容易である。たとえば、エディプス・コンプレクスは常に陽性と陰性の二つの構成要素によって描かれている。そして愛と憎しみの両価性（とりわけ強迫神経症において）、治療中の陰性反応（陰性転移、抵抗など）、サド・マゾヒズム的倒錯、前性器段階のサディズム的な側面などにも攻撃性が見出せる。フロイトが自分の理論を回顧する際には、一九二〇年以前にこのような諸現象の重要性を評価していたにもかかわらず、それを控えめに見積もっている。そしてそれについては、二つの主要な根拠、すなわち攻撃欲動の理論的な認識不足と、他への攻撃〔l'hétéro-agression〕よりも自己への攻撃〔l'auto-agression〕が優位であることに対する無理解を挙げている。この回顧的な視点は、フロイトが自分自身の思考の歴史を振り返る場合、いつもそうであるように、一部は正しくないものの、私たちの考察の出発点としては役に立つだろう。

最初の根拠はいずれにせよ、あまり重大に考えるべきではない。たしかに一九二〇年以前に、攻撃欲動は現れていないだけではなく[1]、攻撃性という用語さえ、ほとんど見られない。しかし、攻撃欲動の存在を認めないことは、必ずしもサド・マゾヒズムや憎しみ、攻撃性の理論をなおざりにしていることを意味しない。攻撃性の理論はとりわけ「欲動と欲動の運命」（一九一五年）ではっきりと展開されている。またフロイトが、攻撃性を認めることへの「情緒的」な抵抗という観点から、一九二〇年以前の彼自身の思考を、「良き人間本性[2]」の擁護者の理論と同じ性格をもったものと理解することに、私たちはいささか驚いてしまう。そこでは、西洋の哲学的、政治的思考や、初期からのフロイトの着想を貫く悲観主義的な傾向を、自覚していないわけではないにせよ、少なくとも過小評価があると思えるからである。

しかし、死の欲動を主張する際に重要な点は、攻撃性の発見でも、またその理論化でも、さらには普遍的な、生物学的あるいは形而上学的傾向へのその実体化でもない。その本質は、攻撃性が外へと向かう前に、まずは「主体」に向かい、その内部に停滞することにある。ここで言う「主体」とは、最も基本的な生物学的存在、原生生物あるいは細胞、多細胞の生物学的個体、そしてもちろん生物学的個体として、そして同時に「心的生」として捉えられた人間個人など、あらゆるレベルに及ぶ。

これが、「一次的」あるいは「起源的マゾヒズム〔masochisme primaire ou originaire〕」のテーゼである。この語より得られる圧倒的な印象から、このテーゼは根本的に新しく、また一九二〇年に提示された死の欲動という神話的な存在の仮説との関連によってはじめて生じたのではないかと想定したくなる。しかし私たちは、フロイトのこの最後の欲動理論の新しさを過小評価することなく、それが、一九一五年にサド・マゾヒズムの発生についての臨床的かつ弁証法的省察から引き出された主張と、わずかであるにせよ、確固とした関係をもっていることを示そうと思う。この理論は、フロイト自身によって、暗黙のうちに不完全な形で取り出され、すぐに背後へ押しやられたが、次の二重の基盤をもっている。それは、サド・マゾヒズム理論における依託概念の使用と、性欲動――つまり真にフロイト的意味での「欲動」――であるサド・マゾヒズム的欲動の発生におけるマゾヒズム的〈時〉の優位性である。

フロイトの議論の織物のなかで、たしかにこの二つの命題は絡まって見えるのだが、しばしばこの二つの命題は、一時的に姿を消し、隠れてしまう。この二つの命題に光を当てるためには、その輪郭を浮き彫りにする〈現像液〉を用いるのが適切だろう。それは「性的なもの」と「非性的なもの」を区別することである。この区別は、フロイトがサド・マゾヒズムを研究しているテクストのなかで(『性理論三篇』の初版およびその改訂版、「欲動と欲動の運命」(一九一五年)、「マゾヒズムの経済論的問題」(一九二四年)、『続・精神分析入門講義』(一九三三

1――アドラーが攻撃欲動の仮説を提示した際の、フロイトの批判は別とする。
(訳注)「精神分析運動の歴史のために」(一九一四年)で、フロイトはアドラーの攻撃欲動を批判している(GW-X, S.98-102.(『全集』一三、九八―一〇三頁))。

2――GW-XV, S.195.(『全集』二一、二三八頁)
(訳注)ラプランシュが指示する箇所に、「良き人間本性」という言葉はない。この箇所では、マルクス主義や宗教が、人間の本性を大きく変えることができるという錯覚に陥っていることへの批判がなされている。

年）など）、はっきりと主張されている。

この対立は、用語上の絶対的な区別として、必ずしも正式に固定されたものではない。たとえば、「サディズム」と「マゾヒズム」は、ある箇所では非性的な暴力を意味するものとして、そしてそこから数行後の別の箇所では、性的快感と多かれ少なかれ緊密に結びついた活動という意味で、しばしば用いられている。このような「混乱」は、フロイトがサディズムやマゾヒズムという用語を、性愛化された暴力の局面に限定しようとする際にも見られる。その場合、彼はときおり、それらを区別する指標を付与しなくてはならなくなる。すなわち、彼は、「本来の意味でのサディズム」あるいは「本来の意味でのマゾヒズム」について述べるのだ。

ここで私たちが直面しているのは、もちろん「用語上の」問題だが、事柄それ自体を巻き込んでいる。私たちの考えによれば、フロイトは概念の対立に〈ずれ〉を生じさせている。しかも彼は、そのずれにはっきりと気づきながらも、議論を導く主軸として役立たせてもいる。このずれは、依託の動きによって、性欲動の発生の際に生じるずれにほかならない。しかし、ひとたびフロイトのテクストと彼が用いるシニフィアンが、彼が記述するところの弁証法と接合するのが明確にされるなら、フロイトの読者である私たちは、ここで働いているずれをいっそうよくコントロールし、突き止めるために、用語をある形で固定する方向へと向かわざるをえなくなる。

私たちは、サディズム的（サディズム）、マゾヒズム的（マゾヒズム）という用語を、意識的であれ、無意識的であれ、必ず性的興奮あるいは性的享楽の要素を含んでいる傾向、行動、幻想などに用いることにする。そう定義することで、非性的なものとしての（自己あるいは他への）攻撃性の概念から区別しようと思う。この区別は、非性的な攻撃性が実際にあることを、前もって想定しているわけではない。また逆に、一般に「サディズム的」と呼ばれる振る舞いが、実際のところ非性的な本能的成分から生じうることを、アプリオリには否定しているわけでもない。▼3

もし私たちが考えるように、「依託」に関するフロイトの理論が、サド・マゾヒズムの問題を理解するための中心的なシェーマとして用いられるべきだとすれば、この理論の大きな二つの側面――つまりセクシュアリティの副次的な発生と、自己への方向転換の〈時〉に生じるセクシュアリティの発生――を手短に思い起こしておくのがいいだろう。

一方では、依託は、セクシュアリティ、つまり欲動が、非性的、本能的な活動から出現することを意味している(すなわち器官快は機能快から出現する)。有機体のあらゆる活動、変化、つまりあらゆる〈動揺〔ébranlement〕〉[4]は、副次的な効果――それがまさに性的興奮である――の源泉となりうる。したがって依託とは、生まれつつあるセクシュアリティが非性的な活動にこのように寄りかかることだが、セクシュアリティは実際にはまだ出現していない。非性的な活動つまり生命機能がその生来の対象と切り離され、対象を失うときにはじめて、セクシュアリティは区別可能で、見分けがつく欲動として出現する。セクシュアリティを構成するのは、再帰的〔selbst あるいは auto〕な契機である。それは自己への方向転換、すなわち「自体愛」の契機である。対象は幻想によって、あるいは、再帰的な対象によって主体のなかで置き換えられる。[5]

依託理論が、マゾヒズムの問題に適用される際には、その理論自体はいっそう顕著に後景に退き、さらには抑圧されてしまう。しかしながら、「欲動と欲動の運命」、「マゾヒズムの経済論的問題」というフロイトの二つの大きなテクストは、はっきりと依託理論の影響を残している。この二つのテクストは一九二〇年の転回によって

3――私たちの「サディズム」という言葉の使い方は、それを純粋に攻撃性あるいは破壊性の同義語とみなしたメラニー・クラインとは対立する。クラインの言葉の使い方にもずれがある。そのずれは、性的意味を非性的意味へと移動させるものであり、その最初の意味も、またその移行それ自体も留めていない。それは単なる意味の変化であり、サディズムの非性化である。

4――(訳注)幻想や痛みなどが主体のなかに入り込み、性的効果をもたらすことを、ラプランシュは〈動揺〉と呼んでいる。

5――(訳注)第一章(本書三八－四二頁)でも論じられたように、性欲動は自己保存欲動に依託することによって、セクシュアリティを生み出す。その際に重要な契機となるのは、機能的対象が喪失され、欲動が自体愛的な方向転換を起こす第二の〈時〉である。

切り離されているが、それにもかかわらず、両者の間には驚くべき一致が見出される。それにはおそらくフロイト自身も気がついていなかっただろう。

「欲動と欲動の運命」再読

「欲動と欲動の運命」では、周知のように、その目標や対象に関する欲動の根本的な変化が検討されている。その「運命」が本来的な防衛機制を強化しうるという事実とは別に、この変化は欲動そのものに内在する固有の弁証法として取り上げることができる。サディズムとマゾヒズムで働いているのは、「対立物への反転」と「自己自身への方向転換」という二つの類似した「運命」である。「対立物への反転」とは、たとえば欲動が能動性から受動性（あるいはその逆）へと移り変わることであり、これは両者の、ある種の相補性を想定させる。文法的な観点から見れば、能動から受動へという命題の変化は、反転可能な単純な「変換」と同様である。「自己自身への方向転換」は、欲動の「対象」に関わり、対象は交換可能で、外部のものが内的対象、つまり自我そのものに変わりうる。しかしながらフロイトは、サディズム－マゾヒズムの移行について、この二つの運命は密接に絡まっていて、抽象化によってのみ区別することができると最初に書いている。

このフロイトのテクストはきわめて密度が高く、大まかな見当とシェーマの系列を提示しながら、螺旋のように展開していく。それら提示されたものは、互いに打ち消し合うのではなく、むしろ共通の「発生論的」構造のイメージを少しずつ補完している。さらに、フロイトが示唆するように、窃視症－露出症の「対立組」について提示されているシェーマも、同様に考慮されなければならない。

フロイトのシェーマに関するいくつかの細部に入る前に、問題の核心を示すことにしよう。それはフロイト理論の研究者も、フロイト自身も、一九二〇年以降は、最初の〈時〉が再帰的なマゾヒズムの〈時〉（自ら苦しめられる、自らを破壊すること）だと考えている点である。この「一次マゾヒズム」から、反転によって倒錯的なサディズムとマゾヒズム（私を苦しめることができる他者を見つけること）が派生する。

逆に、一九二〇年以前、とりわけ「欲動と欲動の運命」では、最初にあるのは外的対象へ向けられた活動性（他者を破壊する、苦しめる、攻撃するなど）、つまりサディズムである。一方、マゾヒズムはこの最初の態度の方向転換にほかならない。すなわち、外部で出会う障害、とりわけ攻撃性がもたらす罪悪感に応じてなされる、理解するのが容易な方向転換である。

ところで、自己への方向転換は、セクシュアリティ一般の「運命」において、私たちに知られていないわけではない。というのも、それは自体愛への移行になるからである。しかし、自体愛への方向転換のなかには、一種の不一致、錯覚、ずれがあり、主体への方向転換の活動は、外部へと向かっていた活動と同じものではなくなる。それは、外部へと向かっていた活動の（隠喩・換喩的派生の複雑な運動に従えば）「派生物」となる。このように、性的活動は自らへと向かいながら、生命維持のための対象へと向かう非性的な活動から分離する。サド・マゾヒズムに関するフロイトの理論が、依託のこのシェーマに一致することを示すためには、次の点を強調することが必要になる。

第一に、外的な対象へと向けられた最初の能動的な〈時〉を、フロイトはもっぱら非本来的、あるいは拡大された意味で、サディズム的なものと記述した。しかしこの〈時〉は非性的なものであり、本来的には、攻撃的で、破壊的な〈時〉である。

第二に、セクシュアリティは、自己への方向転換、すなわちマゾヒズムとともに出現する。したがって、セクシュアリティの領野では、マゾヒズムはすでに一次的なものとみなされるべきである。

（欲動の）派生のシェーマ

フロイトが運命と表現した三つの派生のシェーマを続けて提示することにしよう。

（一）二重の方向転換、すなわち能動的形式－再帰的形式－能動的形式。

（二）対立物への反転を伴った方向転換、すなわち能動的形式－再帰的形式－受動的形式。

（三）二重の対称的な派生、すなわち再帰的形式から始まる能動的および受動的な形式。

（一）この「欲動と欲動の運命」というテクスト全体の中心となる一節は、破壊的な活動性が、マゾヒズムへと方向転換し、そのマゾヒズムが新たに、サディズム的な活動の出発点となるというくだりである。▼6 私たちはこのテクストを、もっぱら注釈を加えながら解読していく。そしてこの注釈では、それぞれの箇所が、非性的な活動を問題にしているのか、性的な快に結びついた活動を事柄にしているのかを区別していく。もっとも、この区別は単にフロイトの明快な指示を追っているにすぎないのだが、そうすることで依託理論の観点からの唯一可能な解釈を見つけることができるだろう（〔訳注〕以下、上段は「欲動と欲動の運命」からの引用、下段はラプランシュによる注釈である）。

サディズムの理解が妨げられているのは、この欲動が、その一般的な目標に加えて（むしろその目標の内部で、と言ったほうがいいのかもしれないが）、ある

このように、まっさきにサディズム的な活動の二重の性質と、二重の目標という問いが措定される。

全く特殊な目標行動を目指しているように見えるからである（…）
つまり屈辱を与え、征服することに加えて（…）痛みを与えることを目指すのである（…）ところが、精神分析は、痛みを加えることが、欲動の一次的な目標行動のなかでいかなる役割も果たしていないということを示している（…）

サディズム的な子どもは、痛みを加えることに関心を示さないし、目論んでもいない（…）

攻撃的な目標。

性固有の目標、厳密に言えば、サディズム的な目標。

このように最初にあるのは、外部へと向けられた非性的な攻撃性である。この欲動は、別の箇所で、フロイトが「支配欲動」と名づけているものであり、目標に達するために——この純粋に道具的な行為それ自体はいかなる性的享楽を伴わないのだが——他者の主人になる傾向である。

ここでサディズム的な子どもを攻撃的な子どもへと置き換えざるをえなくなる。実際のところ、この子どもは、破壊それ自身を目指すのでも、他者の主体性（他者の痛み、さらには他者の痛みに見出された享楽）を目指すのでもなく、行為を邪魔するものを破壊する。そもそも、自らの目標を実現することを求め、それを邪魔するものを壊すという子どものこのような記述は

6——「欲動と欲動の運命」（GW-X, S.221.（『全集』一四、一七九頁））

> しかし、ひとたびマゾヒズムへの転換が成し遂げられると（…）
>
> 痛みは受動的でマゾヒズム的な目標を提供するのにとりわけ適したものになる。というのも、痛みの感覚もまた他の不快な感覚と同じく（…）
>
> 性的な興奮へと波及すれば、快に満ちた状況を産み出すものであり、その状況のためなら痛みの不快も甘受する、というのは十分に考えられることだからである（…）
>
> 痛みの感覚がいったんマゾヒズム的な目標になってしまうと、痛みを加えるというサディズム的な目標も

本来の性質であり、それが、つかの間の現実の〈時〉なのか、それとも理念的な〈時〉を想定しているのかという点は重要ではない。ともかく、ここにはある理念的な発生が示されている。

このように攻撃性の自己への方向転換が起きる。しかしここでは、「マゾヒズム」が性的で、同時に非性的であるという本来の意味で把握されている。

フロイトが、不快の一般的な領域のなかに、痛みのきわめて特別な現象をはっきりと区別していることがわかる。そして*この痛みの現象こそがマゾヒズムの本質と結びついている*。

このように痛みは他の〈動揺〉と同じく、ひとつの〈動揺〉なのである。『性理論三篇』で素描されたリストもそうなのだが、痛みは、たとえば身体運動あるいは知的活動と同じように、「セクシュアリティの間接的な源泉」でありうる。性的興奮の領域へと「溢れ出る」という考えは、快のこのような生産の「副次的」な性質を呼び起こす。

ここでは「厳密に言えばサディズム的」と、性的な意味で読まなくてはならない。なぜなら、この新しい

遡及的に生じうる（…）

痛みを他人に加える一方で、苦痛を被っている対象と同一化することによって、自身はマゾヒズム的に痛みを享受するのである（…）

もちろん、いずれの場合にも、痛みそのものを享受しているのではなく、痛みに伴う性的な興奮を享受しているのである。これは、とりわけサディストにとって快感になる（…）

痛みの享楽がひとつの目標だとすれば（…）

それは本来的にマゾヒズム的な目標だが（…）
しかしそれが欲動の目標になりうるのは（…）

本来的にサディストである人物においてのみである（…）

目的の出現は、純粋な破壊性である最初の能動的な〈時〉にはなかったからである。

　このように、セクシュアリティや幻想においては、いずれもマゾヒズム的な〈時〉が最初にある。マゾヒズム的幻想は根源的であるのに対し、サディズム的幻想は苦痛を被る対象への同一化を含んでいる。性的享楽があるのは、この苦痛を被るポジションにおいてである。

　フロイトはここでは論点をずらすことにより、「痛みを享受する」という問題の困難さを切り抜けようとしている。しかし「性的な興奮を享受する」という表現も、少なくとも「経済論的」観点からは同じ困難さを引き起こす。この点は後で再び論じることにする。「いずれの場合も」、つまり自分自身の痛みと他者の痛みである。

　そこにこそ「一次」マゾヒズムがある。言葉の本来の意味で「欲動になること」は、性的になることである。

　この一節に解釈の余地を少しでも認めるなら、「サディズム的」をあらためて「攻撃的」と置き換える覚悟をしなくてはならない。サド・マゾヒズム的な性欲動、痛みを享受することは、マゾヒズム的な〈時〉を起源にもつが、その基盤には根源的な他への攻撃性〈hétéro-agressivité〉の方向転換がある。

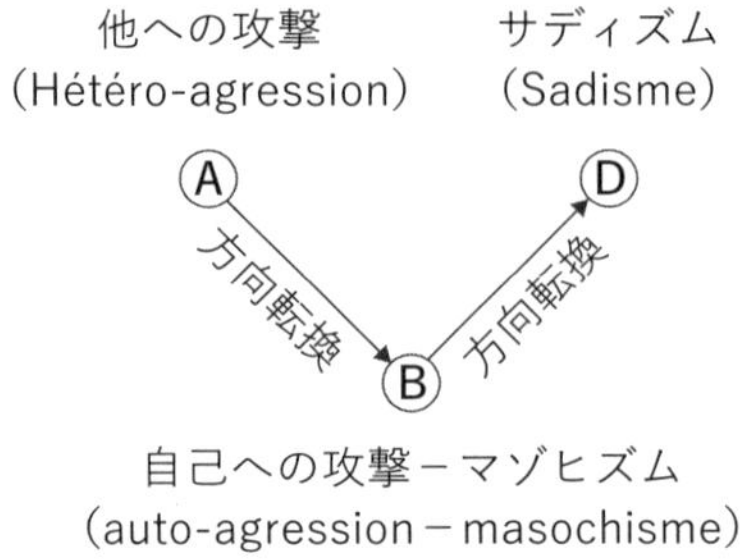

他への攻撃
（Hétéro-agression）
サディズム
（Sadisme）
Ⓐ
方向転換
Ⓑ
方向転換
Ⓓ
自己への攻撃－マゾヒズム
（auto-agression－masochisme）

図1

フロイト自らがこのテクストで行ったことと同じ発想で、私たちはこの二重の方向転換による最初の「運命」を図1のように図式化することができる。

（二）図2は、図1にいくらか手を加えたものだが、サディズムからマゾヒズムへの移行を明確に示している。ここでは、マゾヒズムは二つの観点から提示されている。ひとつは「一般にマゾヒズムと呼ばれているもの」であり、ある他人に対する受動性を含む。もうひとつは中間段階であり、「自分自身の方向転換は見られるが、新しい人物に対する受動性は見られない」[7]。したがって、次の三つの段階がある。

（a）「対象としての他人に対する暴力や力の行使」をフロイトはサディズムと名づけたが、そこではセクシュアリティが問題になっていないことが明確に述べられている。

（b）自分自身への方向転換。「能動態の動詞が受動態に変換されるのではなく、再帰的な中動態に変換されるようなものである」[8]。これは自己に苦しみを強いることであり、まだ本当のマゾヒズムではない。

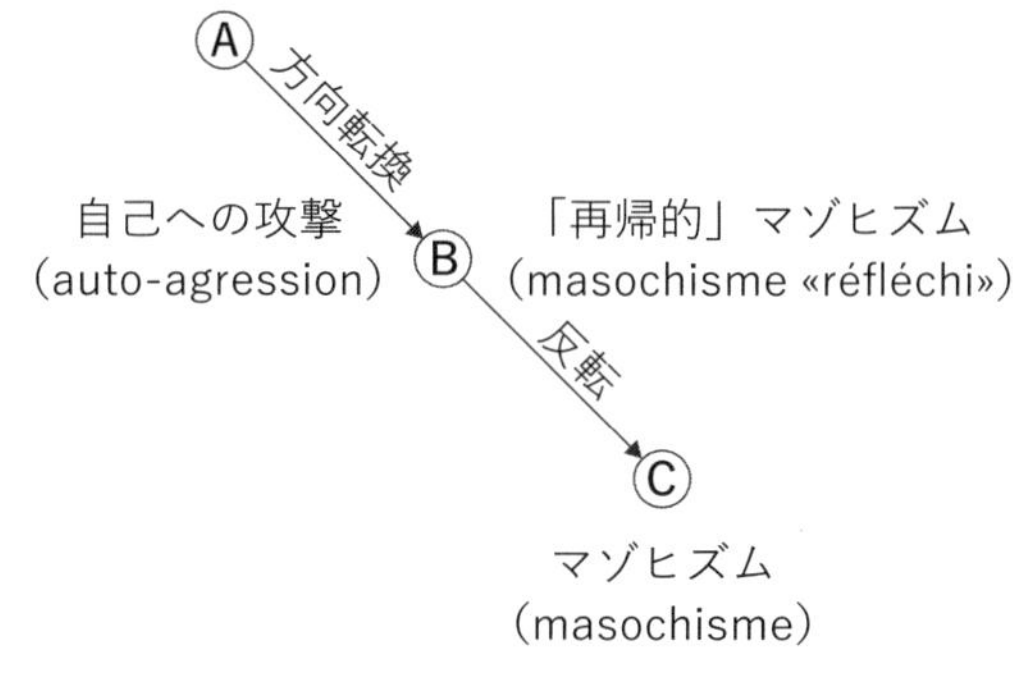

図2

(c)受動的マゾヒズムにおいては、能動的目標から受動的目標への変換がなされるが、そこには「対象」(欲動の対象だが、行為の主体である)としての他の人物の探求が含まれている。

性的成分の最初の出現は、依託により、攻撃性が自己へと方向転換することと結びついている。したがって、セクシュアリティの出現が対応するのは、常に再帰的な「自己〔auto〕」の〈時〉なのである。またこの再帰的な「自己〔auto〕」の〈時〉に、対象は失われるが、(b)の段階で)幻想的な二重化において再発見され、さらに、能動的と受動的という役割の逆転が生じる(c)の段階で見出されることに注目しておきたい。[9]

7――GW-X, S.221.(『全集』一四、一七九頁)

8――Ibid.(同書、同頁)

9――フロイトによる、欲動の「運命」と文法的変換の関連づけは、きわめて斬新で魅力的である。しかしながら、そこには確かに混同がある。たとえば、彼は「中動態」と「再帰態」を混同している。だが、幻想の構造のなかにおける、「中動的なもの」と「再帰的なもの」を慎重に区別する必要があるだろう。この二つは、それらが言い表される仕方が時に同じであったとしても、文法的にも意味論的にも全く異なっている。たとえば se cogner(ぶつかる)という表現は、中動的なもの(en marchant dans l'obscurité, je me suis cogné à la table.〔暗闇を歩いていて、私はテーブルにぶつかった〕)にも再帰的なもの(je me cogne la tête contre les murs.〔私は壁に頭をぶつけた〕)にも関連している。再帰的形式は、行為の主体と行為の対象をよりはっきりと区別し、ポジションの幻想的な交換が作用できるようにする。中動的形式では、幻想のそれぞれの項は、一種の癒着した状態にある。

（α）自分で性器を視る　＝　性器が自分自身によって視られる

（β）自分が他なる対象を視る
［能動的な視る快］
（plaisir de regarder actif）

（γ）自らの対象が他人から視られる
［見せる快、露出］
（plaisir de montrer, exhibition）

図３

（三）最後のモデルはかなり異なったもので、「視る欲動」の運命を示している。問題となっているのは、中動的形式あるいは再帰的形式から生じた、能動的ポジションと受動的ポジションの二つの発生である。ここには反転はなく、「自体愛的」な〈時〉によって構成された、一種の起源的なポジションがある。能動的なポジションは、その最初の対象と置き換えることが可能な、他なる対象を外で探求することにより生じている。一方、受動的なポジションは、別の人物が主体それ自体の場所へと置き換わることである。

私たちは、まずは視る欲動への応用として、図３のように図式を作り変える。

より抽象化すると図４のようになる。

フロイトがこのシェーマをサド・マゾヒズムのケースへ適用する可能性、つまりこのシェーマから、起源的な再帰的ポジションの能動的形式と受動的形式が派生する可能性を検討していることを確認しておこう。「不合理なことではないだろう」[10]と認めながらも、おそらくフロイトはその可能性をはっきりと遠ざけている。このシェーマは実際に、先に主張した〈他への攻撃〉の先行性と矛盾しているように彼には思えたのだろう。対象との能動的な関係の先行性、「自己〔auto〕」の〈時〉の先行性に、私たちはすでに提起したお馴染みの争点を見出す。すなわち、最初にあるのは、先の図式が示しているように思える、無対象的で、自己に閉じこもった、再帰的な状態なのか、あるいは逆に、対象との関係が最初なのか、ということである。

私たちの解釈は、それが間違った議論であり、二つの主張は、同じ水準にはないゆえに、完全に両立可能であることを示している。図３・４はすべてを起源の再帰

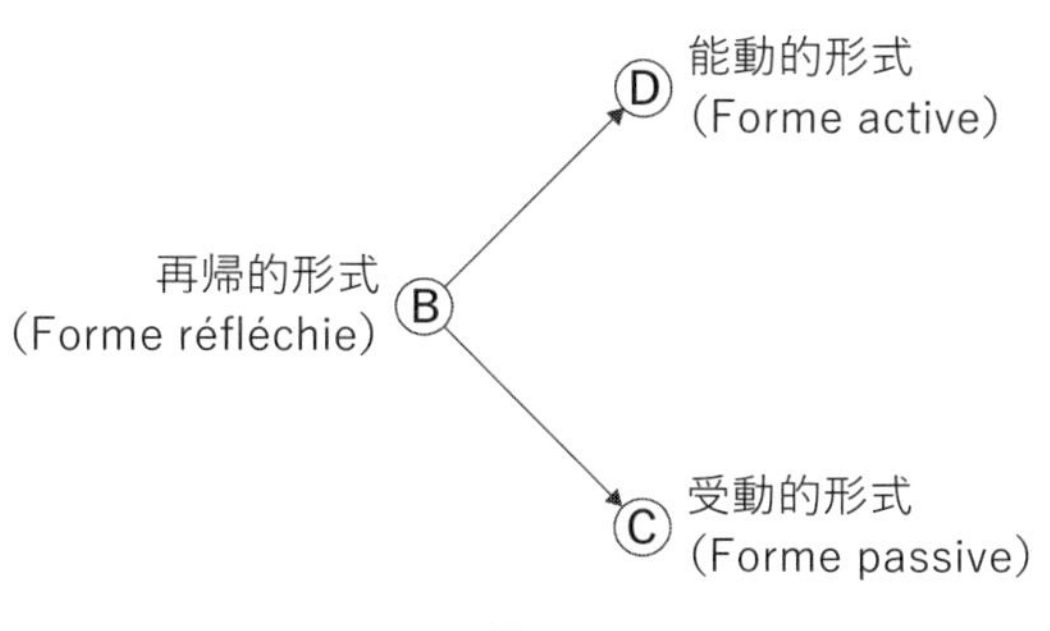

図4

的な段階から派生させるものであり、全面的にセクシュアリティの平面に位置している。視る欲動に関しては、再帰的な（α）の〈時〉から「性器を視る」あるいは「性器が視られる」が問題となる。逆に、能動的形式から受動的形式、そして新たに能動性（図1）あるいは受動性（図2）へと進む一連の経過のなかで、最初の〈時〉は、厳密に言えば、非性的である。性的なものは第二の〈時〉にはじめて出現するのである。AからBへの移行はセクシュアリティの発生に位置づけられるが、Bから始まる後の変容は、セクシュアリティの運命を描いている、と事態を表現することもできる。

したがって、私たちがフロイトの一連の展開から着想を得た異なるシェーマを関連づけ、そのうえ、さらに重ね合わせることもできる。まずは図5のように、それを同じ平面に置いてみる。

次に、自己保存とセクシュアリティという面の、二つの異なった面の存在を強調するための三次元のモデルを作成してみる。そして二つの面の交線として「依託」の過程を介入させる。それが次の図6である。

このシェーマは、フロイトがどのように一次マゾヒズムの問題を提示し、またどれほどその問題に躊躇を示したかということを明確にしている（それはたとえば「欲動と欲動の運命」の一九二〇年以降に加筆した注に示されている）。

10——Ibid., S.221.（『全集』一四、一八二頁）

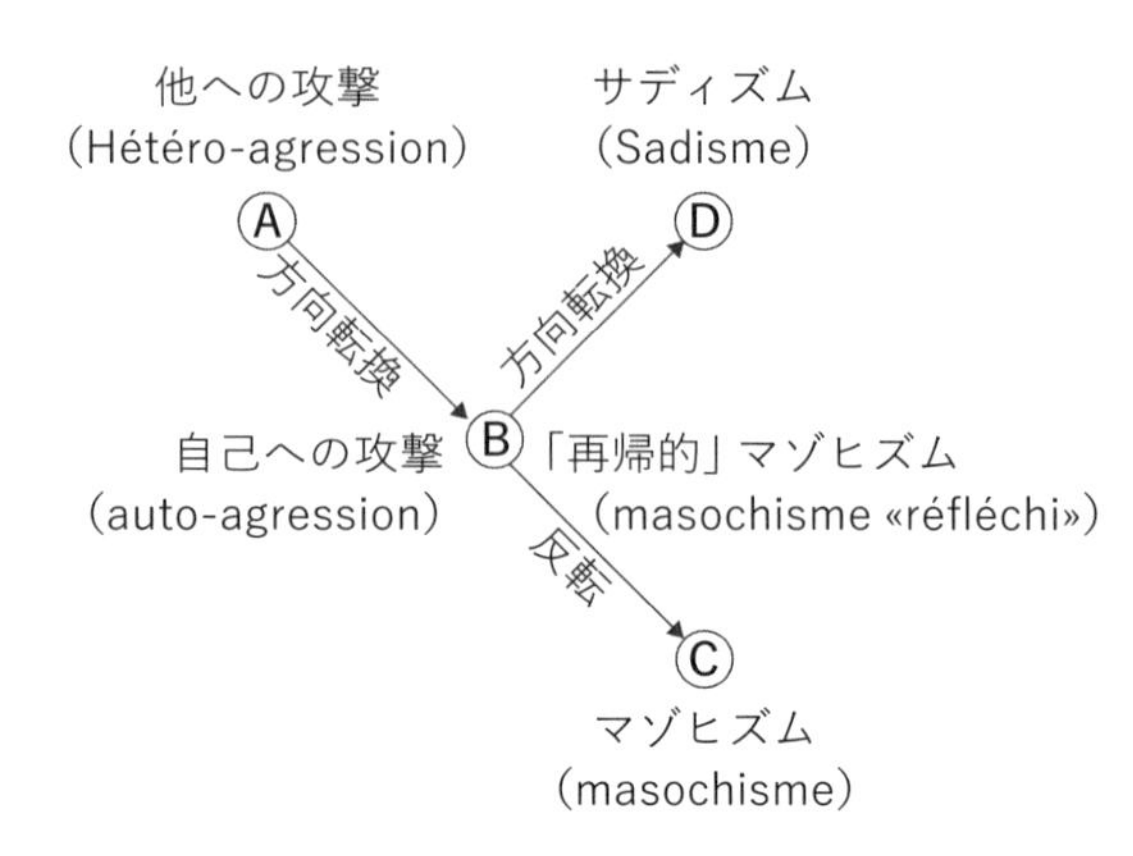

図5

フロイトの躊躇は、セクシュアリティについての考察がすでに明らかにしたことに比べるなら、立ち遅れたものになっている。フロイトのセクシュアリティに関する考えは、（非性的な）攻撃性の概念がどれほどの変貌を遂げたとしても、変わらなかったし、その後も変わることはなかった。

性源的マゾヒズムと共興奮

私たちの解釈を検証するには、同じ問題を取り扱った一九二四年のフロイトのテクスト「マゾヒズムの経済論的問題」を読むのがいいだろう。死の欲動と生の欲動という大きなメタサイコロジー的対立は、それ以降、起源の問題を巡るあらゆるフロイトの考察の土台を構成することになる。はじめに、内部で作動している〔生の欲動と死の欲動という〕二つの巨大な力の現前を措定することが必要となる。フロイトが、性的興奮の出現に関する初期の主張を呼び起こしつつ、性源的マゾヒズム〔masochisme érogène〕についての考察を展開するときに、この形而上学的な仮定が邪魔にはならなかったということには、いっそう驚かざるをえない。

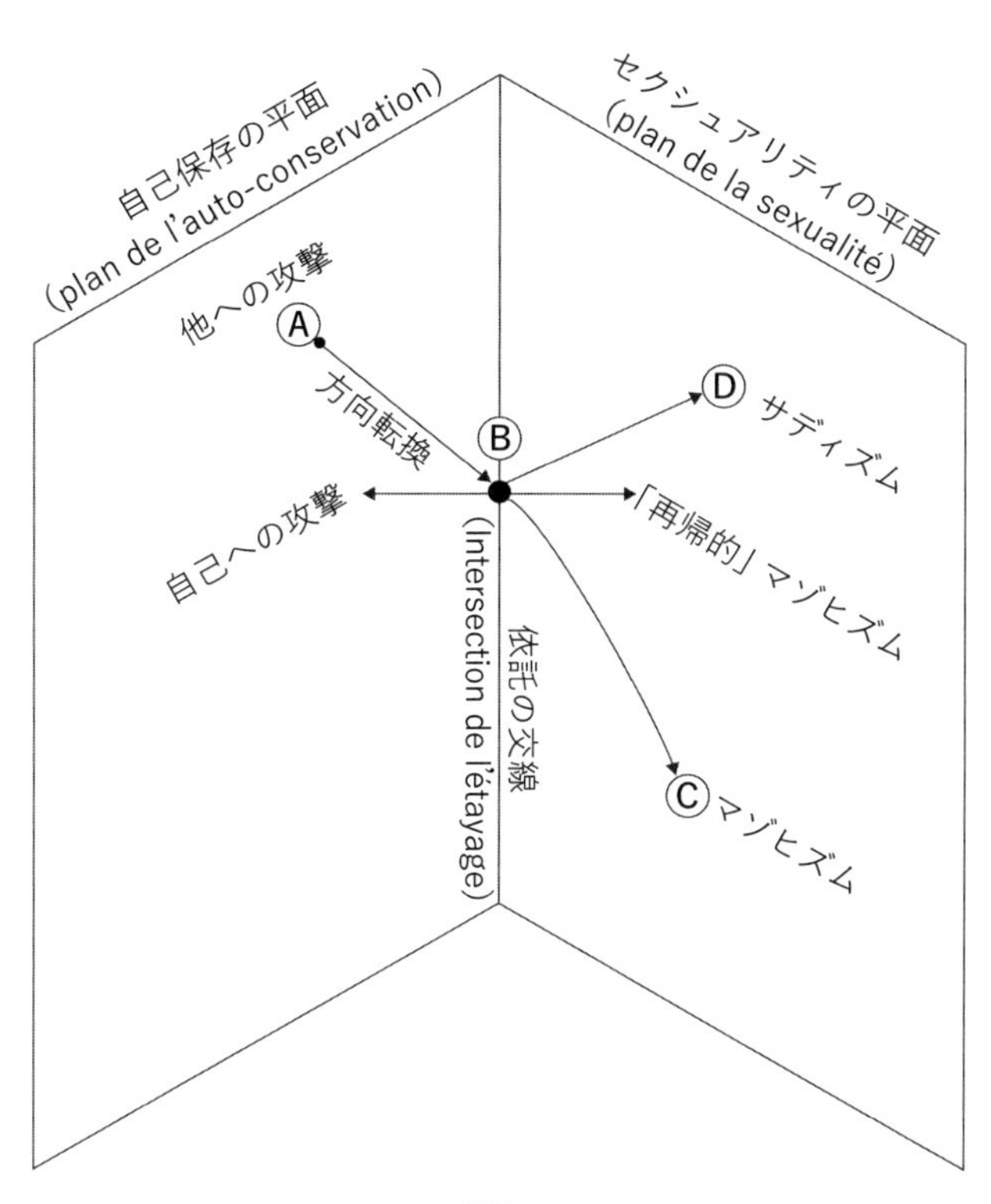

自己保存の平面
(plan de l'auto-conservation)
セクシュアリティの平面
(plan de la sexualité)
他への攻撃
A
方向転換
B
D
サディズム
自己への攻撃
「再帰的」マゾヒズム
(Intersection de l'étayage)
依託の交線
C
マゾヒズム

図6

『性理論三編』における幼児の性の源泉に関する章で、私は、一連の多くの内的な過程が生じ、この過程の強度が特定の量的な閾値を越えるやいなや、性的興奮が副次的作用として出現することを主張した。もしかすると、有機体において重要な働きをするものは必ず、その構成分の一部を性的興奮に譲り渡すのかもしれない。苦痛と不快の興奮についてもまた同じ帰結に導かれるにちがいない。[11]

この「リビドーの共興奮」こそが、性源的マゾヒズムの生理学的な基礎を提供している。「共興奮（Miterregung）」という観念のなかに、「副次的作用」あるいは「副次的利益」——この考えによって、フロイトはきわめて早期に「器官快」を、その支えとなる機能的快との関連で定義した——が正確に繰り返されていることがわかる。おそらくこの説明自体は「不十分」とみなされていて、フロイトはすぐに破壊とリビドーの存在論的な大闘争を参照するようになる。しかし、「私たちが、決して純粋な状態での死の欲動や生の欲動と関わることは決してなく、常にそれらの欲動のさまざまな混合体と関係するにすぎない」[12]のであれば、最初にあるのは、まさにこの混合体のひとつである「起源的性源的マゾヒズム〔masochisme érogène originaire〕」であり、性源的マゾヒズムは、「共興奮」という現象によって生じるのである。

［死の欲動あるいは破壊欲動の］もうひとつ別の部分は、外部へと移転されるのではなく、それは有機体内部に留まり、**性的な共興奮によってリビドー的に拘束される**。そしてこのことのなかにこそ、性源的マゾヒズムを認めなくてはならない。[13]

依託という豊かな概念は、混交と脱混交（Mischung-Entmischung）という、より抽象的な力学的対立によって、あるいは「性愛化」という便利な決まり文句によって、徐々に置き換えられることになった。しかし、重要なことは、欲動の運命における依託の位置が、自己への攻撃が再帰的マゾヒズムに変形される〈時〉と同じ跡を残していることである。

この自己への攻撃が、最初から与えられたものであり、方向転換の結果ではないと主張するテーゼを後に検討しなくてはならない。しかし今のところは、セクシュアリティに関するフロイトの最初の直感により近い思考の別のラインを追っていくことにしよう。この直感によれば、自己保存の活動がまず外へと向かい、そして方向転換あるいは折り返しの後に続く、第二の〈時〉に自体愛が想定されている。

ところで、もし再帰的マゾヒズムの発生を自己への方向転換として理解するべきだとしても、この自己への方向転換は二つの異なった意味をもつものとして示されているので、さらに検討することが必要である。第一に、自己への攻撃は現実的な、さらには生理学的な過程として思い描くことができる。すなわち、自らを支配し、自らを制するのである。フロイトは「欲動と欲動の運命」で、再帰的〈時〉が潜在的に存在すること、そしてその再帰的〈時〉から、サディズムと受動的マゾヒズムが同時に生じることに言及しつつ、その方向性を示した。「自分の手足を支配しようとする子どもの努力から、[この前段階を]構成してみることは、不合理なことではないだろう」[14]。

この方向転換のもうひとつの意味は、心的平面における行為全体の内面化が問題となっているがゆえに、表向きはかなり異なったものになるだろう。つまり、ここでは幻想化が含まれているので、たとえば筋肉のレベルに

11——GW-XIII, S.375.（『全集』一八、二九一頁）
12——Ibid., S.376.（同書、二九二頁）
13——Ibid.（同書、同頁）
14——GW-X, S.223.（『全集』一四、一八一—一八二頁）

おける現実的活動とは、全く別の次元の過程である。しかし、自体愛の一般的記述において、すでに同時にこの二つのタイプの内面化——性源域への退却と幻想のなかでの折り返し——が見出される。

この二つの様式は、明らかに相互には還元可能でないように思える。ひとつは、行動あるいは生理学の純粋な用語で記述できるが、もうひとつは、「内面性」の次元を含んでいる。苦しんでいる対象を取り入れ、苦しんでいる対象を幻想化し、自らのうちで対象が苦しむように仕向け、自分自身が苦しむ。これらは四つの異なった定式化であり、臨床実践によって、主体がどのように絶えずある点から別の点へ移行するかが示される。

メラニー・クラインのような分析家は、四つが等価なもので、こうして移行することの見せかけの非合理さを正当に評価している。つまり、この思考様式は、一方か他方かという性質のものではなく、できるかぎり精神分析経験に肉迫し、内面化された対象と幻想的対象の同一性を想定するのだ。[15]したがって、幻想すなわち対象の取り入れこそが〈動揺〉をもたらし、本質的に（その「内容」が好ましいものであろうが、嫌なものであろうが）自体愛的興奮を引き起こすことを、認めざるをえない。[16]同様に、闖入として、幻想は最初の心的な痛みであり、[17]起源の地点においてマゾヒズム的な性欲動の出現と、きわめて密接に結びついているのである。

「子どもが叩かれる」再考

私たちは、「幻想のなかでの折り返し」の運動を説明するために、フロイトがサド・マゾヒズム的な幻想の発生の分析を行った「子どもが叩かれる」（一九一九年）を引き合いに出すことにしたい。そこには「欲動と欲動の運命」の明白な臨床的な証拠がある。というのも、「子どもが叩かれる」では、ある欲動が結びついた表象あるいは幻想の一連の変転をつなぐ弁証法を通して、欲動の運命をたどることができるのである。私たちが先に示したこの区別を受け入れるなら、欲動の運命、さらにはその欲動の発生さえ理解できる。

フロイトが女性、より正確には神経症的な女性（大部分は強迫神経症の患者）の分析のなかで観察した、「叩かれる幻想」の変転の三つの〈時〉を思い起こしておこう。

（一）お父さんが私の嫌いな子どもを叩く。

（二）お父さんが私を叩く。

（三）子どもが叩かれる。

この三番目の〈時〉が、分析の経過のなかで、いくぶん困難を伴いながら、告白される症状である。便宜上、この症状自体は二つの側面に分解できる。ひとつは「情動」と「放出」を伴っており、もうひとつはその表象内容である。強い性的な興奮は、ほとんど常に自慰的な満足に達し、激しい罪悪感は、表面的には自慰によるものだが、より深い水準では問題となっている表象と結びついている。この幻想が喚起される際には、以上の二つの

15——これは思考過程の絶対的な実在論である。思考は身体の中や頭の中にあるが、それは内的対象なのである。すなわち、精神分析に基づいた「科学的な心理学」はないのだ。

16——「夢は欲望の成就である」「幻覚は満足である」。フロイト主義に本質的なこのテーゼは、明らかに、あらゆる経験的な観察に挑んでいる。だが、夢は意図、意味の表明であることを認めるが、その意味がもっぱら欲望の意味であることを拒む反論に対して、フロイトが自説を支持することは、決して容易だったわけではない。夢が実際、希望、恐れ、諦め、後悔などを含まないことはないだろう。フロイト的な先験的推論を、常に疑問点を検証しつつ、正当化するためには、幻想が性的な〈動揺〉そのものであることを認めなくてはならない。

17——フロイトが「心理学草案」において、「ヒステリー患者の最初の嘘」と呼んだように（本書第二章六三—六九頁）、私たちは幻想を「最初の痛み」と名づけることにしよう。二つのモデルは密接に結びついている。

表出が一様に伴っている。この「幻想的表象」それ自体に関しては、かなり固定したシナリオに基づいた想像的な場面が問題となるにもかかわらず、同時に三つの項（叩く人、叩かれる人、行為）のそれぞれが、可能な範列の無限の系列から取り出されており、どちらかと言えば不確定、もしくは変わりやすい。あらゆる幻想についてそうであるように、想像的な表象、とりわけ視覚的な次元が問題となっていることを強調しておこう。

「子どもが叩かれる」という文では、ある表象が、治療的言説のなかで、患者によって（論文のなかではフロイト自身によって）置き換えられている。そしてさらに、この語の言語活動への転写は、幻想それ自身の文法をはっきりと際立たせるという長所をもつ。以降のフロイトの分析は、幻想の言表の連続的な変化に基本的に基づいている（それは「欲動と欲動の運命」の場合と同じである）。

「子どもが叩かれる」という命題の意図的な不明瞭さは、この場面の要素に関して、患者が維持したいと望んでいる傍観者的立場を表している。「幻想する本人が登場人物として幻想のなかに現れることはない。問いつめてみても、患者は〈私はこの場面を傍らから見ているようです〉としか言わない」[18]。さらに、「On bat un enfant〔誰かが子どもを叩く〕」という（この論文のタイトルの）フランス語の翻訳は、ドイツ語のタイトルである「Ein Kind wird geschlagen」と比べると、主体と対象の位置が逆になっていることにも注意しておこう[19]。この点に触れるのは翻訳の不正確さを指摘するためではなく、それどころか、この幻想の段階において、能動的定式化と受動的定式化の間に不明瞭さ、あるいは相互変換性があることを示すためである。

誰か－叩く－子ども＝子ども－叩かれる－誰かに〔on battre enfant = enfant être battu par on〕

ここで私たちは、窃視症的幻想の再帰的段階とフロイトが名づけたものを表すために述べた等式を、どうしても思い浮かべることになる[20]。

フロイトは、この三つの定式の一連の変転を、時間軸に沿ったシークエンスとして提示している。最初の二つの〈時〉は、三番目の〈時〉と異なり、分析作業の過程のなかで見出されるべきものである。また、第一の〈時〉と第二の〈時〉の間に、さらに根本的な違いがあることが明らかになる。第一の〈時〉が、分析過程で想起されうるのに対し、第二の〈時〉は、再構成されなくてはならない。

この第二の段階は、最も重要で、最も重大な帰結をもたらす。しかし、ある意味では、この段階は現実には存在しなかった幻想と言えるだろう。いかなる場合も、それは想起されたことがなく、一度も意識されたことがない。それは分析によって構成されたものだが、だからといって、必然性がないわけではない。[21]

私たちが、自体愛のなかでの折り返しの過程を明確にするために強調しようと思うのは、まさに段階一と段階二の間の性質上の差異、および段階一から段階二への移行である。

第一の〈時〉は、ひとつあるいは複数の現実の場面に対応していて、その現実の場面のなかでは、子どもは父親が実際に彼の弟や妹を虐待したのを見たのかもしれない。「叩かれる幻想のこの最初の段階を、「幻想」と呼ぶのはためらわれる。それはむしろ、かつて目にした出来事の想起かもしれないし、さまざまな機会に生じた欲望

18――GW-XII, S.205.（『全集』一六、一二九頁）

19――（訳注）Ein Kind wird geschlagen の主語は Ein Kind（子ども）であるのに対し、そのフランス語訳 On bat un enfant の主語は、On（誰か）で、un enfant（子ども）は目的語になっている。

20――GW-X, S.222.（『全集』一四、一八一頁）
（訳注）本章一七九頁で、この等式が示されている。

21――GW-XII, S.204.（『全集』一六、一二八―一二九頁）

かもしれない」[22]。それとは反対に、段階二は純粋に幻想的であり、本来の意味での幻想の最初の〈時〉で、フロイトは「私はお父さんに叩かれる」[23]というシナリオを「起源の幻想（ursprüngliche Phantasie）」と呼び、強調した。第一の〈時〉は意識的に記憶されていて、フロイトと患者がともに探索の努力を成し遂げることによって見出される。実際のところ、それが本当に抑圧されていたのかと疑うことができるだろう。逆に、段階二は無意識のなかに深く埋もれていて、普通は近づけない。

要するに、最初の〈時〉はほとんど性的ではなく、「誘惑理論」でかつて使った用語を用いるなら、むしろ「前性的－性的」[24]である。先に用いた用語上の区別を受け入れるなら、それには攻撃的な意味があり、本来的な意味では、サディズム的ではない。

したがってこの幻想を純粋に「性的」と見ていいかどうかは疑わしい。まして「サディズム的」と呼ぶことはできない。〈中略〉このように私たちが探している答えは、三人の魔女がバンクォーに与えた約束に似ていると言えるかもしれない[25]。つまり、幻想は純粋に性的なものではないし、サディズム的とまでは言えない。しかし、いずれその両者が生まれることになる素材である。いずれにせよ、この最初の段階がすでに、性器を利用する自慰的行為にその捌け口を見出す興奮に役立っていると推定する根拠は全くないのである[26]。

逆に、「父は私を叩く」という無意識的幻想は、本来の意味でマゾヒズム的である。それは「退行的」な形で、父から得られた性的な快の幻想を表している。フロイトは、段階二における性的興奮の存在を、何人かの患者が「段階三の叩かれる幻想より早くに自慰が出現していたことを覚えている」という事実によって確証している。そして、それによって、「自慰は最初は無意識の幻想に支配されていて、その無意識的幻想が後になって意識的幻想によって置き換えられると推定するようになった」[27]。

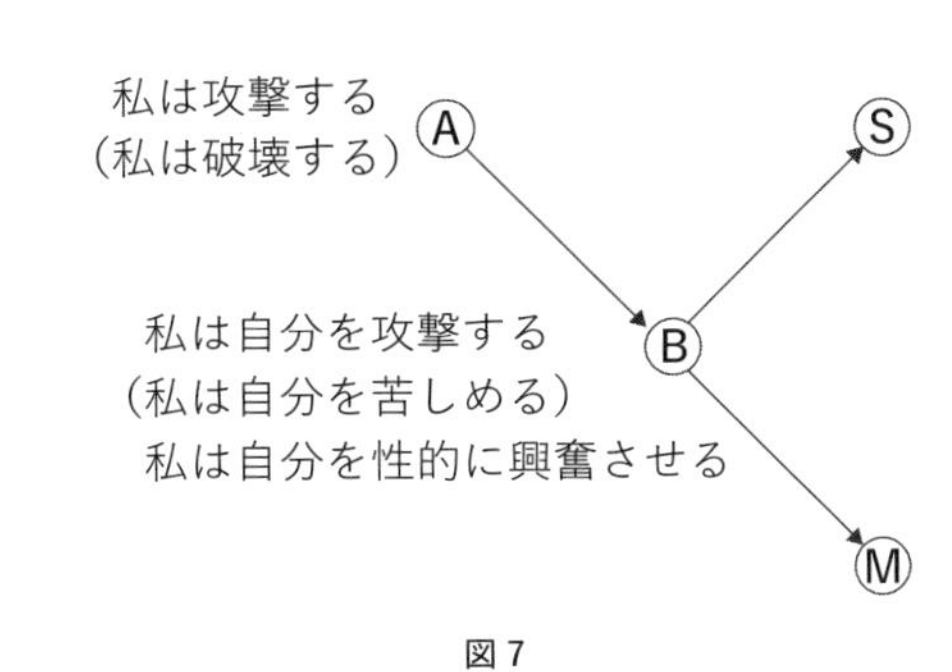

図7

幻想、無意識、セクシュアリティが、ただひとつの動きにおいて、マゾヒズム的な興奮の形で現れるのは、段階二への移行においてであることがわかる。さらに、幻想的な内容においては、段階一から段階二への移行は「自分自身への方向転換」を含むために、ここでサド・マゾヒズム的な欲動の発生の図式を思い起こすことを促される（図7を参照のこと）。

さらに、ここにフロイトの言葉を書き入れることにする。

もちろん、叩かれる幻想の症例への一般的モデルの応用は、単純に機械的なものであってはならない。そこには不一致もあれば、ずれもある。しかし、これらは全く解消できないものではなく、考察にとって有益であることは明らかである。

（一）他への攻撃と呼ばれているAの段階では、エゴ（当該の個人）が行為の主体であった。「子どもが叩かれる」における、段階一では、「私のお父さんが」叩く。

22——Ibid.（同書、一二八頁）
23——Ibid., S.223.（同書、一四八頁）
24——（訳注）本書第二章八〇頁を参照のこと。
25——（訳注）シェークスピアの『マクベス』で、三人の魔女はバンクォーに「マクベスほど偉大ではないがずっと偉大な方。それほど幸せではないが、ずっと幸せな方。国王ではないが、国王を生み出す方」と予言する。それに対し、マクベスは「曖昧なことを言う奴らだ。もっとはっきりと言え」と言い返す。
26——Ibid., S.206-207.（『全集』一六、一三一頁）
27——Ibid., S.210.（『全集』一六、一三五頁）

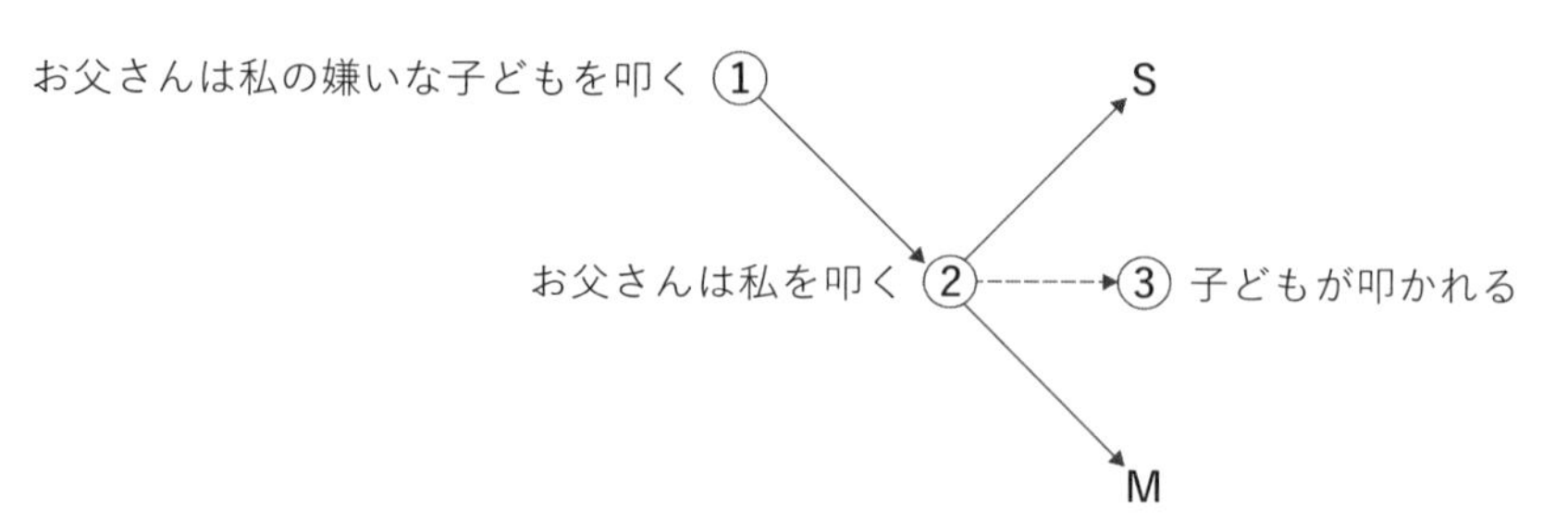

図8

この違いは私たちには本質的なものとは思えない。エゴが、邪魔物、自らの「自己保存」を邪魔をするものを破壊しようとする。そして、厳密にこの水準においては、エゴが直接的にそうするのであっても、あるいは誰かを介してそうするのであっても、どちらでも構わない。お父さんとエゴの間には、幻想的な取り入れとは慎重に区別すべき、ある種の転嫁症が暗黙のうちに存在している。重要なことは、行為の大部分が、生命あるいは「エゴイスム」の関心の水準にあることである。「[第一段階における]この幻想は、明らかに子どもの嫉妬を満足させる。それは子どもの愛情生活に依存しているが、また子どものエゴイズム的な関心によって、強く支えられている」[28]。

(二) 最初の〈時〉の攻撃的で非性的な側面を強調することで、パラドックスのなかへと入り込んでいくことにしよう。自己保存と「エゴイスム」的な傾向に結びついた前性的なものとみなされているのは、フロイトが公然と両親コンプレクスあるいはエディプス・コンプレクスと呼んだものである。

全く時系列に沿った解釈をするなら、次のような不合理に突き当たる。エディプスがセクシュアリティから生まれるどころか、セクシュアリティこそが、エディプスから生まれることになるのだ。エディプスそれ自体は、まずは前性的で、自己保存的、もしくは「やさしさ」[29]の水準で展開すると想定されている。

フロイトが性愛化を説明するために、このテクストで取り上げたサディズム的肛門的段階への退行という観念は、私たちがもっぱら時系列に留まるなら、不合理をいっそう強めるばかりだろう。つまり、非性的なエディプスが、リビドーの前段階に退行することによって、性的な意味をもつことになるからだ。

この問いについての考察を深めるなら、精神分析で問題になる、さまざまな時間性の様式のきわめて複雑な配置が必要となり、そしてそれは私たちの議論の枠組みを越えることになるだろう。このパラドックスで大切なことは、依託と呼ばれる「シークエンス」が、別の時間性（セクシュアリティの段階の時間性、対象の構造化の時間性あるいはエディプスの時間性）とは重なりえない時間性に従って機能することを強調することである。新たに形成されたセクシュアリティは、いかなる出発点を取ることも可能であるように思える。その出発点とは、もちろん生命機能であり、究極的には、保存と生存のために機能する自然の関係として把握された「エディプス的」関係全体である。

もっとも、このような解釈を裏づけるのは、フロイトがエディプスに対し、特別なバイアスのかかった、間接的な仕方で近づいたという事実である。欲動的な観点から、前面に出ているのは、エロティックな関係ではなく、「やさしさ」の関係である。しかしとりわけ、構造において問題となる三角形は、エディプス三角形（自我（少女）－父－母）ではなく、「兄弟コンプレクス」（自我－両親－兄弟あるいは姉妹）として示される競合的な三角形なのである。[30]

（三）この臨床例から、フロイトは、抑圧の問題を、さまざまな観点――抑圧と退行の関係、抑圧と男性、女性といった性的ポジションとの関係――から検討する機会を得ている。私たちは、抑圧が及ぶ対象とは何かを明らかにするための考察を、ただ付け加えておくことにする。それは基本的に第二段階、すなわち起源の幻想に及

28――Ibid., S.206.（『全集』一六、一三一頁）
29――本書第二章八九頁・注47を参照のこと。
30――私たちは、この競争的な三角形がエディプスの「性的な」三角形より時間的に「前に」ある、と言うつもりはもちろんない。

ぶのである。

しばしば、私たちは幼年期の抑圧された想起について話すが、それには臨床的な信憑性がないわけではない。だが、実のところ、抑圧されているのは想起ではなく、そこから派生する、あるいはその基底にある幻想なのである。この場合は、父から叩かれるという幻想であり、父が他の子どもを叩いたであろう現実の場面ではない。しかし、幻想の抑圧は、それに伴って無意識のなかに想起そのものを引きずり込んだであろうし、その想起は事後的に、性的意味をもつことになることは明白である。「私の父は別の子どもを叩く――父は私を（性的に）愛している」[31]。同じように、再発見すべき対象は、失われた対象ではなく、その換喩であり、また再発見すべき「場面」は想起の場面ではなく、そこから派生する性的幻想の場面である。

（四）最後に、私たちは再帰的マゾヒズム、あるいは中動態と名づけたものの場所に、「お父さんが私を叩く」という幻想を位置づけた。この幻想は、しかしながら、「受動的」な意味での本来のマゾヒズム的内容をもつ。すでに強調したように、方向転換の過程は、単に幻想の内容の水準ではなく、幻想化の動きそのもののなかで考えられるべきなのである。再帰性へと移行することは、幻想の「文」に再帰的な内容を単に与えることでも、必然的に与えることではない。それはまた、行為を再帰させ、内面化し、幻想として自分自身のなかに入れることである。攻撃を幻想化することは、自己へと反転することであり、自身を攻撃することである。自体愛の〈時〉には、幻想そのものとセクシュアリティと無意識との、分離不可能な結びつきが確認される。

このような考えをその必然的な限界まで推し進めるなら、人間のセクシュアリティの構成におけるマゾヒズムの特権的な性格を強調するよう導かれる。「起源の場面」あるいは「原光景」であるこの基本的幻想の分析は、まさにその内容において、そのことをまた例証するであろう。すなわち、ゆりかごのなかの無力な子どもは、柱に縛りつけられたオデュッセウス、あるいはタンタロスであり[32]、両親の性交の光景を見せつけられ、それを自分のうちに導き入れることを強いられている。痛みのこの〈動揺〉に応じて生じる「共興奮」は、退行的に、ただ大便の排泄でしか表現されない。[33] つまり大人に対する子どもの受動的なポジションは、大人の活動性に対する現実の関係における受動性であるだけでなく、子どものなかに侵入する大人の幻想に対する受動性なのである。[34]

31――（訳注）Ibid., S.208.（『全集』一六、一三三頁）

32――（訳注）ギリシャ神話上の人物。オデュッセウスは、トリナキエ島へと航海する途中に、美しい歌声で船員を惑わせるセイレーンの誘惑から身を守るために、自分の身体をマストに縛りつけ、海域を通過した。タンタロスは、神々の食卓から神聖な食べ物を盗んだために地獄に落とされ、首まで水に浸りながら水が飲めず、実った果物が頭上にありながら食べられないという永劫の飢餓の罰を受けた。

33――（訳注）狼男は、原光景を目撃した際に、肛門域の興奮が起こり、ベッドの上で排便した。それによって、両親の行為は中断された（GW-XII, S.112.（『全集』一八、八四頁））。

34——この幻想の第三の段階「子どもが叩かれる」を、どこに位置づければいいだろうか。フロイトはこの第三の段階をサディズム的ともマゾヒズム的とも呼ぶことをためらい、最終的には「この幻想の形式だけはサディズム的だが、そこから引き出される満足はマゾヒズム的である」（Ibid., S.211.（『全集』一六、一三五頁））と結論づけている。

私たちは、「マゾヒズムがその欲動生活のうえで、その反対物をなすサディズムとの規則的で緊密な関係」（GW-XIII, S.376.（『全集』一八、二九二頁））というフロイトの考えを支持するが、このフロイトの議論はやや形式的であるように思える。この相補性は、「サド・マゾヒズム」という概念を保つことを可能にするのだが、もちろんサディズム的倒錯とマゾヒズム的倒錯の現実的な相補性と関係がないし、たとえば方向転換による相互の現実的な移行の可能性とも関係がない。倒錯は、幻想の組み合わせの点、あるいは極のひとつへの自我の固着を常に想定している。私たちが「欲動と欲動の運命」から引き出したシェーマは、Sの位置からMの位置への移行が、その二つとも共通の「起源的幻想」から考えられるにもかかわらず、直接的には生じえないことを簡潔に示している。

それゆえに、「子どもが叩かれる」という意識的な幻想は、倒錯という意味においては、サディズム的ともマゾヒズム的とも言えない。それは、サド・マゾヒズム的な幻想であり、つまりは「再帰的なマゾヒズム」の一部をなしていて、それはまた「再帰的なサディズム」とも言える。「再帰的な」マゾヒズムを、フロイトは、「欲動と欲動の運命」では、強迫神経症の特徴とみなしている。したがって、「子どもが叩かれる」で参照している患者が、強迫症状の優位な症候を示していることは偶然ではない。つまり、Ein Kind wird geschlagen（「子どもが叩かれる」）という幻想は、起源的な再帰的幻想の、意識的で中性化された神経症的な派生物なのである。

第六章

なぜ死の欲動なのか

「マゾヒズムの経済論的問題」という論考の内容は読者を失望させることはないにせよ、表題から抱かされる期待はごく限られた部分しか満たされない。この論考では主に、マゾヒズムが精神分析経験のなかで現れる、さまざまな臨床形態の記述と分析について、詳細な説明と魅力的な解明がなされている。しかし、マゾヒズムという概念そのものに内在する困難と矛盾について論じられているのは、最初の数頁だけである。そのうえ、提示された「解決」は、もっぱら概念の明確化を引き合いに出すだけなのだ。その明確化は、生の欲動と死の欲動の区別に基づいていて、それらを快原理やニルヴァーナ原理という機能的に異なった諸原理に対応させている。

こうして、まさにマゾヒズムの本質的なパラドックスである「経済的問題」は、すぐに論点から外され、「愛」と「争い」の根本的な対立の水準へと話は移っていく。この愛と憎しみの途方もない闘いについて、私たちは経験上、和らげられ曖昧になった派生物しか知らない。というのも、私たちが出会うのは、生の欲動と死の欲動の「混合」した形にすぎないからである。

「死の欲動」の概念を導入しても、マゾヒズムの困難さは解明できず、逆にその困難はいっそう大きくなるばかりであろう。そこで、マゾヒズムによって引き起こされる数多くのパラドックスのなかでも、根本的なものを挙げると、次の二つがある。ひとつはこの概念そのものに内在するパラドックス、もうひとつは、マゾヒズムと死の欲動の相互の関係から生じるパラドックスである。

マゾヒズムのパラドックス

「不快の快」という定義を受け入れるなら、マゾヒズムに内在するパラドックスは、この用語の矛盾そのもののなかにある。この点から始めると、論理による逃げ道、あるいは主題そのものによる逃げ道に見えるかもしれない。しかし、解決は、快＝不快という等式の二つの用語の間に領域の差を導入することによってしか、またはこれらの語の一方を、概念的に微妙にずらすことによってしか、得られないであろう。

「ひとつの系にとって快であるものが、他の系においては不快になる」[1]というフロイトの有名な定式に従って、これらの二つの用語を、主体内の局所論的に異なった二つの場にそれぞれを位置づけることにより、このパラドックスを回避しようと試みることもできる。さらにこの定式を突きつめて、たとえば審級のひとつ（超自我）が、別の審級（自我）に不快を押しつける事実そのものに、快があると想定することもできる。このような考え方は、当然のことながら、サディズムの快に特別な説明は必要なく、十分に「理解できる」という常識のラインに沿ったものである。サディズム的なシナリオにおいて、快は主体のなかにあり、不快は対象のなかにあるなら、対象を取り入れて、人格の一審級（自我）へと統合することは、結局のところ、場面全体を内在化することになり、最小限の努力でマゾヒズムのパラドックスを説明できる。つまり、マゾヒストは、場面の能動的な極に幻想的に同一化することによってのみ、享楽するのである。この「解決」も、あらゆる個人が自分自身において、そして自分自身に対して分裂しているとするなら、当然のように思えるが、フロイト自身は一度もそのようなことを述べていない。彼自身は、苦しみを与える快のほうが、苦しむ快よりも、より謎めいていて、複雑な説明を必要とすると常に考えていた。つまり、ここで引き合いに出されている「超自我の快」は、議論の余地のない明白な公理ではありえないのである。

しかし、同じ個人において、快と不快は相互に結びついて共存しているものの、それらは二つの異なった「場」に割り当てられていることを、とりわけ思い出す必要があるだろう。これこそが精神分析の最も汎用性のある発見のひとつである。分析を受けている「心身症的」「神経症的」「特性のない」[2]患者など、誰もが苦しみを抱えているが、治療行為ではその苦しみが、別の場での快を求めるという名目で、どのようにその個人によって引き起こされているかが明らかにされる。誰もがもつこのような結びつきを、マゾヒズムあるいは道徳的マゾヒズムとして特徴づけることは、マゾヒズムの概念そのものを希薄にし、おそらくは意味のないものにしてしまうだろう。
このように言うとしても、あらゆる人間にマゾヒストとしての可能性——それが目覚めると原因が何であれ苦痛を増大させる——が眠っていることを否定したいわけではない。だが、それでも、自分が苦しんでいるまさにその場で享楽するからこそ、主体はマゾヒストになるということこそが重要なのである。つまり、主体は快の算術や代数学に従って、その場で享楽するために、この場で苦しんでいるのではない。このことはさらに次のように定式化できる。すなわち、主体はただ享楽の可能性のために（享楽のツケを払うために）ではなく、享楽するために苦しむのである。

ここに私たちは、「快＝不快」という相変わらず悩ましい等式のただなかに、ずれを見出すことになる。それは快の領域にも、不快の領域にも同時に含まれているずれである。ここで便宜上、先の等式の二つの項を〈＋〉極と〈－〉極で示すなら、この〈＋〉が完全な〈＋〉ではなく、〈－〉も完全な〈－〉でないときにのみ、〈＋〉＝〈－〉が成立する。あるいはむしろ、〈－〉は、対極に肯定的なものをもつ、否定的なものではないということである。

まず〈－〉の側では、苦痛の概念あるいは、さらに興味深いことに、痛みの現象——限界を破壊する闖入、そして「非拘束」エネルギーの流入としての——が、不快の概念と置き換わりうる。

〈＋〉の側でも同じく、慣用の用語法では容易ではない区別をしておこう。とりわけ、Lustというドイツ語は、慣例では快、あるいはときおり享楽と訳されているが、また情欲という意味合いもある。さらに、満足という観

1——（訳注）GW-X, S.249.（『全集』一八、一九七頁）

2——（訳注）ローベルト・ムジールの代表作『特性のない男』から借りた表現。ここでは、何ら特別の性格をもたない、平凡な人間という意味で使われている。

念も導入しておこう。これは緊張の減少に結びついた沈静化であり、それゆえ「生命〔vital〕」の領域に完全に位置している。とすれば、〈＋〉の側では、快は二つの方向に分かれるように思える。ひとつは享楽で、過度の快と情欲の意味をもつ。もうひとつは、満足で、それは生命の緊張を鎮静させることを意味している。こうした対立のなかで、「快」という用語は、さまざまな分析家において、そしてフロイトにおいてさえ、ある時期にはひとつの極に、またある時期にはそれに根本的に対立さえする別の極へと位置づけられるものとなっている。つまり一方では、快を機能的満足に対し位置づけ（これは欲動的な快であり、たとえばフロイトが「器官快」と名づけたものである）、他方では快を享楽に対立させているのである（この場合、快は恒常性とホメオスタシスのほうの側にある）。つまり、〈満足／快〜快／享楽〉と表すことができる。▼3

次に、まさにフロイトの諸命題を解釈し、整理することで得られた結果をここで用いることにしよう。

（一）次の二つの水準を入念に区別しなくてはならない。ひとつは、量的な系列あるいは段階である（機能的）快と（機能的）不快の水準、もうひとつは、情欲〈そして／あるいは〉享楽の水準である。

（二）一次マゾヒズムというテーゼが位置するのは、この第二の水準、つまり情欲〈そして／あるいは〉享楽の水準である。このテーゼは次のように定式化できる。《痛みの情欲〈そして／あるいは〉痛みの享楽》。

このテーゼは、内なる異物としての幻想という観念と、内的な攻撃としての欲動という観念と密接に関連している。それゆえ、マゾヒズムのパラドックスは、特定の「倒錯」に限定するのではなく、より一般化して、人間のセクシュアリティの本質的に外傷的な性質と結びつけて考えるべきである。

（三）最後に、「情欲〈そして／あるいは〉享楽」という定式が提起する問いが残る。この定式において、情欲と享楽という二つの語は複雑に関連していて、連言的〔そして〕であると同時に選言的〔あるいは〕という関係にある。▼4 フロイトのいくつかの公式は、大雑把な表現ながら、実り豊かな方向性を示していることを思い起こしておこう。「マゾヒズムの経済論的問題」においてフロイトは、「主体は興奮を享楽する」と書いている。おそらくここでフロイトは、性欲動の問題全体を提起している。すでに一九〇五年の『性理論三篇』で、性欲動のまさに「源泉」について次のように述べている。「私たちは、「性的興奮」と「満足」という用語を区別せずに用いることができるのであって、ただし後にこれらについて説明を加える必要がある」[5]。

「興奮を享楽する」という表現は、「人は現実に獲物を取るよりも、狩りをすることを好む」[6]というフロイトに先立つ思考の流れに、彼を置くことになる。狩りをすることのなかに、獲物の幻想もまた含まれていると単に言うべきなのだろうか。

しかし、このような考え方も、次の点を考慮しないなら凡庸で不十分なものでしかないだろう。つまり、獲物の幻想はもはやもとのままではなく、獲物の単なる反映やイメージを表しているのではない。それは、移動の複雑な系列によって、獲物から派生してきたものである。これが、より一般的に言うなら、情欲と「満足」との関係なのである。

「興奮を享楽する」―「情欲そして／あるいは享楽」という二つの定式は、私たちに次のような問いをもたらすことになる。生物学的ホメオスタシスの領域から隠喩―換喩的に派生した経済論的概念は、人間のセクシュア

3――快の概念のこのような多義性は、用語的な取り決めによって減らすことはできない。この多義性は隠喩化の指標である。
4――（訳注）連言、選言は論理学用語。命題Aと命題Bの結びつきが「AそしてB」の場合を連言、「AあるいはB」を選言という。
5――GW-V, S.102.（『全集』六、二五九頁）
6――（訳注）パスカル『パンセ（上）』、塩川徹也＝訳、岩波文庫、一六四頁（断章番号一三六）。

リティを特徴づける諸表象のこの「力学」、あるいはこの「水力学」の水準で、どのような価値をもつのだろうか。死の欲動の概念をマゾヒズムの問題に導入することによって、パラドックスは倍加されたが、このパラドックスが、ここでの問いに対する導きの糸になるだろう。

死の欲動の経済論的パラドックス

死の欲動の概念は、「子どもが叩かれる」から一年後の『快原理の彼岸』（一九二〇年）で導入された。『快原理の彼岸』はフロイトの全著作のなかでも、最も魅惑的であり、最も困惑させるものでありつづけている。メタサイコロジー的で、形而上学的で、メタ生物学的なこの大フレスコ画ほど、フロイトが自由かつ大胆な態度を示した著作はほかにない。ここには、エロス、死の欲動、反復強迫など全く新しい用語が出現する。一見忘れられたように見える、かつての構想、とりわけ「心理学草案」の構想が再び持ち出され、刷新されている。これまで以上に、フロイトの「生物学主義」が、いたるところで読者を苦しめる。あるときは節度のない思弁の形で、あるときは精妙な実験主義への参照として、生命科学が引き合いに出されるが、それはどのような役割を果たしているのだろうか。この生物学主義の意味が解明されるときにはじめて、『快原理の彼岸』は、おそらく弁証法的に「乗り越えられる」のだろう。結局のところ、本書の第四、五章で直接的に取り扱った諸問題については、私たちはそこに新たな、独創的で、驚くべき関連づけを見出す。つまり、攻撃性、破壊性、サド・マゾヒズム、憎しみなど、一般に「否定性」として示されるさまざまな様態が、前代未聞とさえ言える関連づけのもとで考察されているのである。

部分的で表面的にしか、論理的要請に従っていないために、この言説にはひどく困惑させられる。これは自由な——自由連想という意味で——思考であり、回帰、悔悟、否認を伴った「試みの」思考である。議論の展開の自由さについてまわるこのような側面も、またそれ自体魅力的だが、この議論に同調できない読者に対しては失望を与えるかもしれない。ここでは推論の裂け目が多くの落とし穴になり、概念のずれが、用語の位置づけを混乱させ、大いに深められた議論が突然、恣意的に中断される。論述の流れに逆らって読むなら、この論考ではあらゆる問いが不適切に立てられていて、すべての問題を新たに設定し直すべきだ、と感じるかもしれない。

死の欲動という概念を強引に導入したことは、誘惑的であったが、また外傷的にもなった。この概念は、フロイトの後継者たちに、可能な限りさまざまに異なった防衛を引き起こすことになった。正当な根拠に基づき、拒否を示した者もいれば、エロスとタナトスの二元論的をもっぱら形式的に受け入れた者もいた。メラニー・クラインなどの分析家は、この概念の哲学的な背景を切り離し、修正したうえで受容した。そしてさらに多くの者は、この概念をあえて無視し、あるいは完全に忘却したのである。

私たちをいやおうなく神話へと導く『快原理の彼岸』は、二枚のフレスコ画、もしくは二つの旋律からなる。第一に、きわめて多様な形を取る反復という現象は、他に還元できない特質をもつという点で、欲動の本質と考えられている。第二に、最初の状態や最初の対象を繰り返し再生産しようとする人間個人の傾向は、心理学や生命の領域をはるかに超えた普遍的な力と結びついている。この力は宇宙的な力であり、最も組織化されたものを、まったく未組織なものに、さまざまな水準の違いを均等なものに、そして生命的なものを無生物なものに、退行的にいやおうなく引き戻そうとする。[7]

7——実際のところ私たちは、物理学的発見によって、いわゆる「生の」素材が必ずしも未組織な状態を示しているとは考えない。ましてや、それがエネルギー的な均等化——つまりあらゆるポテンシャルの差異が縮減し、無化される状態——を表しているとは考えない。だが、フロイトはそのような考えを示唆したのである。

したがって、欲動における最も「欲動的」な性質を把握することが重要である。それは、あらゆる欲動の放棄としてのアタラクシアであり、ニルヴァーナである。[8]また、生物学における最も生命的なもの、生命の「最終目標」として明白に指し示されている死である。あらゆる生き物は、その最も根源的な内的傾向によって死を求める。私たちがさまざまな形で観察する生の多様性は、進化の過程のなかで決定される変化の系列——何かの外傷、あるいは余計な障害によって引き起こされた二次的な迂回——を再現したものにすぎない。つまり、有機体は単に死のうと望んでいるのではなく、「自分なりの仕方で死ぬ」ことを希求しているのである。

死のこのような「普遍性」の限界を定めるものを考えることは難しい。しかし、「普遍性」と対立する別の原理を措定せざるをえない。それが生の欲動あるいはエロスであり、フロイトが何度か否定しているにもかかわらず、進化論や進歩主義のイデオロギーについてまわるオプティミスムの受け皿となっている傾向である。つまりエロスは寄せ集めるもので、まずは生物学的な水準で、次に心理学的、社会的な水準で、より豊かで複雑になりつづける統一体を形成しようとする。結局のところ、エネルギーのエントロピーの原理——これは、もっともらしく死の欲動と比較された[9]——とは逆に、エロスは、ある布置の内的結合を形成しながら、その布置のエネルギー水準を維持し、そして高めようとする傾向なのである。

しかしながら、タナトスと全く同様に、エロスもまた、原子や細胞、生物あるいは心的現象など、個体に内在する内的な力である。このモナドの内部で、この二つの原初的な力の弁証法、というよりむしろ激しい闘いがまずは繰り広げられる。そして二次的に、一次的破壊性の一部が外界へと方向を変え、私たちが攻撃性と認める諸現象が生じる。したがって、「欲動と欲動の運命」ですでに論じられた問いに立ち戻って考えると、ここでは、他への攻撃よりも、自己への攻撃が優位だと主張されているのだ。この自己への攻撃性は、ゼロへと向かう傾向——これは快原理の最も根源的な傾向とみなされる——が個体のなかで絶対的な優位性を得た結果にほかならない。

だが、ここでは、きわめて相容れがたい諸傾向——緊張のゼロへの減少（ニルヴァーナ）、死に向かう傾向、自己攻撃性、苦痛あるいは不快の追求——が、個体内部における一次的なものとして、同じ旗印のもとに集められている。経済論的な観点から見た最大の矛盾は、快原理の究極の形態である、緊張をすべて根本的に解消する傾向と、不快をマゾヒズム的に探究することを同一の「欲動」に関連づけている点である。後者は、どう考えても緊張の増大としてしか理解できない。

ダニエル・ラガーシュは、分析的鋭敏さと臨床的描写の独創性と彼固有の弁証法的感覚で、「攻撃性の状況」[10]について検討を加えている。短いテクストだが、著者の個人的見解を知るうえでも、また攻撃性という概念の錯綜したさまざまな意味を明らかにするうえでも、重要なテクストである。ここで死の欲動という概念は、「関連するが同一ではない複数の考えの形式的な統一体」と考えられている。ラガーシュは、この一種の怪物（人間の空想力によって作り出された存在、すなわち全く不均質な四肢や身体部位からなるキマイラやドラゴンという意味で）のなかの、さまざまな考えを列挙し、ひとつひとつを批判したうえで、納得のいく解釈を提示し、最後に、それらを理論あるいは経験の別の場所に位置づけ直そうと試みている。彼は次のように整理している。

8——（訳注）アタラクシアは、古代ギリシャの哲学者エピキュロスが、理想的な心の状態と考えた、過剰な欲望や煩いのない心の平静な状態である。ニルヴァーナ（涅槃）は仏教由来の概念を、ショーペンハウアーが広めたものであり、個人が欲望から解放されて自由の境地に至ることを意味する。

9——（訳注）次の二つの論文は、その比較を試みている。Heinz Lichtenstein, » Zur Phänomenologie des Wiederholungszwanges und des Todestriebes «, *Imago*, XXI, 1935, S.466-480. Siegfried Bernfeld & Sergei Feitelberg, » Der Entropiesatz und der Todestrieb «, *Imago*, XVI, 1930, S.187-206.

10——Daniel Lagache, « Situation de l'agressivité », *Bulletin de Psychologie*, 1961, pp.99-112.

（一）有機的なものから無機的なものへの移行の傾向。そこにラガーシュは、フロイトの議論のなかで、最も思弁的で見せかけだけのものを暴き出す。そしてその傾向が適応しうる可能性を、精神分析的臨床の純粋に記述的な水準に見出している。つまりそれは、主体の一種の物象化――別の言い方をすれば、心的粘着性あるいは心的惰性――である。その状態では、更新や創造がなされず、型にはまった行動や硬直化状態が永続的あるいは決定的に存続する。

（二）「緊張を減少させる」傾向。ダニエル・ラガーシュは、この考えを受け入れるが、それはこの考えが不合理なまでに推し進められ、あらゆる緊張の減少といった極端な形を取らないという条件においてのことである。このような限定のもと、ラガーシュ独自の問題設定のなかで、この傾向は人間の活動のひとつの極をなす。その反対の極は「可能性の実現」の傾向である。心的活動におけるこれら二つの原理は、相互に交替しつつも、多少なりとも調和的に妥協し、結びつき、葛藤の型や人生の時期に応じて、互いに対立する。二つの原理の間で、精神分析はどちらか一方だけを選び取ることはできない。

（三）そして一次マゾヒズム。これについては、最初にラガーシュは精神生理学的な例証あるいは等価物を探すが、最終的には、満足を得るために絶対的に他者に依存している生まれたばかりの子どもの状態だと解釈した。そこでは、「一次マゾヒズム」は、「マゾヒズム的なナルシス的ポジション」のなかに組み入れられている。ラガーシュは「マゾヒズム的なナルシス的ポジション」という概念で、マゾヒズム観念をアプリオリに受動性や依存のポジションの観念と同一視する。

語源的には、批判すること（critiquer）とは、カードを選ぶこと、再び配り直すことであり、混ざり合ったものを「振り分ける」ことである。この意味において、ラガーシュの批判は、攻撃性の領域に適用された最も踏み込んだ、また最も適切な批判である。

しかし私たちの考えによれば、もし精神分析のまさに創始者が提起した概念に対して、「精神の分析家」として取り組もうとするなら、そのような批判や概念分析の構想は、不完全なものにすぎない。もちろん、死の欲動については、カードの配り違いがあり、ゲームは失敗している。だからといって、始めからやり直して、より正確にカードを配り直すだけで十分だろうか。私たちはカードを配り直すことだけでは満足できない。むしろ、まず以前から手元にある「持ち札」を解釈しなくてはならないのだ。

分析し、解釈すること。私たちは、こうした類の試みがどのようなものとなりうるか、いくつかのアウトラインを提示することを試みた。この試みは、ある個人（この場合はフロイト）が残した伝記的足跡を参照し、その人の個人的な欲望を「病跡学的に」解釈することではない。そうではなく、〈理論的要請〉や、欲望の屈折した派生物など、すでに言説的な思考のレベルにはあるが、無意識の働きが垣間見られるものを解釈する試みなのである。[11]だが、この〈理論的要請〉とは、本当に要請なのだろうか。私たちはフロイトの別の用語、すなわち強迫〔Zwang〕という用語を使おうと思う。[12]強迫とは、強制、制約であり、悪魔的力である。その最も際立った例として、オイディプス王の運命を最終的に決定した神託の言葉の強迫がある。[13]

フロイトの創造活動において、周期的に湧き上がってくる思考の巨大な強迫のなかで、死の欲動は最も輝かしい派生物であり、おそらくは他のすべての思考の強迫を寄せ集めるものである。ジョーンズが言うように、この強迫の明白な特徴に注目しないでいられるだろうか。一九二〇年に発表されたこの論考は、異様な心理状態が生

11――Jean Laplanche, « Interpréter (avec) Freud », *Arc*, 34, 1968, pp.37-46.（「フロイト（の）解釈」『フロイトと今日の精神分析』（宮本忠雄ほか＝訳、青土社、一九七六年）収録）

12――（訳注）『快原理の彼岸』に通底するのは、この〈反復〉強迫のトーンである。たとえば、次のような印象的な一節がある。「その経験にもかかわらず、欲動の行動は反復される。ある強迫がそれを迫るのだ」（GW-XIII, S.20.（『全集』一七、七二頁））。

13――GW-XVII, S.119.（『全集』二二、二三三頁）

み出した他の著作（「心理学草案」から「ナルシシズムの導入にむけて」まで）と同じく、断続的で不規則なインスピレーションのもとで書かれている。

しかしこの著作では、予想される方向性とは全く異なった、新たな展開の始まりがある。ここには一九一五年のメタサイコロジー的著作の連続性や、再編されるように思われたその体系性は見られない。また「ナルシシズムの導入にむけて」で提示された問題の再検討とも見解を異にしている。というのも、ここではナルシシズム論をより強固なものにすることではなく、打破することが重要になっているからである。ひとつの仮説が、一切を疑問に付することになる。それは仮説なのだろうか。その仮説は留保なく提示され、生物学、哲学、神話など、しばしば精神分析の臨床の外部の領域から借用された、あらゆる分野の議論が行われている。

論述は断絶によって進展し、科学的な論争の詳細が執拗に続けられたかと思うと、突然、放棄される。あたかもつきのない賭博師が、突然テーブルをひっくり返すようなものだ。ここで、私たちが念頭に置いているのは、原生生物の実験に基づき、生きた細胞の不死性の問題が、多くの参考文献を参照しつつ、長々と論じられている箇所である。そこでは異なった主張の検討が、死に向かう内的な傾向の存在を否定するように思えたときに、実体の形而上学を急に持ち出し、それに依拠することによって、次のように議論を打ち切ってしまうのである。

原生生物の自然死が証明できるかどうかは、私たちにとってはおよそどちらでも構わないことになる。〔中略〕生命を死に導こうとする欲動の力は、原生生物のうちでも最初から働いているかもしれないが、その効果は生命維持の力の効果によって覆われているために、その存在を直接的に証明することはきわめて困難である。〔中略〕ヴァイスマンの言う意味で、原生生物が不死であることが証明されたとしても、死が後になって獲得されたという彼の主張が当てはまるのは、死が明確に確認できる現象に対してであって、死へと駆り立てる過程についての仮説を否定するものではない。▼14

この仮説はきわめて「リベラルな」議論という名目で提示されている。すなわち誰もが自分の思考を望むだけ展開することができる権利があり、思索し、夢想する至上の自由があるということだ。しかし、すぐに強迫が現れる。形而上学的夢想は、フロイトにとっても、彼の弟子たちにとってもドグマになる。

ここで展開した一連の見解は、最初は私もただ試みに主張していたにすぎなかったが、時とともに、この見解が私を強くとらえ、今となっては、もはやそうとしか考えられなくなった。[15]

同じ強迫を示す別の、しかし反対の意見となる証もある。それはすなわち、この真のドグマがフロイトの体系的思考の水準では不可欠ではあるものの、その理論化が臨床に近い記述になると、理論化全体における影響は比較的に弱いものになるということである。この新たな「二元論」を葛藤理論のなかに組み入れることは難しい。葛藤理論では、古くからの欲動的対立が残存するが、一方、死の欲動は最後の拠り所として援用されているだけで、通常は目立たないところに隠れているからである。

14――GW-XIII, S.52-53.（『全集』一七、一〇五頁）適切な栄養環境のなかで単細胞生物が生きつづけることができるかどうか、生物学者たちは実験に基づき議論をしたが、最終的には、その環境が細胞の新陳代謝によって生じる毒素が周期的に浄化できなければ、単細胞生物は死滅するという結論に達した。フロイトはその証拠として、「繊毛虫は放っておかれると、自分自身の新陳代謝による産物を十分に除去することができずに自然死することになる」（Ibid., S.52.（同書、一〇四頁））と書いている。このように排泄した老廃物のなかにいると、すなわち有機体をその環境の次元にまで広げるなら、細胞は「内的な」理由で死ぬのだ。このような論理のなかに、私たちは内在化という考えの隠喩的対応物を見ることができる。それはつまり、「相容れない」欲動および欲動が引き起こす不和の要素が、外傷の際に内在化されるという考え方である。

15――GW-XIV, S.478-479.（『全集』二〇、一三一頁）

自我欲動と対象欲動という表に現れた欲動の背後には、根本的な二つの欲動が隠れている、と私たちが考えるようになったのは理論的思弁によってである。▼16

同様に、『制止、症状、不安』においてフロイトは神経症理論を再検討し、死の欲動がエディプス葛藤では、もっぱら憎しみという形を取って統合されると述べ、憎しみに自己破壊性の位置を与えていない。この論考において長々と論じられているランクの「出生外傷」論は、破壊性の原初的な内在化という考えとの接点として役立ちさえしたものの、一次的な死の不安という仮説は最終的に斥けられ、無意識のレベルにおいて死は存在しないという主張が繰り返されている。▼17

フロイト自身が、死の欲動の概念が彼に及ぼす「影響力」について語っているがゆえに、私たちは強迫という語を用いることを正当化できるのだが、また彼は自分自身が解釈される道をも開いたのである。フロイトの伝記作家であるジョーンズは、このような分析の概略を示してみせたが、その方向は単純すぎるとみなさざるをえない。しかし、あえてジョーンズを弁護するなら、彼は哲学的著作の解釈については、フロイト自身の指示に忠実に従ったのである。

精神分析は、不偏不党の論理的な研究から生じたと主張する哲学的学説がもつ、主観的で個人的な動機づけを示すことができ、また批判そのものに対して、その体系の弱点を指摘することができる。しかしこの批判そのものを行うことは、精神分析の仕事ではない。というのも、ある学説が心理学的に規定されているからといって、それがその学問の正しさを否定するものではないからである。▼18

こうしてジョーンズは、フロイトの著作の知的な「内容」にひとつひとつ反論を並べたて、彼が手にしている伝記的要素を用いながら精神分析的解釈を行っている。すでにジョーンズは、フロイトの二分法を疑問視しているが、〔死の欲動と生の欲動の〕二つの用語をそれぞれよく検討するなら、不十分さはさらに深刻なものとなる。たしかにフロイトの死に対する個人的な態度は、彼自身の死についても、彼の身近な人の死についても、そのわずかな点も注目するに値する。だが、「死について毎日考えていることは、たしかに尋常ではない」[19]というジョーンズの考えには、「素材」を平準化するための規則としての、分析的中立性はほとんど見られない。[20]

彼のこのような素朴さや偏見は――精神分析的に心理的伝記を書くというすべての企ての価値の信用を落とすものではないが――、理論的な評価の不十分さのなかに現れている。この伝記の領域で、ジョーンズは〔フロイトに見られる〕同時期の二つの「転回」を実際に分離している。ひとつは、心的装置の構想の再検討によって「第二局所論」にたどり着いたことである。そこにジョーンズは、フロイトの仕事の完成、もしくは見事な改良しか見ようとしない。そしてもうひとつの死の欲動の導入については、それまでのあらゆる理論的練り上げとは断絶したものであり、そこではあまりに長く抑圧された情緒的態度が突然に出現しており、〈症状〉としての価値しかないと述べている。結局のところ、精神分析的ではあっても、根本的に非弁証法的な、このようなある種の

16――GW-XIV, S.302.（『全集』一九、二一九頁）

17――「無意識のうちには、生命の破壊という概念に内実を与えるようなものは何もない。〔中略〕それゆえ私は、死の不安は去勢不安の類似物として理解すべきであるという考えを堅持しているのである」（GW-XIV, S.160.（『全集』一九、五七頁））。

18――GW-VIII, S.407.（『全集』一三、二二〇頁）

19――Ernest Jones, *The Life and Work of Sigmund Freud, Volume Three*, London, The Hogarth Press, 1953, p.301.

20――（訳注）分析的中立性とは、分析治療で、患者の素材を価値中立的に扱うことを意味する。ここでラプランシュは、ジョーンズがフロイトの著作を個人的な感情を交えて解釈していることを批判している。

合理主義精神は、分離し、断片化することしかできないのだ。根本的な批判と心理学的な解釈を分離してしまい、たとえその後で、一方を他方に基づかせるとしても、理論を良い改革と悪い改革に分裂させ、両者の間に構造的な関係がありうることを考えてもみない。死の欲動の強迫は、フロイトの著作における別の布置のなかに前もって示され、準備されていたものすべてと関連していたのだが、ジョーンズは結局のところ、その点を無視したのである。

死の欲動における二つの優位性——自己の〈時〉、ゼロ原理

私たちの目論見は、フロイトの著作のなかの強迫を解釈することだが、それはパラドクサルな転回をもたらす要請であり、諸テクスト、とりわけ『快原理の彼岸』の細部を追いながら、私たちの解釈を裏づけていくことは不可能だろう。したがって、『快原理の彼岸』に回帰し、死の欲動の概念を前に進めるエネルギーをもつ要素を最小限の説明で提示せざるをえない。それは私たちの考えでは、次の三つである。

第一の要素は、私たちが「自己（auto あるいは selbst）」の〈時〉の優位と呼ぶものである。これは再帰的な〈時〉である。精神分析の領野におけるこの〈時〉の優位性は、自体愛の理論や一次ナルシシズムという前提に表れている。一次ナルシシズムはそれ自身のなかに完全に閉じこもっている状態と考えられるが、その不合理さは理論的考察や観察の基本的なデータに真っ向から刃向かっている。[21]

この点について、一言付け加えておくなら、『快原理の彼岸』では、生の欲動あるいはエロス、すなわち統一やナルシス的な単一性を維持する力は、もっぱら神話に依拠することによって、以前の状態への回帰だと推論することができる。それは、プラトンの『饗宴』で、アリストファネスが語ったアンドロギュノス〔両性具有者〕

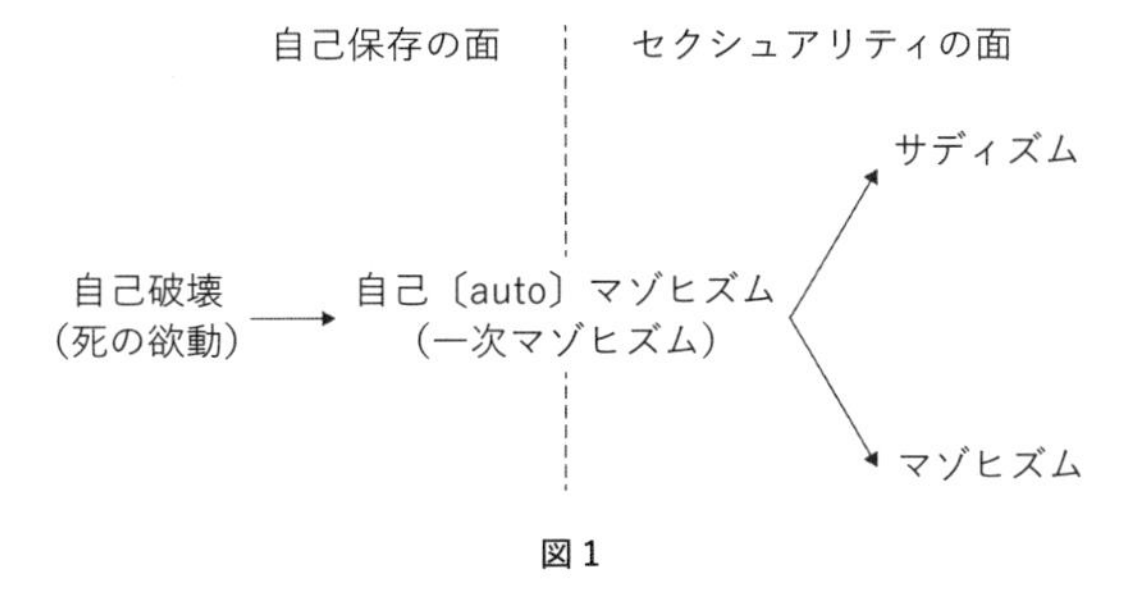

図1

の寓話である。[22]

死の欲動についても、同じことが言える。再帰的な〈時〉の優位性は、これまで性的な意味でのマゾヒズムに関しては、強固に主張されてきたが、起源に向かって評価がさらに強まり拡大されていく。すなわち、攻撃性はすでに生命体の自己保存の水準で存在しており、生命体の内部に停滞し、そこで攻撃性は、「性的な共興奮によるリビドーの拘束」[23]を、一次マゾヒズムという形で見出すのである（図1）。

死の欲動の要請に含まれる第二の要素は、恒常性に対するゼロの優位である。周知のとおり、快原理についてのフロイトの言表は、あたかも客観的、あるいは数学的基礎でさえあるかのように示された「恒常原理」へと帰着させられている。しかし快の二元性は、快を機能的快と器官的快、すなわち穏やかな満足と享楽の二つに分ける。そして、この快の二元性は経済的水準においてもまた見出される。

21——この点について、メラニー・クラインを参照したことがあるが〔本書第四章一五三—一五六頁〕、さらにバリントやボウルビィさえ挙げることもできるだろう（John Bowlby, « The Nature of the Child's Tie to his Mother », *International Journal of Psycho-Analysis*, 39, 1958, pp.350-373）。ボウルビィのこの論文は、解釈し直すなら、きわめて価値のあるものである。

22——（訳注）プラトンの『饗宴』で、アリストファネスは、かつて人間には、三つの性、すなわち男と女とアンドロギュノス（両性具有）という三つがあったと物語る。アンドロギュノスは男女が背中を介して結合した性で、四つの手と足をもち、完全な力をもち、神にも挑むようになった。怒ったゼウスは彼らをすべて真二つに切り裂いた。この寓話から、アリストファネスは、エロスの神話的な起源を、欠けている部分を相手のうちに見出し、完全な充足した存在になることだと考えた（プラトン『饗宴』、久保勉＝訳、岩波文庫）。

23——GW-XIII, S.376.（『全集』一八、二九二頁）

恒常原理についての定式化は、この二重性を隠しているような印象を与える。そうした意味で、『快原理の彼岸』におけるこの経済原理の二つの定義を引用しておこう。

（一）それは「内的興奮を減少させ、一定にし、取り除く」傾向である。

（二）それは心的装置が「その内部の、現在の興奮量をできるだけ低く維持するか、少なくとも一定に保とうとする」傾向である。

このように、私たちがはっきりと別のものと区別する「ゼロ」と「恒常性」という用語を、フロイトは、しばしば連続的なものとして提示している。その際、彼は漠然と両者を同義とみなし、両者を明確に区別する作業は「精神生理学」にあえてゆだねてしまう。またあるときは恒常性に向かう傾向を、緊張の絶対的な減少に代わる**その場しのぎの**手段と述べている。

ゼロ原理と恒常性原理

しかし、この量的な水準で、フロイトは見かけ上は数学的とも言える用語を導入している。そしてこの水準で、「ゼロ」と「恒常性」という二つの用語の間にはさまざまな関係づけが可能だとする、アプリオリな議論が正当化されるのである。

（a）**「ゼロ」は恒常性と同じものとみなすことができるだろうか**。自動制御装置によって、エネルギーレベル

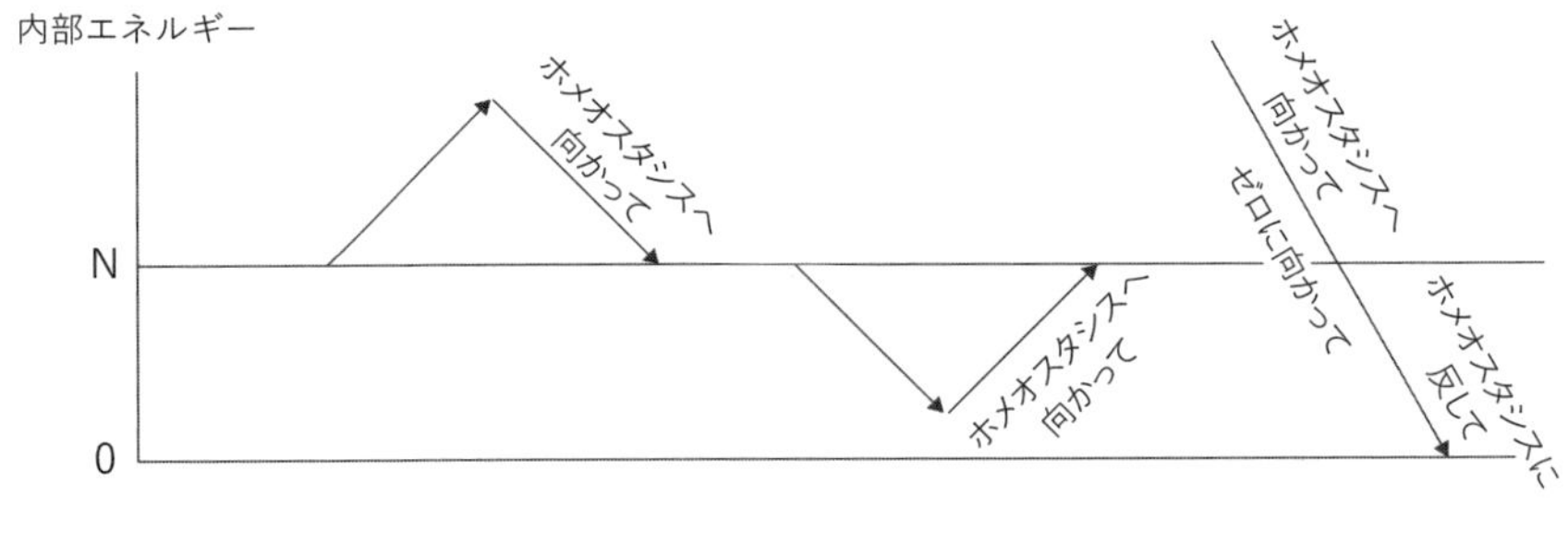

図2

をNに一定に保とうとしている単純なホメオスタシスのシステムについて考えてみよう。このようなシステムにおいては、エネルギーの過剰や不足によってレベルがNから遠ざかるに従い、ホメオスタシスを保つために、エネルギーの排出あるいは供給が必要となる。一方、システムのエネルギーをゼロ水準へと向かわせる減少は、その過程のある部分までは、恒常性を保つのに好都合になるように現れる。しかし、それが最後まで進むと、恒常原理を著しく妨げることになる。

これをある有機体のホメオスタシスとして考えてみると、生命体は外部から偶発的に流入してくる興奮を放出することだけを求めるのではない、という実験的な明証性と一致することになる（これはフロイトの主張とは異なる）。この有機体は、状況と内部のエネルギーレベルに応じて、「興奮」を回避あるいは排出することもあれば、「興奮」を求めることもあるのだ（図2を参照）。

したがって、同じシステム内で、同種類の量的エネルギーに関連する限り、ゼロ原理と恒常原理は互いに還元できない。

（b）ゼロ原理は恒常原理に対して、二次的とみなすことができるか。同じホメオスタシスのシステムに、第二の変数を導入することにしよう。すなわち内部エネルギーに加えて、基準となるNレベルからの隔たりの量を第二の変数とする。隔たりは、エネルギーの絶対値の減少だけではなく、その増加によっても生じる。そうなると、システムとその環境の間の同一のエネルギー交換は、この二つのいずれの変数を取るかによって、違った形で表されることにな

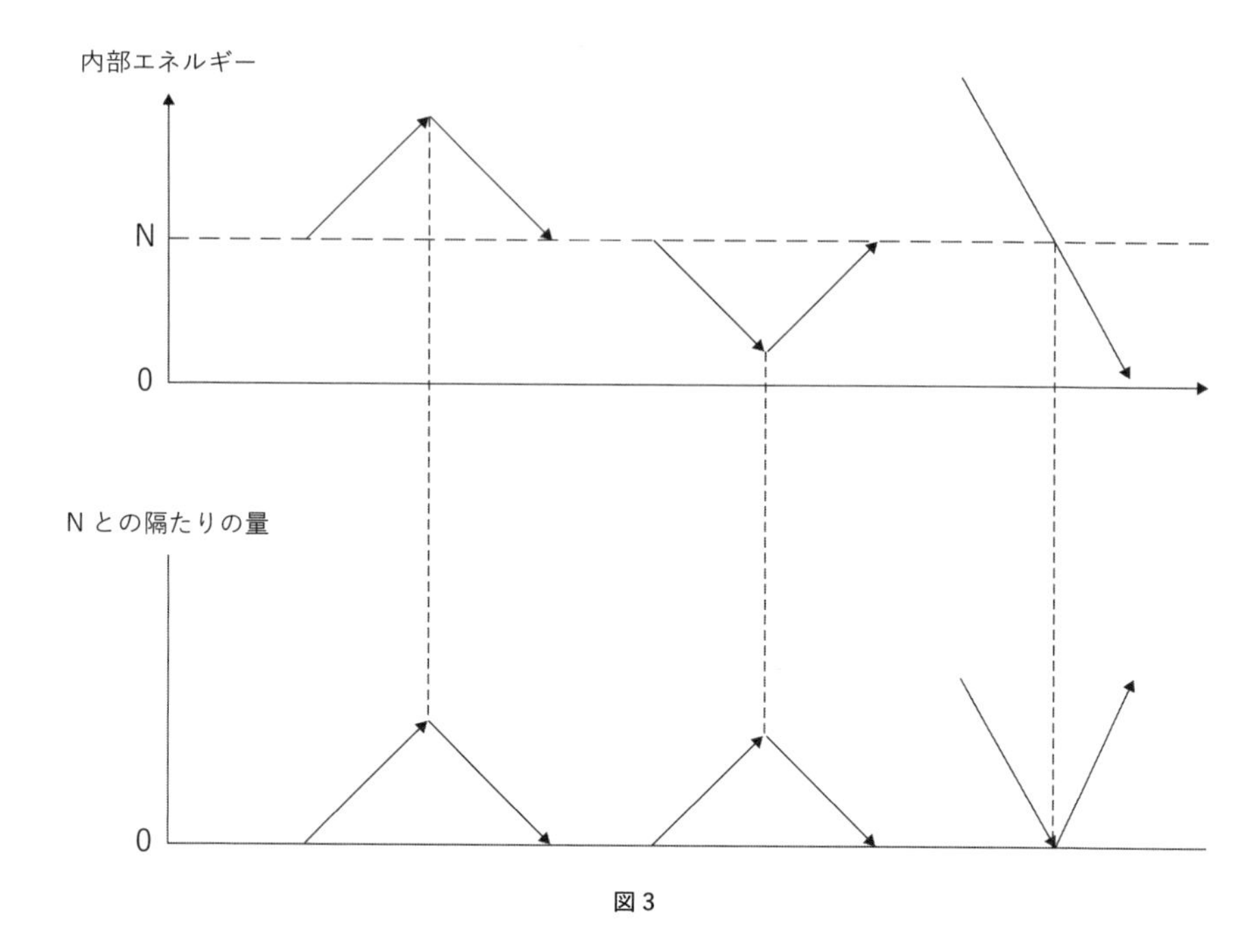

図3

る。つまり、恒常原理は、内部エネルギーの絶対量の時間的変化を支配する原理であるが、基準値をもとにした変化量あるいは隔たりの量を変数とみなした場合、ゼロ原理で表されるのである（図3を参照）。

　このような考察は、私たちをフェヒナーの思考へと直接的に導くことになる。フェヒナーの三つのテーゼは、快の経済についてのフロイトの考察を議論するための基本的な参照点として考えられるべきである。第一は、快原理についての命題である。[24]第二は安定性の原理についての命題であり、それをフロイトは恒常原理と同じものとみなした。[25]そして最後に、「精神物理学的法則」である。これは、感覚を刺激（興奮）量の対数として量の形で表すことによって、主観的に知覚可能な変化量（継起する隔たりの総量によって規定される量）とエネルギーの客観的な流入量との厳密な関係を定式化する基本的な法則である。ところで、こうしたフェヒナーの主要な三つの寄与に対するフロイトの態度は、きわめて注目すべきものである。

（一）フロイトは彼自身の見解にきわめて近い表現であるフェヒナーの「行為の快原理」について一言も述べていない。

（二）フロイトは「安定性の原理」を最も一般的な言明とみなし、「心的装置がもつ傾向は、これに属する特殊例である」とする。[26]

（三）フロイトは、「G・Th・フェヒナーが提示した快不快の構想は、本質的な点で、精神分析の作業によって私たちが直面する見解と一致する」と述べ、フェヒナーが快不快の感覚に根本的な「精神物理学的関係」を適用した、きわめて重要な一節を引用している。[27] しかし、この考えに依拠しつつも、フロイトは、ひとつの明確な機能として、ゼロに向かう傾向と恒常性に向かう傾向を結びつける可能性を追求しようとしない。つまり知覚された隔たりがゼロであることを、内部エネルギー水準の恒常性と結びつけないのである。

24——フロイトの快原理に見られる多くの特徴は、一八四八年に出版されたフェヒナーの著作（» Über das Lustprinzip des Handelns «, *Zeitschrift Für Philosophie und Philosophische Kritik*, Halle, 1848.）に認められる。
　フェヒナーにとって、伝統的な意味での快楽主義は全く問題ではなく、未来の快や不快の表象は何の役にも立たない。快原理は、一切をうまく働かせるために、現在の感覚を要する調整原理なのである。それは表象そのものと結びついた快不快のレベルで働くのであって、表象されたものや目指されるもの、投影されたもののレベルで働くわけではない。動きは常に不快から快へと向かうがゆえに、この快不快の対で、動機づけを与える現在の項は、不快だと考えられる。周知のように、フロイトは「不快原理」から始めて、「快不快」の原理について論じるようになった。心的過程には、この原理による自動調整があると彼は繰り返し述べている。彼は結局、この原理を「表象過程」を調整するものとして位置づけた。これらすべての点において、彼はフェヒナーのテーゼを受け継いでいる。

25——GW-XIII, S.4-6.（『全集』一七、五五—五八頁）

26——Ibid., S.5.（同書、五七頁）

フロイトがフェヒナーと同じ方向に進みながら、自らの恒常原理の定義を明確にするのであれば、全く異質な二種類の量を区別しなくてはならなかったであろう。ひとつは安定性からの隔たりの量（フェヒナーはこれを感覚と呼ぶ）であり、もうひとつはエネルギー量（フェヒナーはこれを刺激と呼ぶ）である。ところが、初期の「経済論的」論述から、フロイトはただ一種類の「量」しか参照していない。「心理学草案」においては、内部の量（Qή）と外部の量（Q）は同じ性質をもったものであり、遮蔽体を経ることによる減弱でしか、両者の区別はなされていない。他の場所でも、繰り返し、「情動量」「興奮総計」「外部刺激」「内部刺激」などという用語は、ただ単に同質のものとして用いられている。

（c）このようにフロイトはフェヒナーの解決策を拒否している。つまりフロイトが必要としたのは、物質的に分離可能で、しかも循環可能な心的エネルギー量であって、フェヒナーが示した「感覚」のような数学的関数――この感覚は対数として関係する現在の刺激（興奮）と切り離せない――ではない。またとりわけ、彼が主張する必要があったのは、生物学的さらには精神物理学的な観点からは信憑性があると思われる見解とは逆に、ゼロが恒常性よりも優位にあるということであった。

「心理学草案」以来、二つの原理ははっきりと区別されるようになり、その後、ニルヴァーナ原理と恒常原理として定式化された。ニルヴァーナ原理は、すでに見たように「ニューロンの慣性原理」と名づけられている。すなわち「ニューロンは量を除去しようとする」。それはまた興奮量がゼロへと向かう傾向であるともはっきり述べられている。つまり「ニューロン・システムが慣性、すなわち水準ゼロへと向かう起源の傾向」なのである。

このゼロ原理は、常に次のような考えと同一視されている。

（i）最短の経路を経て放出へと向かう自由エネルギー

（ⅱ）一次過程
（ⅲ）快原理（あるいは不快原理）。すなわち「心的生活には、不快を避けるという傾向があることを、私たちは確信をもって知っているので、これを一次的な慣性傾向と同じであることを明らかにしようと試みた。したがって不快とは圧力の量的増大と一致し、〔中略〕快は放出する感覚である」。[28]

このような快不快の定義では、心的装置においては恒常性は問題にならないことがわかる。それは恒常原理が、フロイトの初期の理論化において不在だったからではなく、むしろこの原理は、一次過程と対立するものとして、全く別の位置づけを与えられているからである。恒常性の観念は、慣性原理に対し二次的なものとして導入されている。恒常性は、「生の必要性」に応じた慣性原理の修正なのである。

ニューロン・システムは、慣性傾向、つまり水準ゼロへの傾向を放棄せざるをえなくなる。特殊行為の要

27――『快原理の彼岸』においてフロイトが引用したフェヒナーの一節を、ここで挙げておくべきだろう。「意識的な刺激が常に快あるいは不快と関係している限り、快と不快は、安定性と不安定性という条件下で、精神物理学的に関係づけて考えることができる。このことによって、私が別のところで展開した仮説を説明することができる。つまり、意識の閾を越えるあらゆる精神物理学的運動は、一定の限界を越えて完全な安定性に近づく割合に応じて、快になり、また一定の限界を越えて十分な安定性から遠ざかる割合に応じて、不快になる。快、不快の質的な閾値として表示されるこれらの二つの限界の間には、一定の幅の感覚的に差異のない領域が残っている」（グスタフ・フェヒナー『有機体の創造と発展の歴史のためのいくつかの考え』、一八七三年）。
　フロイトが、ゼロと恒常性問題についてフェヒナーが提示した解決の厳密さを知らなかったはずはない。ところが、この引用の二行後に、フロイトは再び、意図的に曖昧な表現を用い、恒常状態を維持することは、最も低い水準へと向かう傾向と、完全ではないが、だいたい似ていると述べている（Ibid., S.4-5.（同書、五六―五七頁））。

28――GW-Nb, S.404.（『全集』三、二三―二四頁）

請を満たすために、ニューロン・システムは量の貯蔵を容認せざるをえない。しかしながらこのように貯蔵する仕方には、同じ傾向が、量をできるだけ低く保つという努力へと形を変えて存続しており、これが量の増大に対して自らを防衛する。つまり量を恒常に保つのである。[29]

このように恒常性の法則は、はっきりと原理としてみなされていないにせよ、拘束エネルギーや二次過程にきわめて正確に対応する。これについては、すでに自我の審級の出現と関連づけて論じた。[30] 自我は恒常的な水準で備給された形態であり、無意識的な欲望の自由な流れに重石をつけ、抑えて調整し、最初の「満足体験」に結びついた表象が幻覚的に再備給されるのを妨げるのである。

そしてたしかに『快原理の彼岸』でも、同じくゼロの優位がニルヴァーナという名称で再び主張される。ここで「快原理」という言葉にずれが生じているが、それに惑わされてはならない。「快原理」は、このテクストを通して、現実原理に「変化する」ことと一緒に述べられているが、これ以降は恒常性の側に位置づけられることになる。ニルヴァーナ原理として、絶対的なゼロへの傾向の優位、あるいは「死の欲動」をあらためて主張されるのは、快原理の「最も根源的な形」あるいは「その彼岸」によってである。

しかし、このようなフロイトの主張は、単に同じことを繰り返し述べているだけではなく、強迫の別の面の出現を示している。つまり、先に述べた二つの優位性（自己の〈時〉の優位性、ゼロ原理の優位性）を生命の領域へと戻す必要性に迫られたのだろう。『快原理の彼岸』以降、生物学の領域全体、つまりその現在的表現と同様にその歴史は、内在するゼロへと向かう傾向によって蝕まれている。その傾向が「内部で」、ひっそりとではあるが、不可避に働いているのである。

これは、ロマン主義的あるいはリルケ的なテーマであり、フロイトが絶えず自分自身の死に親しみをもっていたことを示しているのだろうか。そうかもしれない。しかし生命のなかにゼロ原理を持ち込むこと、そしてそこから生命体を演繹するという試みは、彼の理論的著作それ自体のなかに、それ以前に出現していなかったわけではない。

自由エネルギーと拘束エネルギー

「心理学草案」は、完全な隠喩的曖昧さにおいて、生きた有機体の理論でもあるように提示されているが、この理論をブロイアーの思想、とりわけ同じ時期の『ヒステリー研究』の「理論的考察」の章で彼が書いたことと比較検討するなら、事態はいっそう明確になるだろう。というのも、ブロイアーがそこで提示したことを、フロイトの思考の最初の段階として無批判に受け入れることは[31]、論述の最も表面的な意味で満足しているにすぎないからである。

たしかに、ヒステリー現象における情動の「貯留」と、その反対の現象である「除反応」という臨床経験は、一見したところ同じであり、また「興奮総量の恒常規則」が二人にとって第一の「共通の理論」と提示され、二人が互いに褒めたたえるほどであるにせよ、「理論的考察」におけるブロイアーの生理学と「心理学草案」が示しているフロイトの生理学との間には、実際には大きな相違がある。[32]

29——Ibid., S.390.（同書、七頁）

30——（訳注）本章第三章（一一八—一二四頁）で、エネルギーの拘束過程、あるいは二次過程としての自我について論じられている。

31——だがベルンフェルトは、まさにそういうことをしている。その論文は、ブロイアーの思想に注目した最初の研究のひとつという価値しかもっていない（Siegfried Bernfeld, « Freud's earliest theories and the school of Helmholtz », *The Psychoanalytic Quarterly*, 8-3, 1944）。

ブロイアーが有機体の主要な自動調整機能のひとつである、呼吸の自動調整機能についてヘーリングと共同研究していたことを、ここで思い起こしておくことにしよう。つまり彼が言う恒常性とは、ホメオスタシスと同じものなのである。ただし、全体としての有機体のホメオスタシスではなく（たとえば生命体の主要な恒常性を調整するようなものではなく）、むしろ中枢神経系という、より特殊で特化されたシステムのホメオスタシスである。それゆえ「静止」あるいは「脳内の緊張性興奮」エネルギーと、システム内を循環する運動エネルギーというブロイアーの区別は、このような枠内で理解されなくてはならない。ブロイアーの恒常原理は、緊張性エネルギーの基底水準を調整するのであり、フロイトの快原理と違って、循環するエネルギーの流れを調整するのではない。この点についてブロイアーは次のように書いている。「有機体には脳内の緊張性興奮を一定に保とうとする傾向がある」[33]。

このような基底水準は、最適条件〔*optimum*〕と考えられている。そのようなものとしての基底水準は、さまざまな変化に脅かされうる。ある変化は全般的な混乱をまねき、別の変化はもっと局在化された障害を引き起こす。そして最適条件としての基底水準は、放出（除反応）によっても、また再充填によっても取り戻すことができる。つまり、まさにエネルギー的ゲシュタルトを維持することが重要だと言えるかもしれない。

結局のところ、このような最適条件は合目的性をもっている。それは運動エネルギーを、最適な状態で自由に循環させることである。つまりは、思考の働きを活発にし、妨害されない連想を生み出すことである。

> 私たちは、有機体には脳内の緊張性興奮を一定に保とうとする傾向がある、と述べた。しかし、こうした傾向を理解することができるのは、これによってどのような欲求が満たされるのかを見抜くことができる場合のみである。温血動物が体温を一定に保とうとする傾向があることを私たちが理解するのは、この温度が器官の機能にとって最適条件であることを、経験的に知っているからである。〔中略〕脳内の緊張性興奮の

高さについても、同じく最適条件があると想定してよいと私は考える。緊張性の興奮がこの水準にあるとき、脳はあらゆる外的刺激を受け入れることが可能になり、複数の反射経路の通道がなされる——もっとも正常な反射活動の程度に限られるが。そしてひとつの反射に正確に対応する諸表象が作り出す相互関係に応じて、蓄積された表象が呼び覚まされ、連想で結びつくことができるようになる。[34]

ブロイアーは逆に、夢のなかでは、連想は不完全で妨害が多いと言う。この考えはフロイトと正反対である。

32——このような相違は、『ヒステリー研究』で、二人が一緒に署名した唯一の章である「暫定報告」（一八九三年）の執筆作業が進むなかで、恒常原理の取り扱いが被った変化のなかに、その形跡を読み取ることができる。

一八九二年六月二九日付のヨゼフ・ブロイアー宛の手紙（GW-XVII, S.5.（『全集』一、三〇一頁）で、フロイトはまず二人の共通の理論として「興奮総量の恒常定理」に触れているが、内容の詳しい説明はない。

彼らが共同で作成した予備原稿では、それが恒常原理と呼ばれており、放出は「健康状態」を回復するための手段にすぎないとされている（Ibid., S.12-13.（同書、三〇六—三〇七頁））。しかし、二人の共著として一八九三年に発表され、後に『ヒステリー研究』に再録された「暫定報告」では、原理についての記述は一切見当たらない。ところで、「暫定報告」が出版されたのと同じ時期に、フロイトは「ウィーン医学会」で同じテーマの講演をしている。その公表された報告書は「フロイト単独の作品であることをはっきりと表している」（James Strachey, (trans.), *op.cit.*, p.26）。ここでは恒常性への言及はなく、ただ放出の必要性が述べられている。

「人がある心的印象を受けると、神経システムのなかでは、私たちが「興奮の総量」と呼ぶ何かが増大する。ところで、すべての人のなかには、健康を維持するために、この興奮量を再び減少させようとする傾向がある」（GW-Nb, S.192.（『全集』一、三三五頁））。

このように恒常原理の方向に向けた表現が共同で作成された後に、なんらかの意見の相違が生じ、出版の際にこの点が削除されたのではないかと思われる。その後すぐにフロイトは自由になって、いっそう臨床的な言葉を用いて、慣性原理あるいはゼロ原理に類似した放出原理を論じるようになった。

33——GW-Nb, S.256.（『全集』一、二四九頁）

34——GW-I, S.256.（『全集』一、二五〇頁）

ブロイアーにとって、夢は心的なエネルギーが自由ではないということの証拠である。そしてこれは、「伝達力の条件そのもの」である基底の緊張性ポテンシャルが「低下」することによる。

ここで用いられているモデルは、いかなるときも一定の電気的水準が維持されるという条件によってのみ、ある回路内では調整が可能となるモデルである。つまり、緊張エネルギーは、運動エネルギーのいかなる可能な循環に対しても、絶対的な優位にあるということだ。

このようなブロイアーの思考のごく簡単な要約からも、神経生理学的なアプローチの関心がどのようなものであったかということを十分に示すことができる。それはヘルムホルツ学派の物理主義的観念から出ているが、きわめて柔軟で、生理学的経験に近いものに留まっている。このようなアプローチは、後の神経生理学的な発見（たとえば、活性化作用のある網状組織によって基底水準が維持されるなど）と必ずしも矛盾をきたすわけではなく、科学的な信憑性があり、しかも開かれた仮説と考えることができる。

ところでフロイトは、初期の仕事から彼の全著作を通して、基本的な概念上の参照点として、自由エネルギーと拘束エネルギーという二種類の対立するエネルギーを用いている。彼はこのような区別を心理学に導入したのはブロイアーの功績だとし、彼の言う自由エネルギーはブロイアーの運動エネルギーと、そして彼の拘束エネルギーはブロイアーの静止エネルギーと同じだと明確に述べている。

この考えは、心的システムの諸要素についてブロイアーが示した、静止（拘束）備給エネルギーと自由備給エネルギーという区別と、結びつけて考えることができる。▼35

ブロイアーとフロイトの理論の共通の起源が、ヘ、ル、ム、ホ、ル、ツ、の思想にあることを考えれば、私たちは両者のこのような同一視をよりいっそう理解できるだろう。実際、ヘルムホルツも自由エネルギーと拘束エネルギーをはっ

内部エネルギー (Energie interne)		自由エネルギー (Energie libre)		拘束エネルギー (Energie liée)		一定
U	$=$	$F_{(reie)}\searrow$	$+$	$G_{(ebundene)}\nearrow$	$=$	Cte

等式1

きりと区別している。これらの用語は、ヘルムホルツがカルノー＝クラジウスの原理やエネルギーの減衰について考察する際に導入した用語である。カルノーの原理は、周知のように、次のような考えに帰着する。つまり、最初にエネルギーが「仕事を生み出す能力」と定義されるが、エネルギー保存の法則にかかわらず、あるシステム内で保存される内的エネルギーの総量は、無限定に仕事に再転換されうるわけではない。そこから、内部エネルギーの総量を構成する二種類のエネルギーの区別がなされる。ひとつは、仕事に再転換が可能で、「使用可能な」（マクスウェル）エネルギーである。もうひとつは、再転換ができず、熱となって「漸減する」エネルギーである。これら二種類のエネルギーを指すために、ヘルムホルツは*自由エネルギー*と*拘束エネルギー*という用語を用いた。

たしかに、化学的過程でも同様に、他の種類の仕事へと自由に変換可能な親和的な部分と、熱の形を取ってしか表出されない部分を区別する必要があるのは確実だと私には思える。この二種類のエネルギーを、手短に、私は自由エネルギーと拘束エネルギーと名づける。[36]

このことは、あるシステムに対し、等式1で表される。

35——GW-XIII, S.26.（『全集』一七、七八頁）

36——Hermann von Helmholtz, » Über die Thermodynamik chemischer Vorgänge «, *Abhandlungen zur Thermodynamik chemischer Vorgänge*, Leipzig, Engelman, 1902.

エネルギー総量 (Energie totale)		緊張エネルギー (Energie tonique)		運動エネルギー (Energie cinétique)		一定
E	=	T↘	+	C↗	=	Cte

等式2

この式では、自由エネルギー（自由に使用可能なエネルギー）は、常に減少する傾向をもつ一方、拘束エネルギー（再転換できないエネルギー）はそれに応じて増加する。

ところで、この法則と、ひとつの力学システム内で、緊張エネルギーあるいはポテンシャルエネルギーと運動エネルギーの相対的な量を調整する法則との間には似通ったものがある。ヘルムホルツが言う自由エネルギーは、緊張エネルギーと同様、高いポテンシャル水準と、別の形に変化する能力をもつと想定されており、さまざまな転換のなかで、減少し、最小値に至る。一方、運動エネルギーは、緊張エネルギーに完全に再転換されることはない。[37] 細部において微妙に異なる点があるかもしれないが、ここで均衡状態を支配している力学的法則として、等式2を提示することができる。

したがって、物理科学のなかでは、自由エネルギーと緊張エネルギー、拘束エネルギーと運動エネルギーを関連づけがなされるべきだということになる。しかしこれは、フロイトの関連づけと真逆になっている。フロイトは、ブロイアーの運動エネルギーと静止エネルギーの区別に、自分の用語で言うところの自由エネルギーと拘束エネルギーを同じものとして結びつけている。[38]

これはカードの配り違えなのだろうか。二重の取り違えなのだろうか。フロイトは、ヘルムホルツが熱力学第二法則で用いた用語を取り上げているが、「自由な」という形容詞を「自由に使用可能な」という意味ではなく、「自由に移動できる」という意味に解釈したために、その意味はほとんど逆になっている。そして最後にフロイトは、これらの用語の対立を、ブロイアーが導入した区別に当てはめたのである。『夢解釈』では、顕在的な不合理は、潜在内容におけるアイロニックな批判に対応すると述べられているが、ブロイアーの理論に対する形式的には恭しい対応のなかに、はなはだしい無礼さを見ることができるだろう。[39]

実際、ブロイアーの穏当な仮説と「心理学草案」の巨大な機械装置とでは、そこになんと大きな違いがあることだろう。私たちがまさに論じている有機体の領域においても、このような違いがはっきりしている。ブロイアーの仮説は、生存可能な有機体を土台とし、その外部との関係をホメオスタシスによって調整されている。そこでは、機能が活発となり適切な循環が得られることは、適切な形態を維持することに対して副次的である。逆にフロイトは、有機体のなかにはまずエネルギーの排出に向かう一次的な傾向があり、そこから「二次機能」を推論しようとする。「心理学草案」のなかの「量的把握」を扱った章の最初の数行を注意深く読むだけで、その奇妙さはよくわかる。

エネルギーの完全な排出の原理としてのニューロンの慣性原理は、まず一般に反射弓のモデルと呼ばれるもので説明されている。[40]それは受容器の末梢で受けた興奮を、運動神経の末梢から排出することであり、その際の基本的な前提として、同一エネルギーの同一量が末梢で受容されて運ばれた後、もう一方の末梢において運動という形で発散されるということである。これは受容した力学的エネルギーが、神経システムを通って伝導するとい

37――「物体のシステムは、ポテンシャルエネルギーがその可能な最小値のひとつになると、安定した均衡状態になる」（Orest Danilovich Chwolson, *Traité de Physique*, Paris, Hermann, 1906, p.117）。

38――このような「取り違え」については、すでにペンローズが指摘している。「ついでに着目しておくべき点がある。分析の間ずっと、フロイトは一般に用いられている用語法とは逆の意味を与えたと思われる。彼はポテンシャルエネルギーを自由エネルギーと名づけ、私たちが自由エネルギーと呼ぶ運動エネルギーを拘束エネルギーと名づけている」（Lionel Sharples Penrose, « Freud's theory of instinct », *International Journal of Psycho-analysis*, 12, 1931, p.92）。

39――（訳注）『夢解釈』第六章Gで、フロイトは、不合理な夢が産出されるのは、夢思考のなかに批判や軽蔑や嘲笑があり、夢作業がそれを自分なりの表現形式で呈示しなければならないときだ、と述べている（GW-II/III, S.447.『全集』五、二〇九頁）。

40――GW-Nb, S.319.（『全集』三、七―八頁）

う素朴なモデルであり、あたかも水力の排出システムを扱っているかのようである。これは、一九世紀末にすでに確立されていた生理学的知識とは相反するモデルである。フロイト自身も、このモデルにときおり修正を加えていて、運動末梢には単にエネルギーが伝達されるのではなく、「運動性ニューロン」のレベルで、内部エネルギーの解放が引き起こされると述べている。▼41 このモデルは、きわめて機械論的で単純なものでありながら、『快原理の彼岸』に至るまで、「生ける小胞」の理論の発展の基盤に見出される。

ところでフロイトは、このような非-生物学的で、死の欲動と同じ意味において致死的な機能から、一種の推論によって、「エネルギー備蓄」の構築を導入しようとした。この推論の際に媒介になるのは、フロイトが「生の窮迫」と呼ぶものである。▼42「生の窮迫」とは、内部に由来する興奮の流入が有機体に加える圧力のことであり、この過剰な負荷量を持続的に排出するためには、無秩序な有機体の反応では不十分で、「特殊」で適切な行為が始動する必要がある。この特殊行為だけが、放出のための門を開くのである。

神経装置は、特殊行為の要求を満たすために、量の備蓄を構築しなくてはならない。とはいえ、このように備蓄する仕方には、同じ（ゼロ水準への）傾向が、量を少なくとも可能な限り低く抑え、量の増加に対して抵抗するという、恒常性を維持する努力に変更され存続することが示されている。神経系のあらゆる働きは、一次機能の観点か、生の窮迫によって強いられた二次機能の観点のいずれかから理解されるべきである。▼43

このように、死の欲動によって支配されるメカニズムから、恒常原理に従う組織体へと移行する過程において、生という観念そのものが、媒介あるいは触媒の機能を果たすのだろう。「心理学草案」でフロイトが「生物学的観点」に依拠する際は、いつも「機械論的」論理における不連続性を越えて進むための橋を作ろうとしていたのである。

有機体という観念——この語はここでは表象、あるいはエイドス〔eidos〕＝形態〔forme〕といった意味で把握されなくてはならない――が、結びつきを作るよう「急き立て」、また一次的な心的機能を二次的な機能へと移行させる要因であるとするのは、まさに精神分析的思考を通じて、「自我の導入」という考えと一貫性をもつ観念だと思われる。だが、フロイトが、「〈自我〉以前の」水準――生きていることや「生」それ自体が推定される水準――に対しても、同じく「生の窮迫」を目的因として持ち出す際に、アポリアが生じる。というのも、この「生の窮迫」が、有機体の構成や「小胞」の境界によって「拘束された」エネルギー備給の維持を説明しているからだ。ここでは、生命活動の次元に、再帰的な〈時〉とゼロ水準の傾向の優位性あるいは一次性が持ち込まれているが、それらは精神分析の領域でしか正当化されないのである。

リビドー循環の構成原理

さて、死の欲動において明らかになる三重の強迫[44]を解釈し、起源にある合理性を把握するという課題がまだ残っ

41――Ibid., S.413.(同書、三三頁)

42――(訳注)「生の窮迫」という用語は、「心理学草案」で最初に導入され、その後、『夢解釈』、『文化のなかの居心地悪さ』で用いられている。空腹の子どもは、内的な欲求から興奮が高まる。その興奮に対し、子どもは二つの仕方で反応する。ひとつは、非特殊的な行為であり、子どもは叫び、手足をばたつかせるが、状況は変わらないために、興奮は高まりつづける。一方、特殊行為は、なんらかの方法で、食べ物を手に入れることであり、興奮は鎮まる。しかしその場合、乳児は、その本源的な寄る辺なさゆえに、母親の助力が必要となる。

43――Ibid., S.390.(同書、七頁)

44――(訳注)三重の強迫とは、自己の〈時〉の優位性、ゼロ原理の優位性、起源的なものを肯定する必然性を指している。

(訳注)本章の二一九―二二〇頁に、この引用箇所と重複する引用があるが、二つの箇所の仏訳文は大きく異なっている。

ている。この合理性は、フロイトのいくつかの主張の衝撃的な非論理性の背後に隠れている。したがってその解釈は、先に述べた強迫の三つの契機それぞれにおいて、無意識そのものに由来する秩序に立ち戻ろうとするものでなければならない。

最初に、自己〔*auto*〕の〈時〉の優位性についてはどうだろうか。自体愛であろうと、幻想やマゾヒズムであろうと、人間のセクシュアリティの構成にとって、再帰的な契機は、起源的なものとして位置づけられる。

それはまた、人間のセクシュアリティの領域が、精神分析の領野として自律していることに注目することである。精神分析の規則に従うなら、精神分析的に耳を傾け、解釈することにおいて、「彼岸」で探すべきものは何もない。というのも、生命や自己保存や現実に媒介なく依拠しようとしても、それは分析家の仕事ではないからである。

さらには、幻想が第一次的な素材であると主張したい。幻想とは「葛藤」および相容れないものの起源的な内在化である。この意味で、死の欲動という全く非弁証法的にも見える概念は、フロイトの最後の定式化のなかで、葛藤の要素としてではなく、むしろ実体化された葛藤、すなわち争いと分離の内的原理として出現するのである。[45]

第二に、恒常性に対するゼロの優位性についてはどうだろうか。私たちはそのなかに、無意識過程の法則について繰り返し述べられる主張を読み取ることができる。無意識過程は、現実や自我の介入に依存するあらゆるものとは異質である。幻想や夢の法則のなかに見られる情動の自由な循環が、ここで再確認される。『夢解釈』で反射弓モデルがその本来の意味と方向性を見出すのは、想起あるいは表象システムで構成された「反射装置」のなかである。快原理は、ニルヴァーナ原理という形に先鋭化されたが、それはもっぱら表象の水準において発見され、妥当性をもつ。だが、快原理を、「生命活動の次元」のなかで観察される一見したところ類似した原理と厳密に区別しようとするなら、きわめて大きな混乱を精神分析に導き入れることになる。

しかしながら、フロイトは初期から、まさしく生命活動の次元の諸原理と一種の連続性を確立しようとしていた。『快原理の彼岸』において、彼は反復強迫を死に向かう傾向として生命活動の次元の諸原理へ戻した。しかし、反復強迫の主な証拠は、とりわけ精神分析的な現象である転移から引き出されている。ここで私たちは最も困難な問いを立てることになる。精神分析の発見との関係でのみ正当化される二つのテーゼを、生物学的水準へと戻すように促す内的要請とは一体、何だったのだろうか。

そして第三に、「個人神話」[46]という形や、歴史的あるいは前歴史的な神話において、起源的なものを肯定する必然性は、フロイトの思考の創設的で基本的な方向のひとつとして認められる。エネルギーのカオス状態から生物の形態が出現したという生物学的な神話を想定することは、私たちの到達点の手前で、その同じ次元に、ある個人的な出来事を投影するということなのだ。個人的な出来事とは、私たちが苦労しながらも一次過程という用語の形で想像する事態のなかで、自我の最初の核を凝固させるものである。

だが、このように現在を過去に、個体発生を系統発生に戻すことは、私たちが今論じている問題においては、死を生のなかに戻すことでもあると考えるなら、起源へと向かうこの動きにより特有の解釈を与えざるをえなくなる。あたかもフロイトは、あらゆる生気論的な解釈に反駁し、一貫性と適応を伴った生命を、一言で言えば本能性〔instinctualité〕（それが人間にとってどれほど問題を含んでいるかを、私たちはすでに指摘した）を根底から揺さぶる必要があると、漠然と感じていたようだ。そしてそのために、彼は死を本能〔instinct〕であるかのように生物学のレベルにまで連れ戻した。もちろん、ここにパラドックスがある。

45——GW-XVI, S.90-92.（『全集』二一、二八二—二八五頁）

46——Jacques Lacan, *Le mythe individuel du névrosé ou « poésie et vérité » dans la névrose*, Paris, Seuil, 2007.
フロイトも類似した意味で、すでに「神経症者の家族ロマン」について語っていた（GW-VII, S.227-234.（『全集』九、三一五—三二〇頁））。

したがって注釈者たちが、一度ならず次のように記したのは、それなりの理由があった。つまり、フロイトの最後の「二元論」の水準で問題となっていたのは、もしかしたら、もはや「フロイト的」な意味での諸欲動ではなく、諸本能なのかもしれない。ここで言う諸本能とは、生命科学で理解されている通常の意味からは、誇張的に超過したものである。一九一九年のまさにこの時点で、死の欲動による支配とともに、生を解体するこのような強迫が、どのように出現したかということをさらによく理解するためには、フロイト理論の展開と構造についての、さらなる考察が不可欠になるだろう。

一九一四年には「ナルシシズムの導入にむけて」が、そして一九二三年には『自我とエス』が書かれる。自我理論とナルシス的リビドー備給の理論が発展するのはこの時期であり、「生」はいっそう勢いを増し、勢力を拡大する。今や、自我があらゆる力と権限を誇るようになる。自我に託された権限は、自己保存だけではなく、対象愛と対象選択――すでに述べたように、そこには常にナルシス的な聖痕が刻まれている――におけるセクシュアリティにまで及ぶ。そして、これに付随してエロスが出現する。私たちは、この聖なる力をこれまで十分に検討できなかったが、エロスが、精神分析の基本的な発見であるセクシュアリティと、いかに異なったものであるかということは強調しておこう。エロスは、心的な生および生命体のまとまりや統合する傾向を、維持、保存し、さらには増加させようとする。これに対し、セクシュアリティは、精神分析の始まり以来、その本質からして、拘束に敵対する「脱拘束」すなわち解放（Entbindung）の原理である。これが拘束されるのは、ひとえに自我の介入によってである。エロスとともに現れるのは、セクシュアリティと結束し、拘束された形式であり、それはナルシシズムの発見によって明らかになったものである。対象に備給され、ある形式に繋がれた、このセクシュアリティこそが、それ以降、自我および生命そのものを支え、またさまざまな様式の昇華を支えるのである。

こうした生命とホメオスタシスの勝利に直面した際にフロイトにとっての課題は、彼の発見の構造的必然性に従って、認識論的な区別を敢然と乗り越えて、精神分析においてだけではなく、生物学においても、セクシュアリティ、享楽、否定性、反復強迫など、生命の反対物をあらためて主張することであった。戦略的に、精神分析の領野の諸原理を生命活動の次元に戻すことは、ひとつの反撃のようなものである。すなわち、そこから侵略される危険のある拠点を破壊するひとつの方法である。それは主体的な戦略なのだろうか、あるいは学説の戦略なのだろうか。それは〈事物それ自体〉[47]の戦略なのだ。というのも、人間の闘争を生のなかに戻すことが、セクシュアリティによって引き起こされた全般的な転覆の一環だったからである。

周知のように、性欲動のエネルギーは「リビドー」と名づけられた。そして対称性への形式的配慮から「デストルドー〔destrudo〕」という用語が、死の欲動のエネルギーを示すために作り出されたが、この言葉はすぐに使われなくなった。[48]つまり、死の欲動は固有のエネルギーをもたないのである。死の欲動のエネルギーはリビドーなのだ。あるいはより正確に言うなら、死の欲動は、リビドー循環の核心そのものであり、その構成的原理なのである。

最終的な欲動の二元論の系統図を、図4のようなものと考えればいいだろうか。精神分析的思考において、常に対立組をなす語を対置させてみると、その系統図は奇妙な交差をなすものとして描き出される。そしてフロイトの後継者である私たちは、この交差の謎を解読しはじめているのである。

47――（訳注）本書第一章二五頁・注3を参照のこと。

48――（訳注）この言葉を作り出したのは、精神分析家のエドアルド・ヴァイスである（Edoardo Weiss, »Todestrieb und Masochismus«, *Imago*, 21, 1935）。

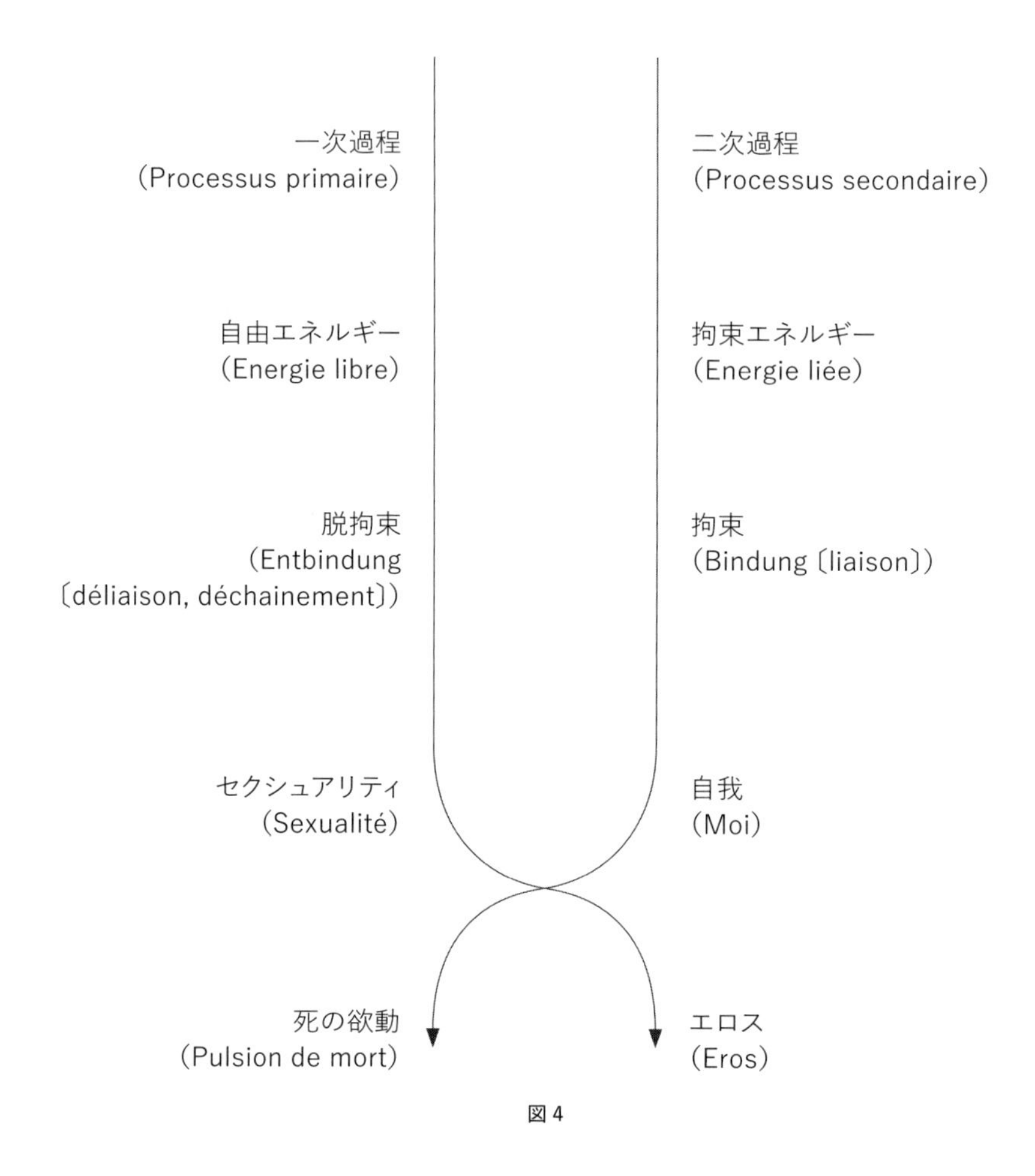
一次過程
(Processus primaire)
二次過程
(Processus secondaire)
自由エネルギー
(Energie libre)
拘束エネルギー
(Energie liée)
脱拘束
(Entbindung
〔déliaison, déchainement〕)
拘束
(Bindung〔liaison〕)
セクシュアリティ
(Sexualité)
自我
(Moi)
死の欲動
(Pulsion de mort)
エロス
(Eros)

図4

結論

本書では、精神分析の問題群と歴史について、その基礎となる考察を行ってきた。その結果、何よりも明確になったのは、生命活動の次元に対する精神分析の領野の特殊性である。しかし、この特殊性は、単に認識論的な境界を画定するだけで決まるのではない。この特殊性がその意味を見出すには、生命活動の次元と精神分析の領野の間にある関係様式が引き出されねばならない。私たちは、「発生的」循環を考慮に入れることによって、創発〔émergence〕の論理的・時系列的な〈時〉や、一方の領域〔生命活動の次元〕から他方の領域〔精神分析の領野〕への移動の仕方を理解できるようになるのである。

人間のセクシュアリティにおいて、本能という生命力は、欲動やその派生物〔rejeton〕に、あるいは隠喩―換喩的「派生〔dérivé〕」[1]に変質してしまい、それ自体は失われる。すでに『性理論三篇』の、まさにその構想そのものが意味していたのは、生物学的なものの根本的な喪失である。他方、その第三篇（「思春期の形態変化」）では、別の構造の再発見のシェーマが描かれている。その構造は、人間相互間の交換様式から生じる。エディプス・コンプレクスは、その一般化された論理の、歴史的に支配的な形象である。

自我のなかには、生命の緊張ではなく、生命体の安定した形態が移し換えられる。この形態が重要になるのは、本来的な生理学的脆弱さゆえであるが、フロイトはその脆弱さを人間固有の発達のきっかけとして記述している。このような形態がもつ「整形外科的〔orthopédique〕」[2]な意味合いは、ジャック・ラカンによって、何よりも非難する目的で強調された。しかし、フロイトをラ・ロシュフコーやヘーゲルの系列に組み入れ、現実機能が前提とする誤認や、防衛的あるいは「イデオロギー的」なアリバイ、すなわち適応の理想を分析するだけで、「自我の終焉」という福音を伝えるのは、[3]たとえ分析過程であっても、早合点である。それは、人間は「生きなくてはならない」

1――フロイトの派生物〔Abkömmling〕という語は、アングロサクソン圏ではDerivativeと翻訳される。

2――（訳注）orthopédieは古語で「小児整形術」のこと。

のだが、しばしば生に対する衰弱した愛を、もっぱら自我の愛や、そこから派生する理想的審級の愛によって埋め合わせることができるからではない。自我機能の本質は、適応である前に拘束であり、無意識的幻想であっても、それが形をなすためには、自我機能の最低限の介入が不可欠だからなのである。

構造主義によって、神話や幻想についても組み合わせを明るみに出すことが可能になり、フロイトの『夢解釈』以後、象徴的構造は、無限に広がるとみなされがちな〈想像的なもの〉の支配力と混同してはならないことが示された。しかし、各項の配置と、基本的「文法」に従ったさまざまな変転物のなかで展開される無意識的幻想で[4]さえ、想像的な慣性〔inertie imaginaire〕が多少なりともなければ存在しえない。この想像的な慣性は、その連鎖に沿って、対象に似た（英語で object-like と言えるだろう）この凝固物を沈殿させる。つまり、対象と同じように、輪郭がはっきりとさせられ、エネルギーが備給される。この凝固物が表象である。

幻想の展開における、このような自我のエネルギー的介入がどのようなものでありうるかをより明確に把握するために、例として思い起こしてみたいのは、無意識的表象が前意識－意識の水準に移行する過程についてのフロイトの記述である。彼は一八九五年以来、数々のメタサイコロジーのテクストを通じてそれを描いてきた。そこでは一種の加算によって、言語的表象は無意識的表象の上に重なっている。それは正確に言うなら、意識的な文が、無意識的な展開の翻訳として重なっているのではない。そうではなく、分離されて、一時的に備給された表象が、それぞれ自らの周辺にエネルギーの領域——これが注意という現象である——を局所的に生み出しているのだ。このように、生命エネルギーの形態から派生する自我こそが、もともと境界も固有のエネルギーもなかった一種の電気機械、すなわち「心理学草案」のニューロン・システムにおいて、認識可能で再生産可能な知覚要素の句読点を打つのである。おそらくそれは、あらゆる言説の連鎖——無意識の言説の連鎖から、その対極の、最高度に形式化された科学の言説の連鎖まで——を固定するのに必要な句読点である。

拘束をもたらす生命形態である自我に対して、死の欲動は最後の理論的な変転物である。その極限状態、すなわち純粋な述語的運動――繫辞〔copula〕[5]を通じて、ある項の実質すべてを隣の項へと移行させる運動――になる場合、死の欲動は必然的に黙々と働くロゴスを示すことになる。つまり、自我と欲動の葛藤、防衛と「欲望の幻想」の葛藤は、拘束と脱拘束の対立の唯一の形態でもなければ、究極の形態でもない。幻想のなかの無意識の水準で――少なくとも「純粋な」自由エネルギーとは別様にそれを思い描こうとするなら――より根源的な別の対極性が見出されなければならない。すなわち、生の欲動と死の欲動、禁止と欲望などの対極性である。[6]

あらゆる花束に不在するあの薔薇のように、[7]死はあらゆる無意識に欠けつつ、その無意識のおそらく最も根源的で最も不毛な論理として見出されるのかもしれない。そして、まさしく生こそが最初の対象群を、思考以前に欲望が結びつく、それらの対象群を結晶化するのである。

3――(訳注)ジャック・ラカンは一九五〇年代に自我心理学批判を行ったが、ラプランシュはラカンの批判の不十分さを指摘している。

4――(訳注)本書第五章では、「子どもが叩かれる」という幻想における各項(誰か―叩く―子ども)が、基本的「文法」に従って変転する様式が詳細に分析されている。

5――(訳注)繫辞は論理学用語。一般に判断は、主語概念が述語概念と繫辞で結びつくことによって成立する。ヘーゲルは『小論理学』の第三部「概念論」で、主語と述語の同一性を定立するだけの「である」という繫辞が、その内容が「充実」し、判断にさらなる意味と連関を与える「推理」へと進展する過程を論じている。ラプランシュは、死の欲動の極限状態を文の繫辞だけが働く述語的運動と考えている。

6――Jean Laplanche, « la Défense et l'interdit dans la cure et la conception psychanalytique de l'homme », *La Nerf*, 31, pp.43-55.

7――(訳注)マラルメの詩が参照されている。「たとえば私が、花!と言う。すると、私のその声がいかなる輪郭をもそこへ追放する忘却状態とは別のところで、〔声を聴く各自によって〕認知されるしかじかの花々とは別の何ものかとして、〔現実の〕あらゆる花束のなかには存在しない花、気持ちの良い、観念そのものである花が、音楽的に立ち上がるのである」(「詩の危機」『マラルメ全集〈二〉』(松室三郎=訳、筑摩書房、二〇一〇年)収録)。

訳者解題――十川幸司

ジャック・ラカンの『エクリ』刊行の四年後に出版された本書は、ラカンとは別の「フロイトへの回帰」を提唱したジャン・ラプランシュの始まりの書物である。本書の主題は、フロイトの読解である。ラカンが、独自の切り口でフロイトのテクストを斬新に読み換えていくのに対し、ラプランシュはフロイトのコーパスの内部に留まり、テクスト相互の矛盾点や絡み合った問題群を解きほぐして、フロイト理論の更新を試みる。およそあらゆる始まりの書物がそうであるように、この書物のなかにはラプランシュのその後の思想的展開がすべて散りばめられている。本書のもとになった連続講演は、六八年にケベックで行われたものであり、五〇年経った今の時点から読み直すと、時代を感じさせる記述も少なくない。しかし、この書物は現在においてもなお最も先鋭的で可能性をもったフロイト読解を示している。

＊

ジャン・ラプランシュは、一九二四年、パリに生まれている。四四年に高等師範学校（エコール・ノルマル・シュペリウール）に入学し、アルキエ、バシュラール、イポリット、メルロ＝ポンティから哲学を学ぶ。とりわけイポリットとの出会いは、精神分析への関心を高めるきっかけになる。四六年に、留学生としてハーバード大学で過ごし、ラカンの分析家であったレーベンシュタインの知遇を得る。翌年帰国し、ラカンとの分析を始めている。また同年、カストリアディス、ルフォールらが創始した「社会主義か野蛮か」の創設メンバーとなり、政治活動に身を挺する。五〇年にはラカンの勧めで、医学の道を進み、選抜試験を受けた後、精神病院の研修医として働く。六一年に『ヘルダーリンと父の問題』で博士号を取得。この博士論文はPUF（フランス大学出版局）から出版され、高等師範学校時代の学友であったミシェル・フーコーに高く評価される。

六二年には、ラガーシュに招かれ、ソルボンヌ大学で教鞭を取る。この年から五年かけて、ポンタリスとともに『精神分析用語辞典』を編纂し、この辞典は、現在一五カ国以上の言語に翻訳されている。この辞典の執筆作業のなかで、ラプランシュは本書の基本的構想を得ている。六四年に、ラカンの「短時間セッション」に対しIPA（国際精神分析協会）が、ラカンを訓練分析家から外すように決定を下した際に、SFP（フランス精神分析協会）は、IPAに所属するAPF（フランス精神分析アソシエーション）とラカンが率いるEFP（パリ・フロイト派）に分裂する。このときにラプランシュは、ラカン派に与することを拒否し、「フロイトへの回帰」を独自に行うと決意している。そして、その六年後に出版されたのが本書である。

その後のラプランシュの歩みは、独自の精神分析理論の構築へと向けられる。七〇年から九三年までは、パリ第七大学の精神分析学科で教鞭を執り、この間に全七巻の講義録『問題群I—VII』を出版し、雑誌『大学での精神分析』を創刊する。また八七年には、彼の第二の主著である『精神分析の新たな基礎』を刊行している。八九年からは、フランス語版『フロイト全集』の翻訳グループを立ち上げ、精力的に翻訳作業を進めている。

九〇年代以降の重要な著作としては、九二年の『未完のコペルニクス的革命』(題名は文庫化の際に『他者の優位』に変更)、九九年の『誘惑とインスピレーション』、二〇〇七年の『性的なもの（Sexual）——フロイト的意味での拡大されたセクシュアリティ』がある。二〇一〇年に、六〇年間連れ添った妻ナディヌが亡くなってからは、『フロイト全集』の翻訳、編集作業に専念するために、故郷のボーヌに隠居するが、二年後、肺線維症で死去している。

＊

さて、ラプランシュの「フロイトへの回帰」とはどのようなものだろうか。本書の記述は複雑に入り組んでおり、一読して全貌を把握するのは難しい。ここでは読者の読解の手助けになるように、本書の章立てに沿って、全体の流れを概観する。その際に、必要に応じて訳者独自の見解も付け加えておく。

序論で、ラプランシュはフロイトのテクストを読む際の方法論を論じている。フロイトの思考の独創性は、彼の「根本的な欲望」から生まれたものだ、というのがラプランシュの基本的認識である。この「根本的な欲望」とは、フロイトの自己分析も含めた治療経験と精神分析という学説の要請から生じる欲望である。そしてフロイトの思考は、哲学的思考や科学的思考と深部において同じ「根」で交わりながら、内部に矛盾を孕んだ問題群を提起しながら発展している。これらの問題群には、たえず構造的な不均衡があり、その不均衡の手直しが別の定式化を生み出すことになる。とはいえ、この不均衡が完全に解消されることはない。このようなフロイトの理論化の過程を、現時点から俯瞰するなら、そこにはいくつかの転換点がある。フロイトの思考が生み出した問題群とその理論化を、フロイトから距離を置いて再検討すること、そしてフロイトの理論化の転換点に立ち戻り、フロイト理論を再構築すること。これがラプランシュの掲げる方法である。

それでは、フロイト理論における重要な転換点は、どこにあるのだろうか。ラプランシュは、それを次の二つの時期に読み取っている。ひとつは、一八九七年の「誘惑理論」の放棄である。これは、ヒステリーの病因が、父からの性的誘惑という事実ではなく、患者の幻想にあるとするフロイトの理論的立場の変更と一般には理解されている。しかし、意外なことに、フロイトは母からの世話が性的誘惑になるという臨床的観点を、晩年に至るまで保ちつづけていた。フロイトのこの主張は本書の第二章で取り上げられる。ラプランシュは、『精神分析の新たな基礎』で、この切断点の詳細な検討を行い、「誘惑理論」のより普遍的な理論化（「一般誘惑理論」）を試みている。これについては、第二章の解説部分で改めて述べる。

もうひとつは、フロイトが最初に用いた性欲動と自己保存欲動の区別が、ナルシシズム概念の導入によって破綻し、生の欲動と死の欲動の二元論という形で新たに定式化されるという理論的転回である。テクストとしては、『性理論三篇』、「ナルシシズムの導入にむけて」、「欲動と欲動の運命」、『快原理の彼岸』、「マゾヒズムの経済論的問題」などであり、時期としてはおよそ一九一五年を中心とした前後数年間に相当する。本書でラプランシュは、この理論化の過程にこそ決定的な転換点があるとみなし、そこからフロイト理論の再検討を試みている。

本書で中心となる主題を一言でいうなら、欲動とセクシュアリティである。精神分析においては、欲動はそもそも、本能という生物学領域から派生して、セクシュアリティを生み出し、さらに人間のさまざまな条件と病理を形成することになる。また欲動は、フロイトが記述したように、精神と身体を媒介し、独自の動きと運命を経る。本書のタイトルにもある「生と死」という生命活動の内在的次元とも欲動は関係する。もちろん精神分析の臨床のなかに、直接このような生命活動の次元が出現することはない。それはあくまで、セクシュアリティやサド・マゾヒズムなどの臨床形態を取って、私たちの前に姿を現す。このような理論的関心は、ラカンとは対照的である。すなわち、ラカンが言語や他者といった精神分析の「超越論的」な次元に焦点を据えるのに対し、ラプランシュは欲動や動きなどの精神分析の「内在的」な次元に関心を向ける。本書では、欲動が関連する問題群として、年代的に、セクシュアリティ、自我、死の欲動という三つが取り上げられる。最初の第一、二章では、セクシュアリティの問題群がまずは検討されている。

第一章では、ラプランシュの欲動理論の基盤となる依託という動きが詳細に論じられる。『性理論三篇』で、フロイトはAnlehnung（寄りかかること）という言葉を用いて、欲動の特徴的な動きについて記述している。しかし、これまでにこの欲動の特質はあまり注目されてこなかったとラプランシュは言う。そして、この動きを精神分析の概念とし確定するために étayage（依託）という訳語を当てる。依託とは、寄りかかること、すなわち自らとは別のもので支えられることである。フロイトは、「子どものセクシュアリティは、生命によって重要な身体機能に依託しながら発達する」と書いている（『性理論三篇』）。これは、セクシュアリティ、すなわち性欲動が、非性的な生命機能である自己保存欲動に寄りかかりつつ誕生することを意味している。一九一〇年頃までのフロイト理論において、性欲動は自己保存欲動の対立概念として考えられているが、一方で彼は、性欲動が自己保存欲動という別の欲動の過程に寄りかかりつつ形成されるとも論じている。本書でラプランシュが一貫して着目するのは、性的なものが非性的なものに寄りかかりつつ誕生し、非性的なものから切り離されるという欲動の「依託」の動きである。

依託のプロトタイプは、「おしゃぶり」という行為に見て取れる。摂食のために乳房を吸うのは、生命維持を目的とする自己保存欲動である。しかし、この摂食行為のなかで、乳房や温かいミルクの流れによって、唇や舌が興奮する。この興奮は、当初、機能に合わせて形づくられているため、機能と快の区別はつかない。しかし、そのうち子どもは、空腹を充たす対象であるミルクよりも、おしゃぶりという行為の快を求めるようになる。それによって機能の対象は失われ、自体愛的な欲動が生じる。そしてその後、口唇欲動は、自己保存欲動が向かっていた対象である乳房を今度は性的な対象にして、そこに欲動の充足を求める。口唇性のセクシュアリティはこのようにして出現する。

このような依託の動きをラプランシュは、三つの〈時〉に分節化して、定式化している（この〈時〉とは、本書三九頁訳注22でも示したように、直線的時間ではなく、事後性の意味も含んだ精神分析固有の時間であり、この定式化は、第五章のサド・マゾヒズム的欲動の動きを論じる際にも用いられる）。第一の〈時〉には、自己保存欲動は乳房という機能的対象をもっている。しかし、ここにはセクシュアリティの対象はない。第二の〈時〉では、性欲動が自己保存欲動に依託してセクシュアリティを生み出すが、機能的対象は失われる。機能的対象を喪失することにより、性欲動は自体愛へと方向転換する。第三の〈時〉は、機能的対象の派生物として性的対象が出現し、性欲動は性的対象へと向かう。この三つの〈時〉の定式化によって、フロイトの「対象の発見とは、本来再発見である」という命題をより明確に理解することができる。失われた対象は機能的対象であり、発見される対象とは性的対象である。発見される対象は、失われた対象とは同じ対象でありながら異なるゆえに、発見とは常に再発見なのである。

依託の働きが生じるのは、まずは性源域である口唇、肛門、尿道、性器などが考えられるが、フロイトは、性的興奮の出発点は、皮膚領域すべてであり、さらには内臓器官をも含むあらゆる器官であると述べている。本能(自己保存欲動)をあらかじめ生物学的に固定された行動様式とするなら、人間の性欲動は依託の働きによって、セクシュアリティを生み出し、セクシュアリティは生命的機能としての本能を「倒錯化」してしまうのだ。

ラプランシュは欲動についてさらに理解を深めるために、フロイトが「欲動と欲動の運命」で欲動の四要素として挙げた、衝迫、目標、対象、源泉をそれぞれ検討していくが、そのなかでも彼が重視するのは、今述べた対象と源泉である。

性欲動の源泉についてラプランシュは、性源域(口唇、肛門、尿道、性器という括約筋で囲まれた開口部)が、しばしば母親の世話を受ける領域であることを強調する。この領域は大人による最初の働きかけを受ける場所であり、この領域に両親の幻想(とりわけ母親の幻想)が集約され、この領域から性的興奮が子どもに導入される。この興奮は、子どもにとって外部から来る「異物」だが、子どもはそれを「内なる異物」として内在化する。この点は第二章で詳しく論じられる。

第二章では、第一章に引き続き、セクシュアリティが生命活動の次元に端を発し、人間の活動のすべてを覆うことが論じられる。生命活動の次元は、人間においてはまず自己保存欲動という形で現れる。人間の自己保存欲動は、そもそも脆弱で未成熟な機能だが、さらにこの欲動に依託する形で性欲動が展開し、人間の活動すべてがセクシュアリティに関連づけられる。人間のセクシュアリティで重要なのは、それが時間的性質をもち、他者（親）によって導入されたものだ、という点である。第二章で論じられるのは、人間のセクシュアリティのこのような独自の性質である。

最初に扱われているのは、セクシュアリティの時間性、すなわち「事後性」という論理の説明だが、ラプランシュはこの時間の論理を独自な観点から再解釈している。「事後性」を説明するのに格好の例が、「心理学草案」の症例エマである。エマは八歳のときにある食料品店で、店主に性器をつままれる。そのときは何も感じない。しかし一二歳の性的成熟期に入って、店に買い物に行ったとき、二人の店員が笑い合っているのを見て、彼女は恐怖を感じて、大慌てで店から走り去る。八歳の出来事が、一二歳のときに事後的に想起され、性的な効果を及ぼしたのだ。

この症例に関するラプランシュの解釈は次のようなものである。最初の場面は、外部の傍観者にとって性的なものであるが、主体にとっては性的効果をもたらさない「前性的－性的」な場面である。この場面は、それ自体は性的なものではないが、第二の場面と結びつくことによって、主体を内部から攻撃し、性的な興奮を引き起こす「内なる異物」になる。人間のセクシュアリティはこのような時間的なずれを孕んだ過程であり、そのことが人間固有の脆弱さや病理を生み出す。

セクシュアリティが他者に由来することについては、ラプランシュは「一般誘惑理論」として定式化される問題群のなかで扱っている。フロイトは彼の誘惑論を一般的に適用すると、倒錯的な父親とヒステリーの子どもという組み合わせ、とりわけ前者の圧倒的な数が理論上必要になり、誘惑論を放棄せざるをえなくなる。しかし、ラプランシュは、フロイトは誘惑論を完全に放棄したのではなく、母親の世話による性源域の興奮という誘惑という考えを捨ててはいなかったという事実（本書八六－八七頁）からフロイト理論を再構築する。つまり、ラプランシュは一八九七年のフロイトの誘惑論を、その約七〇年後に一般理論として新たに定式化するのである。

ラプランシュが一般誘惑理論の基礎とするのは、第一章で述べた彼の欲動論と、彼が人間の人類学的根本状況と呼ぶ、親と子どもの絶対的非対称性である。すなわち、生まれて間もない乳児は、セクシュアリティの外にいるが、親はすでにセクシュアリティの世界のなかにいる。子どもから見れば、親の世界は謎に満ちた世界である。乳児の生命機能はそもそも脆弱で未成熟であるゆえに、他者の世話が必要になる。その世話を介して大人のセクシュアリティの世界が導入される。この二つの世界の接触から生じる外傷的な混乱を、すでにフェレンツィは「大人と子どもの言葉の混乱」で見事に描き出しているが、ラプランシュはフェレンツィの構想を継承し、大人の世界が子どもの世界に外傷的な形で入り込み、子どもにとっては、それが「内なる異物」となる過程を論じている。人類学的根本状況は乳児がセクシュアリティのなかに入るための普遍的な過程である。しかし、これが外傷的闖入（ラプランシュは「移植」という言葉を用いる）となることによって、人間のさまざまな病理が生じる。

セクシュアリティは生を攪乱する。それに対し、生を保護する装置である自我は、セクシュアリティを抑圧しようと試みる。しかし、先の症例エマで見たように、自我の防衛は普段は知覚のほうに向けられているために、自我は内なる異物から生じた興奮に対し、防衛機能をもたず、内からの攻撃は症状となって出現する。セクシュアリティの次に俎上に載せられるのは、セクシュアリティと対立する自我の問題群である。


第三、四章では、自我という複雑で矛盾を孕んだ概念が論じられる。だが、いまさらなぜ自我なのだろうか。その点を理解するには、この書物が出版された当時のフランスにおける精神分析の状況を知っておく必要がある。当時、精神分析の世界で全盛を極めていたのは自我心理学である。一方、ラカンは自我心理学に対抗する形で、主体概念を中核に据えた精神分析理論を構築していた。ラプランシュは、自我の適応的側面に焦点を当てる自我心理学に対しては、ラカンと同様に批判を加えている。しかし彼はラカンのように、想像界という独自の概念を発明し、その概念のなかにフロイトの自我概念を取り込もうとはしない。ラプランシュにとって、自我の概念はフロイトの思考が凝縮されているゆえに重要であり、自我心理学がその一面しか見ていないことを批判している。この観点から、彼はフロイトの自我概念そのものの緻密な再検討を行い、概念の拡張と混乱を明確にしようと試みる。

生命活動の次元から議論を立てるラプランシュにとって、自我とは何よりも生あるいは生命活動の次元を代理するものである。自我とは、生成しては消滅する生命活動の流れを拘束する機構である。自我の背後には生命活動の諸現象があるが、そのような現象それ自体は精神分析の臨床には現れない。このように自我が内包する生命活動の次元を考慮に入れることによって、ラプランシュの自我論はフロイトの精神分析がもつ内在的平面を射程に収めている。これは、ラカンの精神分析が自我に対する主体の優位を全面に提示することによって「自我殺し」を遂行したと批判する、近年のジャコブ・ロゴザンスキーの主張とも、一脈通じる立場である（『我と肉』（松葉祥一ほか＝訳、月曜社、二〇一七））。

ところで、フロイトの自我という語は、そもそも専門用語ではない。この語は、原語（Ich）から派生し、精神分析の専門用語として用いられている。その使用法は多義的だが、フロイトの自我概念をラプランシュは、換喩的派生と隠喩的派生の二系列に分ける。前者は連続性による派生を意味し、後者は類似における派生を意味する。

換喩的派生として示される自我とは、個体としての自我との間に連続性をもった一機能としての自我を示している。これはとりわけ自我心理学で用いられる自我概念である。自我は人物全体のひとつの機関であり、外界へ適応するために分化している。このように個体と自我とを連続的に捉える構想には、精神心理学、学習心理学、児童心理学、社会心理学などの、精神分析的ではない心理学が居心地よく住まうことになる。また、換喩的派生としての自我は、『快原理の彼岸』の生ける小胞のモデルにも用いられている。小胞の表層は外界の刺激の影響で分化し、知覚と保護機能を担う外皮を形成する。この分化により、個体としての自我は、現実と知覚を通して接続し、内部においてはエスと連続性を保つ。自我はエスのエネルギーの伝搬者であり、そのエネルギーを支配し、可能な限り巧妙に操作することを目指すのである。

一方、隠喩的派生としての自我は、もはや生きた個体との連続性をもたない。それは一種の精神内的な現実と類似したものとして提示されている。この自我の発生においては、換喩的派生の自我とは異なり、すでにそこには他者のイメージが、不可避に刻み込まれている。この隠喩的自我をラプランシュは次の三つの点から年代順に論じている。第一に「心理的草案」（一八九五年）のニューロン・モデル、第二に「ナルシシズムの導入にむけて」（一九一四年）が提示している問題群、第三に同一化の概念の展開、である。この第三章の後半で詳細に検討されるのは、「心理学草案」のニューロン・モデルである（残りの二つの点に関しては、第四章で論じられる）。

「心理学草案」は、フロイトが自我を論じた最初のテクストである。このテクストでは、ニューロンという構造的な仮説と量というエネルギー論的仮説に基づき、神経症の病理をも含めた人間のあらゆる心的事象を理解することが試みられている。ニューロンは、φ（透過性）、ψ（非透過性）、ω（知覚－意識）の三つからなり、エネルギー量の流れは、ニューロンの通道の度合いによって決定される。この神経学的モデルは、生物科学的なモデルである。だが同時に、これはまた初期のフロイトの治療経験と結びついた臨床的なモデルでもある。

たとえば、次のような臨床事象を考えてみよう。ヒステリーの転換発作では、いくつかの表象に備給されていたエネルギーが身体的な発作として放出され、それらの表象は情動的な要素を完全に失う。また強迫観念においては、ある表象へのエネルギー備給が完全に撤収され、そのエネルギーは別の表象へ備給されることになる。このような臨床経験のなかで見られる表象と情動は、ニューロン・モデルにおけるニューロンとエネルギー量に正確に対応する。つまり、フロイトがこのニューロン・モデルを臨床モデルとして構想する際には、ニューロンは表象と、量は情動の最終要素として考えられている。

だが、このような神経生物学的で臨床的なモデルをフロイトが展開する際に、彼の思考体系のなかで、「取り違え」が生じているとラプランシュは指摘する。それは、フロイトが「ニューロンはエネルギーを完全に放棄しようとする」という慣性原理をこのモデルに導入する際に最も顕著になる。この慣性原理は、その後、快原理、涅槃原理として主張されることになるが、これらの原理は生きた有機体の原理ではない。慣性原理が貫徹している有機体は、そもそも生存することさえできないだろう。つまり、「完全にエネルギーを放棄する」といった原理が妥当性をもつのは、このモデルが臨床モデルとして用いられる場合だけなのである。たとえば、先に述べたように、ヒステリー患者や強迫神経症患者において、いくつかの表象からエネルギー備給が完全に撤退することは起こりうる。慣性原理を適用すべきなのは、このニューロン・モデルをあくまで臨床の水準、つまり表象と情動の水準で捉える場合だけであって、生きた有機体に対してではない。ところが、フロイトはしばしばこのモデルの諸原理をあたかも生きた有機体の原理であるかのように「取り違え」てしまう。このような「取り違え」が引き起こした帰結については、第六章で改めて述べられる。

　では、まずはじめに、このニューロン・モデルにおける自我の機能がどのようなものか見ておこう。生物学的な個体が外界から来る現実を知覚するのに自我は必要ではない、とラプランシュは強調している。自我が導入されるのは、内部に由来する現実から外的現実を区別するためである。内部に由来する現実とは充足体験によってもたらされる。では、この充足体験とは何だろうか。子どもは、一人で欲求を満足させられないという起源的な無能さ（寄る辺なさ）という条件のもと、世界に生まれ落ちる。子どもは、その始まりから、他者（母親）からの「特殊行為」の媒介によって充足体験を得る。そして子どもの心的世界は、この充足体験によって編成されていく。ところで、この充足体験は、後に新たに欲求が生じたときに、過去の充足体験の痕跡を再活性化し、知覚と同じ強度をもつ幻覚を生み出すことになる。これに対し、自我は、この幻覚と外部の知覚を区別し、内部起源の偽ー現実（幻覚）を制止することをその機能とする。これはフロイトが現実検討と呼んだ機能である。現実検討とは、現実に対して近似的に、たとえば試行錯誤や修正によって、接近することではない。内部の興奮に由来する「現実の過剰」を制止し、外的知覚に由来する現実の徴を、唯一の現実であると瞬時に判断することなのである。

それでは、このような制止機能を備えた自我とは何だろうか。このニューロン・モデルにおいては、自我は、備給され、互いによく通道し合っているニューロンのネットワークである。自我はψシステムの一状態であり、記憶に関係する過程によって形成されている。エネルギー循環の観点から見るなら、自我はより高いエネルギーが備給された組織を形成している。そしてこの組織は、自由に荒れ狂う生命エネルギーの循環を拘束し、安定させる重石として働いている。フロイトはこのような自我のモデルを第三章の図3のように考えている（本書一二一頁）。自我には、エネルギーの貯留槽としての核（恒久的な部分）があり、それが近傍のニューロンのエネルギーの流れを調整する。二次過程が働くのは、自我の核の内部ではなく、自我の可変部とも呼べる、この近傍領域においてである。自我の核におけるエネルギー備給水準が上がると自我の範囲は拡大するが、逆に下がると自我は縮小する。自我のエネルギーが内部起源のエネルギー（欲動）であり、自我の境界が可動性をもつという「心理学草案」の構想は、すでに第二局所論のモデルを予見している。

さらにフロイトは、このような自我のモデルと「知覚複合体」としての自我の間に深い類似性を見出している。この点についてのラプランシュの記述は、省略が多く、理解しづらいため、補足的な説明を加えておく。フロイトは人間の知覚において最も重要なのは、彼が隣人（Nebenmensch）と名づけた他者（母親）の知覚であると考えた。その最も早期の経験としては、先に述べた充足体験がある。充足体験の際には、次の三つの現象がψシステムで起きている。（1）母親の特殊行為により、Qή によって引き起こされていた緊張状態が解け、持続的な放出が可能になる。（2）充足体験の際の、対象に関する備給がψシステムの一部で起こる。（3）特殊行為に続いて誘発された反射運動の放散情報が、ψシステムに入り込む。そして、この（2）（3）の備給と中核ニューロンの間に通道が形成され、特殊行為によって放出が起きたことが知覚される。

自我という知覚複合体の形成においては、このような充足体験の際の知覚経験が基本的なモデルになるとフロイトは想定している。フロイトが例として挙げるのは、母親の乳房の全体像の知覚である。乳児の知覚が、乳房の側面からの知覚であるなら、それは乳首のない部分対象としての乳房である。しかし、乳児には乳房を吸った記憶があり、乳児は頭を動かすことによって全体対象としての乳房を知覚する。このような対象知覚の構造は、固定的な部分（物）と可変的な部分（述部）に分解できる。この対象知覚の分解からフロイトは「判断」についての入り組んだ議論を展開しているが、ラプランシュはその細部には入らず、対象知覚の固定的な部分（物）と自我の核、そして可変的な部分（述部）と自我の可変部との間の類似だけを指摘している。結局、ラプランシュが知覚複合体としての自我に関して強調するのは次の二点である。すなわち、人間（乳児）は、認識（知覚）することを隣人から学ぶということ、さらに自我の構造とその対象知覚の構造の間には類似性がある、ということである。

「心理学草案」のニューロン・モデルは、隠喩的派生としての自我を最初に示したモデルである。そこでは自我は主体ではなく、ψシステム内の特殊な形成物であり、エネルギーが備給された内的対象である。この「対象」は生命エネルギーを拘束するという機能と、現実との葛藤における防衛という機能をもつ。したがって自我は「対象」ではあるが、あたかも主体であるかのような働きをする。第四章では、第三章の後半に引き続き、「ナルシシズムの導入にむけて」というテクストが引き起こした問題群、および同一化の概念が提起する問題群という二つの点から、隠喩的派生としての自我が論じられる。

ラプランシュは、「ナルシシズムの導入にむけて」が、フロイトの著作全体のなかで、自我に関する最も重要なテクストであると考える。では、自我とナルシシズムはどのような関係にあるのだろうか。ラプランシュは、その点を三つの命題にまとめている。第一に、ナルシシズムは自己へのリビドー備給である。第二に、自己へのリビドー備給は必ず自我へのリビドー備給を経由する。第三に、その自我のリビドー備給は人間の自我の構成そのものから切り離すことができない。つまり、ナルシシズムは一般に考えられているような自己の幻想的な生へのリビドーの撤収ではなく、あくまで自我という特権的な対象へのリビドーの撤収だということである。この自我へのリビドーの撤収と呼ばれているものは、フロイトが二次的ナルシシズムと名づけたものである。それでは、その「前段階」の一次的ナルシシズムとはどのようなものか、それが次の問いとなる。

一次ナルシシズムに関して、フロイトの著作のなかでは二つの構想が混在しているとラプランシュは述べている。ひとつは、一次ナルシシズムが、子宮内生活を原型とする、自らに閉じられた統一体の状態だという仮説である。しかし、そのような外界の現実を考慮しない組織体は、実際には一瞬たりとも生き延びることができないだろうとフロイト自身が疑念を呈している。ラプランシュは、このような構想は母体への回帰という生物学的神話にすぎず、再解釈が必要だと強調する。もうひとつは、一次ナルシシズムを、自我というひとつの心的形成物を構成するための起源的な備給とみなす構想である。つまり、リビドーは最初に自我に備給され（一次ナルシシズム）、その後、自我より外部対象にリビドーが送り出される（対象リビドー）。この状態をフロイトは、原生動物の身体が偽足を送り出す関係に喩えている。ところで、一次ナルシシズムは、このようなリビドー備給の観点からだけではなく、自体愛との関係から理解しておくことも必要だろう。

フロイトは『性理論三篇』ですでに自体愛という概念を提示していた。自体愛とは諸欲動の無秩序な状態である。この自体愛の状態を統一して、それに「形を与える」のが一次ナルシシズムである。このように一次ナルシシズムは、自体愛をナルシシズムへと変える。また一方で、一次ナルシシズムは、個体の内部に「新たな心的作用」を生み出す。それが一次ナルシシズムの備給を受けた起源的な自我の作用である。このように一次ナルシシズムと自我の誕生は密接に結びついている。

「ナルシシズムの導入にむけて」というテクストは、ナルシシズムの問題群として、対象選択と同一化という重要なテーマを提起している。まずは対象選択という問題を考えてみることにしよう。「ナルシシズムの導入にむけて」において、フロイトは対象選択を依託型とナルシス型という二つに分けた。依託型の対象選択は、第一章で論じた「依託理論」の延長線上にある考え方であり、自己保存欲動に寄りかかる形で、性欲動の動きが生じる。そして自己保存欲動が性欲動に対し、「哺乳や世話や保護にあたる人物」（自己保存欲動を充足させる対象）を性的対象とするように導く。

もう一方のナルシス型の対象選択においては、対象は起源的な自我のモデルに基づいて選択される。その選択は、現在自分がそうであるもののイメージに限らず、自分自身がかつてそれであったもの、自分自身がそうなりたいもの、かつて自分自身の一部であった人物のイメージなどであるとフロイトは述べている。ここでは一次ナルシシズムは起源的な自我に向けられたリビドーだけではなく、自己イメージに類似した対象との関係のあり方を示している。

この二つの対象選択の型をラプランシュは、第四章の図1（一四八頁）と図2（一四九頁）のように図式化している。図1は、依託型の対象選択の動きを示しており、自己保存の対象は部分対象から全体対象へと換喩的な動きを示している。ここで注意が必要なのは、全体対象（母）が、部分対象（乳房）の単なる移行というわけではなく、全体対象が部分対象の保証者＝応答者になっていることである。

図2はナルシス型の対象選択の動きを示しているが、ここには図1のような換喩的な動きはない。自我と全体対象は相互的な鏡像関係にあり、リビドーはあるときは一方に、別のときは他方に向けられる。この図で、自我に向けられたリビドーが自我リビドーであり、全体対象に向けられたリビドーが対象リビドーである。ところで、フロイトの二元論では、自我欲動は常に非性的な自己保存欲動としての性欲動と対立させられていた。だが、ここで作られた自我リビドーという概念は、自我欲動の非性的な性質にリビドーという性的な性質を持ち込むゆえに、この二元論を根底から覆すことになりかねない。

ここで改めて自我欲動と自我リビドーという二つの概念内容を簡単にまとめておこう。自我欲動のエネルギーは、リビドーではなく関心である。一方、性欲動のエネルギーはリビドーである。しかし、自我は対象でもあるゆえに、対象としての自我に備給されたエネルギーを、フロイトは対象へ備給されたエネルギーとの対置から、自我リビドーと名づける。さらにフロイトは、「リビドーの貯蔵庫」としての自我は、対象へとリビドーを送り出す源泉でもあると議論を展開する。だが、このように概念を構築していくなかで、自我リビドーと自我欲動の区別はなくなっていく。フロイトの大いなる二元論（自我欲動と性欲動）は、「ナルシシズムの導入にむけて」において、袋小路に陥ってしまう。一方、ラプランシュは、この矛盾を孕んだテクストを、フロイトの思考の「結節点」と呼び、再解釈を施していく。フロイトはこの結節点を経て、生の欲動と死の欲動という新たな二元論を確立するが、その意義については第六章で改めて検討される。

同一化は、自我の起源と発展を、ニューロン・モデルや対象選択の理論とは別の仕方で位置づける方法である。同一化という現象は、多彩な臨床事象のなかで見られるが、これまで精神分析理論のなかで体系的に分類されてはいない。ラプランシュは、同一化を、何への同一化か、どのような過程か、どのような帰結をもたらすかという三つの点から区別することを試みている。

何への同一化かという点については、それはまずは対象、すなわち部分対象や知覚的な全体対象への同一化であると言える。部分対象は乳房やファルスのみならず、性格上の特徴への同一化や禁止する言葉への同一化（超自我的同一化）などがある。過程については、早期の知覚的刻印や取り入れ、他者の位置への同一化がある。その帰結については、構造化作用をもたらすもの、一次的な同一化、集団における自我理想への同一化などがある。構造化作用をもたらす同一化は、創設的同一化に始まり、同一化の堆積作用によって自我が形成される。しかし実際のところ、対象と過程と帰結という三つの要素は切り離して考えることができず、相互に緊密に結びついている。

自我の発生は、境界を形成する皮膚表面との同一化から始まる。自我は内部と外部の境界なしには成立しえない。そしてラプランシュは、ラカンの鏡像段階が、自我の形成に関する優れた理論だと評価する一方で、それがこれまで正確には把握されていないことに注意を促す。鏡像段階は、しばしば鏡という装置と自我の出現を必然的なものとして結びつけた形で理解されているが、本質的な点は、鏡という装置ではなく、他の人間の形態の承認と、その承認に伴い、その形態が（自己内部に）沈殿することである。自我はこのように皮膚表面として、視覚的かつ触覚的に知覚され、境界づけられるが、この境界が決壊するときに痛みが生じる。しばしば忘れられていることだが、フロイトには、不快の理論とは異質な、痛みについての理論というものが、初期から後期まで存在する。

第一、二章で論じられたように、セクシュアリティは生命活動の次元に端を発し、人間の活動全般を再編成していく。一方、自我は生命次元の活動を代理し、それを自らの本質とする。つまり自我は、ホメオスタシスと恒常原理を備えた生物学的モデルに依拠して構成されている。セクシュアリティと自我は葛藤関係にあるが、それは次のようにまとめることができる。一方に自由なエネルギーの流れとしてのセクシュアリティがある。もう一方、つまり自我の側には拘束されたセクシュアリティがある（これを図式化したのが、第六章の等式1（二一五頁）である）。そして生命活動の次元は、精神分析的領野に直接的には出現することなく、あくまでセクシュアリティの背後に位置しているのである。

最後の二章では、フロイトの一九二〇年の「転回」を引き起こした死の欲動という概念が、とりわけ攻撃性およびサド・マゾヒズムという現象を媒介にして検討される。ラプランシュは、死の欲動という構想が、「転回」以前の理論と切り離されたものではなく、連続性をもつことを強調する。死の欲動の本質は、攻撃性が外へと向かう前に、まずは「主体」に向かい（「自己への攻撃」の優位）、その内部に停滞する（起源的マゾヒズム）ことにある。これは「転回」後にはじめて生まれた構想ではない。死の欲動を考えるうえで、ラプランシュが着目するのは、「欲動と欲動の運命」（一九一五年）と「マゾヒズムの経済論的問題」（一九二四年）という依託理論の影響を強く残したテクストである。この二つのテクストはそれぞれ、第五、六章で詳細に検討されることになるが、それらは一九二〇年の「転回」をはさんで、時期的にも内容的にも離れているにもかかわらず、両者の間には驚くべき一致がある。

ラプランシュは、「欲動と欲動の運命」が、第一章で述べた依託理論に依拠していることを明確にするために、テクストの一節を「性的」と「非性的」という観点から一文一文再読していく（第五章一六七頁から一七〇頁）。第一章で述べたように、性欲動は自己保存的欲動に依託することによって、セクシュアリティを生み出す。その際に重要な契機となるのは、非性的な自己保存的欲動の機能的対象が失なわれ、自己保存的欲動が自体愛的な方向転換を起こす第二の〈時〉である。このような依託の動きの理論は、「欲動と欲動の運命」のなかで、攻撃性あるいはサディズムに応用されている。すなわち、非性的な攻撃性あるいは非性的なサディズムは、自己への方向転換、すなわち自体愛的な契機を経ることによって、性的な攻撃性あるいは本来の意味でのサディズムになる。その際、「性的」なものは、自己への方向転換、すなわち「自己への攻撃」とともに出現している。この意味で、セクシュアリティの領野において、一次的なのはマゾヒズムである。

しかし、依託という豊かな概念は、フロイトの思考の歩みのなかで、性愛化、あるいは混交と脱混交（Mischung-Entmischung）という抽象的な対立概念へと置き換えられていくことになる。しかし、機能的興奮がある閾値を超えると、性的興奮（リビドー的な共興奮）として出現するという、依託理論から導き出される帰結を、フロイトは放棄することはなかった。死の欲動は、有機体内にとどまり、リビドーの共興奮をもたらす。この共興奮が性源的マゾヒズムの生理的な基盤をなすと、「転回」以降のテクスト（「マゾヒズムの経済論的問題」）でもフロイトは書いている。

ところで、自己への方向転換には、生理的な過程（リビドーの共興奮）と幻想化の過程という二つの水準がある。幻想化の過程においては、対象と自己を含んだ場面が、自己へと折り返し、内在化される。幻想は自体愛的な興奮を引き起こすが、一方で幻想は最初の心的な痛みであり、マゾヒズム的な性欲動の出現と結びついている。このような幻想の典型例として、ラプランシュはフロイトが分析した「子どもが叩かれる」という幻想を挙げている。「子どもが叩かれる」という幻想は、（1）お父さんが私の嫌いな子どもを叩く、（2）お父さんが私を叩く、（3）子どもが叩かれる、という三つの〈時〉からなる。（1）は「前性的－性的」な攻撃性であり、性的な意味でのサディズムではない。（2）は、自己への方向転換であり、この契機によって、幻想は性的なものになり、性的な意味でのマゾヒズム的興奮が出現する。そして（3）が分析経過のなかで、困難を伴いながら告白される幻想（症状）である。フロイトの分析では、（1）をエディプス・コンプレクスと結びついた幻想として理解しているが、これはフェレンツィの表現を用いれば「やさしさ」の水準で展開するエディプスであり、この段階は性的なものではない。（2）に移行してはじめて、エディプス・コンプレクスは「情熱」の水準（性的）になると考えるべきだ、とラプランシュはフロイトの解釈に変更を加えている。

以上の考察から、ラプランシュは人間のセクシュアリティの構成におけるマゾヒズムの根源性を改めて強調する。人間は、無力な子どもであったときに、柱に縛られたオデュッセウスのように、享楽の光景を受動的な形で見せつけられ、それを自らのうちに導き入れることを強いられる。この幻想がもたらす痛みに対しては、「狼男」がベッドで大便を漏らしたように、子どもはリビドーの共興奮で応じるしかない。このようなマゾヒズム的な幻想は、人間がセクシュアリティの世界に登場する際の根源的な状況を示しているのである。

第六章では、死の欲動が「経済論的問題」を切り口に本格的に論じられる。この章で、ラプランシュはフロイトに対し、全く独自の視点を導入しており、本書のクライマックスをなしている。ラプランシュは、死の欲動を考えるにあたって、「マゾヒズムの経済論的問題」という「転回」以降のテクストを最初に参照する。このテクストは、「経済論的問題」というタイトルがつけられているにもかかわらず、当の経済論的な問題についてはほとんど取り扱われていない。さらにフロイトは、マゾヒズムを死の欲動と関連づけようとするが、この試みは成功していないとラプランシュは言う。経済論的に見るならば、死の欲動は快原理の究極の形態であり、緊張をすべて根本的に解消する傾向である。一方、マゾヒズムは、主体が苦痛を感じるまさにその場で興奮を享楽することであり、経済論的には緊張の増大である。この二つの異なった傾向を結びつけようとするフロイトの試みに対し、ラプランシュは異議を唱える。

それでは死の欲動とは何か。死の欲動という概念を考える際に、最も私たちが頭を悩ませるのは、フロイトの「生物学主義」である。フロイトはあるときは「思弁」という形で、またあるときはフェヒナーなどの実験科学の結果に依拠し、生命科学を絶えず参照しつづける。だが、なぜフロイトは、死の欲動を論じる際に、ここまで生物学的観点を取るのだろうか。フロイトの生物学主義の意味が解明されるときにはじめて、『快原理の彼岸』は弁証法的に乗り越えられるのではないか、とラプランシュは述べる。

ラプランシュは『快原理の彼岸』において、死の欲動概念を前に推し進めている中心的な要素として、次の三つを挙げている。第一に自己の〈時〉の優位性、第二に恒常原理に対するゼロ原理の優位性、第三に起源的なものを肯定する必然性である。本章で中心的に論じられるのは、死の欲動の経済論的な問題、つまり第二の要素だが、まずはこの三つの要素を順に見ていくことにしよう。

第一の自己の〈時〉の優位性とは、第五章ですでに述べたように、攻撃性の機能的対象が失なわれ、自己への方向転換を起こす第二の〈時〉のことである。「マゾヒズムの経済論的問題」の記述では、この攻撃性は生命体の自己保存の水準に位置しており、生命体の内部に停滞し、性的な共興奮によるリビドーの拘束を、一次マゾヒズムという形で見出す（図1、本書一七六頁）。この自己の方向転換というベクトルは、死の欲動という概念を構築する強いモチーフになる。

第二の要素は、本章の中心テーマである死の欲動の「経済論的問題」である。フロイトの快原理には「内的緊張を低く一定に保つ」という恒常原理と、「内的興奮をゼロにする」というゼロ原理の二つがある。ラプランシュは、ゼロ原理と恒常原理が異なったものであることを、エネルギー水準を基準値へと制御しようとするホメオスタシス・システムにおける内的エネルギーの変動と基準値からの隔たりの量の時間的変化をシェーマ化することによって、明快に示している（図2・3、本書一七七―一七八頁）。しかし、フロイトはしばしばこの二つを漠然と同じものとみなし、ゼロ原理が精神生活の基本傾向であるという想定から、死の欲動という概念を導き出す。その際にフロイトは、グスタフ・フェヒナーの精神物理学を独自の仕方で援用し、自説を補強している。

フロイトが「重要な事柄になるとこの思想家に依拠してきた」（『みずからを語る』）と明言するフェヒナーの仕事には、快原理、恒常原理、精神物理的法則の三つの法則がある。フロイトは『快原理の彼岸』では、フェヒナーの理論に依拠しつつも、その意図的な読み替えを行っている。フェヒナーの精神物理的法則は、恒常性からの隔たり（感覚）とエネルギー量（興奮）という二種の量の関係を示すものだが、フロイトは初期の「心理学草案」から一種類の量（Qή）しか取り扱わない。それはフロイトが物質的に分離可能で、循環可能な心的エネルギーを理論構築の際に必要としたからである。またゼロ原理と恒常性原理を精神物理学的に区別するというフェヒナーが示した解決方法を知りつつも、『快原理の彼岸』においては、恒常原理はゼロ原理と「完全ではないが、ほぼ同じこと」と述べるのである。

フロイトが初期から練り上げてきた心的装置は、ニューロンの慣性原理（ニューロン・システムは慣性すなわち水準ゼロへと向かう）で作動する。この慣性原理（ゼロ原理）は、最短の経路を経て放出へと向かう自由エネルギー、一次過程、快不快原理に見られるが、そこでは恒常性は問題にならない。恒常原理はゼロ原理とは全く位置づけの異なる形で心的装置に導入される。心的装置にとって恒常原理は「生の必要性」に応じたゼロ原理の修正であり、拘束エネルギー、二次過程、現実原則などに相当する。つまり、心的装置において恒常原理は、ゼロ原理に対し二次的なものとして導入されているのである。生命機能においては、恒常原理が一次的であるのに対し、精神分析理論の基礎となる心的装置においては、ゼロ原理こそが一次的である。そして――ここからが重要なことだが――フロイトはこのゼロ原理という精神分析の領野において優位である原理を、生命機能のなかにも導入するのである。死の欲動概念の最大の問題点は、ゼロ原理を生命体の原理にまで拡張する試みにあるのだが、その試みはすでに初期の著作においても認められる。それを次に見ておこう。

フロイトは「心理学草案」や『ヒステリー研究』で、自由エネルギーと拘束エネルギーの区別を、ヘルムホルツの物理学に依拠して打ち立てているが、この区別の先駆者がブロイアーであることを強調している。だが、フロイトとブロイアーの生命機能についての見解は全く異なったものである。ブロイアーは、運動エネルギーが自由に循環するのは、脳内の緊張性興奮（静止エネルギー）が最適状態にあるときだと考えた。このようなブロイアーの発想では、有機体の合目的的なホメオスタシスが前提となっている。一方、フロイトの心的装置で、エネルギーの移動による直接的な放出（自由エネルギー）という場合、そこに有機体のホメオスタシスは前提とされていない。フロイトはブロイアーとの共同作業を行う際に、彼の言う自由エネルギーをブロイアーの運動エネルギーと、そして彼の拘束エネルギーをブロイアーの静止エネルギーと同じものだと述べているが、この関連づけが逆になっている、とラプランシュは指摘する。ホメオスタシスを前提とするブロイアーの仮説で、一次的なのは静止エネルギーである。一方、フロイトにとって、一次的なのは自由エネルギーである。したがって、もしフロイトが自らの発想とブロイアーのそれとを対応させるのであれば、彼の自由エネルギーと拘束エネルギーという概念をそれぞれ、ブロイアーの静止エネルギーと運動エネルギーと対応させるべきなのである。だが、このような「取り違え」はなぜ起きるのか――これは本書で、ラプランシュが執拗に繰り返す問いである。

フロイトが恒常原理に対するゼロ原理の優位性を主張するのは、それが臨床の水準で妥当性をもつからである。

たとえば『夢解釈』での反射弓モデルという機械論的発想が意味をもつのは、有機体においてではなく、表象システムで構成された反射装置においてである。また快原理は生命活動のなかで観察される現象のなかではなく、先にも述べたように、もっぱら表象の水準において妥当性をもつ。しかしフロイトは、ゼロ原理という、精神分析という特殊な領域のなかでのみ妥当性をもつ原理と、生物学の諸原理との間に連続性をもたせようとする。しかし、たとえば臨床経験のなかで見られる反復強迫を、有機体の死を求める傾向と理解して、生物学的次元の問題へと関連づけるなら、そこに大きな混乱を引き起こすだけであろう。それでは精神分析という発見との関係でのみ正当化される原理を生物学的水準へと戻すフロイトの内的要請とは何だろうか。ここで私たちはようやく問題の核心に到達したことになる。

重要なのは、ラプランシュが死の欲動概念を推し進める第三の要素と名づける、フロイトにおける起源的なものへの遡行の傾向である。これは「個人神話」や「前歴史的神話」などという形を取り、フロイトの思考の創設的な基本的方向をなしている。彼は、個人の歴史においては、ある個人的な出来事を過去に投影し、そこに自我の核の凝固を想定する。そしてさらに個体発生から系統発生へと遡り、エネルギーのカオス状態から生物の形態が出現したという生物学的な神話を想定している。

驚くべきことに、死の欲動の発見に対しても、フロイトはそれを生物学、さらには生命の原理にまで遡行させる。彼はあらゆる生気論的な解釈に反駁し、生命の無窮の流れ（これが私たちの「大洋感情」の根底をなすものだろう）という発想を、根底から揺さぶる必要があると考えていたのだろう。そして、フロイトは死の欲動という精神分析的思弁から生まれた概念を、生物学の水準にまで拡張する。このように見るなら、フロイトの死の欲動と生の欲動という最後の二元論で問題になっているのは、もはやフロイト的な意味での諸欲動ではない。それは、生物学的、哲学的、神話的な、本能の二元論なのである。

本書の出版の三年前に、ジル・ドゥルーズは『ザッヘル＝マゾッホ紹介』という書物のなかで、「エロスに担がれて表層に運ばれてくる底知れぬ深淵としてのタナトスは、本質的に沈黙しており、それだけにいっそう恐ろしいものになる。だからこそ、この沈黙する超越的審級を指し示すために、フランス語の「本能（instinct）」、死の本能という語をとっておく必要があるように思われたのである」と書き、『快原理の彼岸』におけるフロイトの「死の本能」を巡る思弁を超越論的原理の探究として高く評価した。しかし、臨床家であるラプランシュは、死の本能がフロイトの思考の歴史のなかで他の概念と連続性をもつものであることを明確にしたうえで、それをフロイトの生物学主義の限界概念として批判し、その乗り越えが必要であることを主張するのである。

ラプランシュは本書の最後の図（第六章二三四頁）で、一九二〇年の「転回」を蝶番とするフロイトの欲動二元論の系統図を示している。この図では平行する線が、途中で交差し、入れ替わる。左側に挙げられているのは、一次過程、自由エネルギー、脱拘束、セクシュアリティなど、「解放」の原理である。右側には、二次過程、拘束エネルギー、拘束、自我など、「拘束」の原理が挙げられている。この線が交差し、エロスと死の欲動へと入れ替わる。この図のなかで描かれるエロスとセクシュアリティは、しばしば類似するものと誤解されるが、両者は異なった性質をもつものである。エロスは生命体の統合を保持し、高めようとする原理であるのに対し、セクシュアリティは、生命体の統合を逸脱させる「解放」の原理である。このようなセクシュアリティを拘束するのは、もっぱら自我の介入によって、である。セクシュアリティは、生命活動の次元から生まれ、「拘束」の原理で作用する自我と対立する。

フロイトは、一九一〇年代から二〇年代にかけて、自我理論とナルシス的リビドー備給の理論を繰り広げた。フロイトの思考のなかで、生命活動の次元の代理としての自我が勢いを増す時期でもある。それに対抗するかのように、彼の思考のなかで、「解放」の原理の探究が強まる。死の欲動はその探究の成果であり、この非生命的な原理の発見によって、精神分析はセクシュアリティとは別の新たな分離（「解放」）の原理を手にする。また同時に、フロイトは、もうひとつの普遍的原理としての生の欲動（エロス）を措定する。こうしてエロスと死の欲動は、新たな結合（「拘束」）と分離（「解放」）の原理となる。しかし、性欲動（セクシュアリティ）とは違い、死の欲動は特別な欲動ではない。それは、生命活動の次元と精神分析をつなぐ構成原理なのである。フロイトの思考を通底しているこの構成原理のもとに、精神分析の諸概念は交差していると、ラプランシュは本書を締めくくっている。

*

以上、読者が本書の迷宮に迷いこまないように、全体の見取り図を描いてみた。読解の羅針盤にしていただければ幸いである。

本書の通奏低音をなすのは、ラプランシュ独自の欲動論であるが、一般に欲動論は臨床から遊離した理論のように受け止められている（だが、欲動が問題にならない臨床とは果たして精神分析だろうか？）。私たちの生を規定しているのが欲動であり、欲動のあり方を言葉によってどのように変えることができるかということが精神分析臨床の課題であるとすれば、欲動論は精神分析理論の中心に位置する問題なのである。訳者は分析経験を重ねるにつれて、ますますそのことを痛感するようになった。

最初に述べたように、本書では、ラプランシュがフロイトの思考の歩みを丹念にたどって、理論内部の矛盾や未解決の問題の再検討を試みている。しかし、ラプランシュは本書で提出したさまざまな問いに対して、明快な解答を出しているわけではない。いや、それどころか、解決策さえ見えない問いも多い。それゆえに、彼は本書を出版した後、二〇年以上に及び、本書で未解決な問題や、新たに見えてきた問いを論じつづけたのである（『問題群I—VII』）。

ラプランシュは、フロイトの仕事を「未完のコペルニクス的革命」と名づけたが、ラプランシュの仕事もまた未完のままで終わっている。彼は自らの思考を「螺旋的」と形容するが、その螺旋の思考の断片は、着地点を見出すことなく、現在もなお、旋回していると言っていいだろう。

ラプランシュは、ラカンより「わかりやすい」と、しばしば言われる。しかし、それはラプランシュを読むことが、ラカンより容易であることを意味しない。ラプランシュを読む際に何よりも重要なのは、彼の「螺旋的」思考の平板な軌道を読み取ることではなく、その思考の断片が示す可能性を探っていくことである。

本書はラプランシュの代表作であると同時に、彼の最も可能性を秘めた著作である。この書物の最大の魅力のひとつは、先にも述べたように、ラカンが、言語、他者といった概念で、フロイトを超越論的に読み替えたのに対し、ラプランシュは、本書で生命、動きといった観点から、フロイトを内在的に解読した点にある。このラプランシュのフロイト読解を継承しつつ、同時に読者が自らの理論を構築していくこと——ラプランシュの現代性はまさにその点にあると訳者は考えている。

訳者あとがき

本書は、Jean Laplanche, *Vie et mort en psychanalyse*, Flammarion, Paris, 1970. の全訳である。翻訳の分担は、序論、第一、二章を堀川、第三、四章を佐藤、第五、六章、結論を十川が担当し、基本的な訳語を統一したうえで、各章ごとに訳稿を交換し、相互に修正と調整を行った。また訳出の際には、ジェフリー・メールマンによる英訳版（*Life and Death in Psychoanalysis*, Johns Hopkins University Press, 1976）、およびウド・ホックらによるドイツ語訳版（*Leben und Tod in der Psychoanalyse*, Psychosozial-Verlag, 2014）も適宜、参考にした。

「訳者解題」でも書いたように、自らの思考を「螺旋的」と呼ぶラプランシュの文章は、うねるように旋回し、読者を煙に巻くかのように展開する。彼の後期の著作は、平易な文体に変わっていくが、本書での彼の文章は、ラカンほどではないにせよ、レトリカルであり、翻訳者泣かせの独特の難解さがある。この難解さの原因は、ラプランシュが読者にあらかじめフロイトの全著作を精読することを前提として書いていることや、この当時、ラプランシュが六〇年代のパリ高等師範学校（エコール・ノルマル・シュペリウール）を中心とするパリの知的環境のなかに身を置いていたことが影響しているだろう。しかしながら、ラプランシュの思想自体は、その発想の核心を理解できたなら、むしろ明快と言えるものである。

訳者としては、ラプランシュの思想を把握したうえで、それを正確に日本の読者に伝えるよう心がけた。本書の英訳、独訳では、ラプランシュの文章の曖昧な箇所を大胆に意訳するか、文章を削っている（この傾向はとりわけ独訳版で顕著である）。日本語訳に際しては直訳を基本方針としたが、直訳では極端にリーダビリティが損なわれる箇所については、内容の理解を優先させ、意訳するか、訳注で補った。

たいていの読者は、序論と結論を先に読んでから、第一章を読みはじめるだろうが、本書に関しては、第一章からいきなり読みはじめて、最後に序論と結論を読むことを勧めたい。序論は最初に置かれているものの、前半は本書の内容とは直接的には関係のない、フロイト読解に関する論考の一部であり、講演（本書）の後に序論の後半部分が書き加えられているため、全体を先に読んだほうが序論は理解しやすい。また、結論の文章は、読解の補助とするには、凝縮度が高すぎるだろう。あるいは、第一、二章はセクシュアリティ論、第三、四章は自我論、第五、六章は死の欲動論として、それぞれ独立しているため、関心のあるテーマの章を個別に読むのもいいだろう。翻訳者としては、読者がラプランシュの思考に触発されて、自由に自分の考えを広げてもらえば、これ以上の喜びはない。

翻訳は完成した段階で、精神分析思想の研究者である原和之氏に一読してもらい、訳文や本書の内容に関する貴重なコメントをいただいた。氏にはこの場を借りてお礼を述べたい。

この翻訳は辛抱の要る難しい仕事だったが、三人での共同作業からは、意外な発見が生まれてきて、幸福な時間でもあった。その間、粘り強く作業に伴走してくれた金剛出版の藤井裕二氏には心から感謝している。

訳者を代表して　十川幸司

● や

● ら

● わ

書誌索引

● な

● は

● ま

事項索引

索引

人名索引

著者略歴

ジャン・ラプランシュ

(Jean Laplanche)

1924 年パリ生まれ。高等師範学校で哲学を学ぶ。『ヘルダーリンと父の問題』(1959) で医学博士号取得。ジャック・ラカンの精神分析を受け精神分析家になるが、後に決別。ジャン＝ベルトラン・ポンタリスとの共著『精神分析用語辞典』(1967) は、現在 17 以上の言語に翻訳されている。1969 － 71 年フランス精神分析協会 (APF) 会長。主な著作として、パリ第七大学での講義録『問題群 I － VII』のほか、『精神分析の新しい基礎』(1987)、『未完のコペルニクス的革命』(1992)、『誘惑とインスピレーションのあいだ――人間』(1999)、『性的なもの――フロイト的な意味での拡大されたセクシュアリティ』(2007) などがある。また、フロイト全集のフランス語訳の監修を務める。2012 年、肺線維症によりボーヌにて逝去。

訳者略歴

十川幸司

（とがわ・こうじ）

1959年香川県生まれ。山口大学医学部卒業。自治医科大学精神科、プレモントレ精神科病院（フランス北西部）勤務後、パリ第八大学（DEA）、EHESS（高等社会学院）で精神分析、哲学を専攻。現在、個人開業（十川精神分析オフィス）。主な著書に『精神分析への抵抗』（青土社）、『思考のフロンティア 精神分析』（岩波書店）、『来るべき精神分析のプログラム』（講談社選書メチエ）。訳書に、フロイト『メタサイコロジー論』（講談社学術文庫）など。

堀川聡司

（ほりかわ・さとし）

1987年京都府生まれ。京都大学大学院教育学研究科博士後期課程修了。現在、目白大学心理カウンセリングセンター助教。専門は精神分析、臨床心理学。主な業績に『精神分析と昇華』（岩崎学術出版社）、『心理療法における終結と中断』（分担執筆、創元社）など。

佐藤朋子

（さとう・ともこ）

1976年神奈川県生まれ。パリ第七大学大学院精神分析・基礎精神病理学科博士課程修了。現在、金沢大学国際基幹教育院准教授。専門は精神分析史、現代フランス思想史。主な業績に「「死の欲動」の導入――『快原理の彼岸』の構成と主要モティーフ」『I.R.S. ジャック・ラカン研究』第11号、ジャック・デリダ『獣と主権者 I』（共訳、白水社）など。

精神分析における生と死

印　刷……2018年11月30日
発　行……2018年12月10日
著　者……ジャン・ラプランシュ
訳　者……十川幸司・堀川聡司・佐藤朋子
発行者……立石正信
発行所……株式会社 金剛出版（〒112-0005 東京都文京区水道1-5-16）
電話 03-3815-6661　振替 00120-6-34848
装　幀……永松大剛
印刷・製本……シナノ印刷
ISBN978-4-7724-1666-5　C3011